Bond Investment Note

채권
투자노트

채권투자노트 (6판)

6판 1쇄 인쇄	2022년 11월 2일
6판 1쇄 발행	2022년 11월 11일

지 은 이	김형호
펴 낸 이	이재남
펴 낸 곳	㈜이패스코리아

출 판 등 록	제318-2003-000119호(2003.10.15)
주 소	서울특별시 영등포구 경인로 775 에이스하이테크시티 2동 1004호
전 화	02-6345-6700
팩 스	02-6345-6701
이 메 일	edu@epasskorea.com
홈 페 이 지	www.epasskorea.com

6판

Bond Investment Note

채권
투자노트

김형호 CFA 지음

epasskorea

Preface

채권투자의 중요한 포인트는 금리전망(채권수익률 전망), Duration, Credit입니다.

금리(채권수익률)는 미국의 정책금리, 미국의 채권수익률, 한국의 정책금리, 한국의 채권수익률의 4가지가 있습니다. 미국의 정책금리는 미국 채권수익률에 영향을 주고, 우리나라 정책금리와 우리나라 채권수익률에도 영향을 미칩니다. 마찬가지로 미국의 채권수익률은 우리나라 정책금리와 우리나라 채권수익률에 영향을 미칩니다. 또한 우리나라 정책금리는 우리나라 채권수익률에 영향을 미칩니다. 결국, 우리나라 채권수익률은 미국의 정책금리, 미국의 채권수익률, 우리나라의 정책금리에 영향을 받습니다.

시장에서 채권수익률이라고 하면 일반적으로 국고채 기간물(만기가 있는) 수익률을 의미합니다. 기간물 국고채수익률은 정책금리와 신용스프레드로 구성되어 있습니다. 국고채(3년) 수익률 = 정책금리(1일물 국고채수익률) + 기간(1일과 3년의 국고채) 스프레드

따라서 채권수익률은 2단계로 나누어서 전망합니다. 첫번째 단계는 정책금리예측입니다. 정책금리에 영향을 미치는 변수는 물가상승률, GDP성장률, 환율 등 Macro Factor입니다. 이들 Macro Factor를 분석하여 적정 정책금리수준을 예측합니다. 2008년 이후, 비전통적인 통화정책의 하나인 Forward Guidance(중앙은행이 적정수준의 정책금리를 제시)로 정책금리 예상의 오차가 크게 감소했습니다.

기간스프레드는 통계적인 방법인 Mean Reversion(평균회귀) 원리를 이용할 수 있습니다. 예를 들어, 최근 5년, 최근 10년, 최근 20년 국고채3년물 기간스프레드 평균이 0.3%~0.5%라고 한다면, 국고채3년물의 적정 기간스프레드는 0.3%~0.5%이라고 판단하는 것입니다.

채권수익률 전망에 따라 국공채(국채, 지방채, 특수채) 투자전략이 달라집니다. 향후 채권수익률이 크게 상승할 것으로 예상되면 듀레이션이 적은 채권(또는 채권포트폴리오)이 유리하다고 할 수 있습니다. 반대로, 채권수익률이 크게 하락할 것으로 예상되면 듀레이션이 큰 채권이 유리합니다. 채권수익률곡선 기울기가 가파른 경우에는

채권수익률 상승 전망에도 불구하고 듀레이션이 큰 채권이 유리한 경우도 있습니다. 이 때문에 국공채를 기간미스매치로 투자할 경우에는 금리민감도분석을 해보는 것이 중요합니다.

회사채 투자 시에는 신용위험 분석이 매우 중요합니다. 신용위험분석에는 신용평가등급분석, 구조모형을 활용한 재무제표(특히 재무상태표)분석, 그리고 기업구조조정제도에 대한 이해가 필요합니다.

공모로 회사채를 발행할 때는 반드시 2개 이상의 신용평가등급을 받아야 하고, 신용평가회사는 그 내용을 홈페이지에 공시해야 합니다. 신용평가회사가 제공하는 Rating Summary에서 신용평가등급은 무엇인지?, 등급전망은 무엇인지?, 왜 Watch List에 등재되었는지? 등급변동요인은 무엇인지? 등을 꼼꼼히 분석해야 합니다.

구조모형(structural model)은 Black-Scholes-Merton(BSM)이 만든 신용위험평가모형으로 "회사의 실제 자산가치가 부채보다 크면 부도나지 않는다"는 것입니다. 이 모형의 핵심은 자산의 실제가치를 분석하는 것입니다. 청산가치가 부채보다 클 경우에는 부도나지 않을 것입니다. 설사 부도난다고 해도 채권투자자는 손실을 입지 않을 것이므로 걱정할 일이 없습니다. 부채비율이 10% 미만인 회사의 신용평가등급이 B인 경우도 있습니다. 채권투자자는 해당채권이 부도나면 몇% 회수할 수 있는지 관심을 가지고 있는데, 신용평가등급은 부도날 가능성(Cashflow의 적시성)을 평가하고 있습니다. 신용평가등급에 회수율 개념은 없다고 봐야 합니다. 이 때문에 구조모형이 제시한 방법으로 기업의 자산가치를 뜯어볼 필요가 있습니다. 해당 기업 부도 시, 자산은 채권자 소유이기 때문입니다.

워크아웃, 기업회생절차 등의 기업구조조정제도에 대한 이해도 필요합니다. 2009년부터 2012년까지는 매년 수십 개 기업이 워크아웃 또는 회생절차에 들어가서 회생했습니다. 제도에 대한 이해와 함께, 금감원 전자공시에서 해당기업의 구조조정 사례를 공부할 필요가 있습니다.

채권투자노트는 대학원 등에서 강의교재로 사용하고 있기 때문에 매2년마다 update하고 있습니다. 6판의 내용은 5판과 거의 동일하고, 숫자만 update했습니다. 이론보다는 사례위주로 정리했기 때문에, 완전 초보 투자자라면 『채권투자노트』보다 『채권

기초』를 읽으시면 더 도움이 될 것 같습니다. 이해하기 어려운 내용이 있으면 네이버 "채권투자카페"에 질문을 남겨 주시면 신속하게 답변 드리겠습니다.

항상 건강하시고, 성공적인 채권투자를 기원합니다.

Brief Contents

Contents

Contents

BOND INVESTMENT NOTE

채권투자노트

제**1**장

채권개요

채권투자노트

BOND INVESTMENT NOTE _____

제**1**장

채권개요

1-1 채권분류와 분석방법

『자본시장과 금융투자업에 관한 법률』(일명 '자본시장법')에서는 채권을 **국채, 지방채, 특수채, 회사채**로 분류하고 있다. 시장에서는 국채, 지방채, 특수채를 국공채라고 한다.

국채는 국고채, 외평채(외국환평형기금채권), 국민주택채권, 재정증권으로 구성되어 있다. 2022년 6월말 현재 국채 발행잔액은 약 1,001조원이다. IMF 구제금융을 신청할 당시의 국채발행잔액 약50조원(양곡증권 33조원, 국민주택채권 13조원, 국고채 4조원)에 비해서 국채발행규모가 급증했음을 알 수 있다.

국고채가 국채의 대부분을 차지하고 있고, 국민주택채권(1종)은 아파트 매입 시 의무적으로 매입해야 하는 첨가소화채로 발행잔액은 약79조원이다.

외평채는 외화표시로만 발행되고, 2021년말 현재 발행잔액은 95억달러($9.5billion)이다. (stats.bis.org)

2020.9.10일 유로화 표시로 7억유로 발행한 외평채는 만기5년, 표면금리 0%, 발행금리 -0.059%(마이너스 금리)이었다. 2021년에도 유로화표시 외평채를 마이너스 금리로 발행했다.

마이너스금리로 채권을 발행하는 것은, 표면금리 0%인 채권을 액면가액 이상으로 할증(Premium) 발행하고 만기에 액면가인 원금을 상환하는 것이다. 만기 보유하는 투자자는 프리미엄만큼 손실이 확정되고, 발행자는 이익이 확정된다.

우리나라 국채 발행잔액 추이

구 분	2000	2005	2010	2015	2020	2022. 6
잔액(원)	71조	223조	359조	575조	805조	1,001조

(자료: Check, http://seibro.or.kr)

세계 주요국 국채발행잔액

General Government Debt Securities

(billion $)

Ranking	Country	Q4 2021	한국대비(배수)	Remarks
1	United States	25,826.1	30.7	
2	Japan	9,761.0	11.6	A+
3	China	8,827.4	10.5	AA-
4	United Kingdom	3,680.0	4.4	
5	France	2,789.2	3.3	
6	Italy	2,547.2	3.0	
7	Germany	2,273.5	2.7	
8	Canada	1,810.4	2.2	
9	Spain	1,410.2	1.7	
10	Brazil	1,373.0	1.6	
11	India	1,165.2	1.4	
12	Australia	1,009.2	1.2	
13	Korea	841.2	1.0	AA
14	Belgium	544.9	0.6	
15	Mexico	540.0	0.6	
16	Netherlands	422.5	0.5	
17	Austria	345.1	0.4	

(Source: https://stats.bis.org)

우리나라 국채를 달러화로 환산한 발행잔액은 $841.2billion(8,412억달러)이다. 2021년말 현재 우리나라의 국채발행잔액은 전세계 13위이고 외화표시채 신용등급은 AA(S&P, Moody's는 Aa2)이다(Fitch는 AA-를 부여하고 있다.).

일본의 국채발행잔액은 우리나라보다 약12배 많고, 신용등급이 우리보다 2 notch 낮은 A+이다.

중국의 국채발행잔액이 급격히 증가하고 있는데, 환율 등에 미치는 영향을 심도 있게 분석해볼 필요가 있다.

지방채는 지방자치단체가 발행하는 채권으로 도시철도채권, 지역개발채권, 공모지방채, 기타지방채가 있다. 2022년8월 현재 지역개발채 약13.2조원, 공모지방채 약8.9조원, 도시철도채 약6.3조원으로 발행잔액은 약28.5조원이다. (Check)

도시철도채권과 지역개발채권은 국민주택채권과 마찬가지로 **첨가소화채**이다.

특수채는 특별한 법률에 의거 설립된 법인이 발행하는 채권으로 과거 공사채, 공단채의 새로운 이름이다. 특수채는 유사시 정부의 지원이 가능하므로 안전성이 높다. 금융기관 중에서 **산업은행, 기업은행, 수출입은행, 농협, 수협**은 특별법인에 속하며 이들이 발행한 채권은 (금융)특수채의 지위를 가진다.

지방자치단체의 조례 등에 의거 설립된 **지방공사**가 발행한 채권은 지방공기업법의 개정으로 2014년 6월부터 특수채로 분류되고 있다.

지방공사는 지방자치단체가 100% 출자하며, SH공사(서울시), 인천도시공사(인천시), 용인도시공사(용인시), 강원도개발공사(강원도), 대전도시공사(대전시), 충북개발공사(충청북도) 등 거의 모든 지방자치단체가 지방공사를 설립하여 운영하고 있다.

지방의회의 조례에 의거 설립된 지방공사의 채권도 안전성이 매우 높다.

알펜시아리조트 미분양으로 1조원 대의 부채를 떠 안았던 강원도개발공사, 용인경전철 사업으로 곤란을 겪었던 용인도시공사 등 추진하던 사업이 어려워질 때마다 해당 지방공사에 대한 부도설이 제기되었으나 어느 곳 하나 부도나지 않았다.

지방자치단체가 서민의 주거개선 등 공공목적으로 100% 출자한 지방공사는 지자체의 현물출자라는 수단도 있어서 부도가능성은 없다고 보는 것이 합리적이다.

재정건전성이 악화된 지자체에 대해 워크아웃을 한다는 기사를 종종 볼 수 있다. 여기에서 워크아웃이란 재정위기단체로 지정하고, 지자체의 예산편성권 등을 중앙정부가 행사한다는 의미이다.

회사채는 상법상의 주식회사가 발행하는 채권이다. 서류상의 회사인 SPC가 발행하는 ABS도 넓은 의미의 회사채에 포함된다.

회사채는 국채, 지방채, 특수채에 없는 신용위험이 내재되어 있다. 신용평가회사에서는 회사의 신용위험에 따라 AAA, AA, A, BBB, BB, B, CCC, CC, C, D 등의 신용평가등급을 부여한다.

우리나라의 신용등급 기호는 S&P에서 사용하는 것과 유사하다. Moody's는 Aaa(AAA), Aa1(AA+), Baa3(BBB-), Ba2(BB) 등으로 표기한다. ( )안은 우리나라의 등급이다.

🔸 채권분석 방법

채권에 투자할 때, 이 종목에 투자하면 투자수익률이 얼마나 될지 알고 싶을 것이다. 채권 종류별로 투자수익률을 알아보는 방법에 차이가 있다.

신용위험이 없는 국채, 지방채, 특수채는 오직 금리변동위험만 고려하면 된다.

투자기간이 1년인데 잔존만기 1년의 국채, 지방채, 특수채에 투자한다면 금리변동위험도 없다. 채권은 만기일에 현금으로 상환하므로 1년만기 정기예금에 가입한 것과 같다.

정기예금에 투자할 경우 본인의 투자기간 이전에 만기가 도래하는 정기예금만 가입할 수 있다. 본인의 투자기간이 1년인데 2년만기 정기예금에 가입하고 1년 후 중도 해지할 투자자는 없을 것이다. 만기 이전에 정기예금을 해지하면 이자를 거의 받지 못한다.

채권의 경우에는 투자기간이 1년이더라도 잔존만기가 1년 이상인 채권에 투자할 수 있다. 투자기간이 종료될 때 채권을 **매도**하면 되기 때문이다. 채권을 만기까지 보유하지 않고 만기 이전에 매도할 경우에는 할인율(채권수익률) 상승으로 채권가격이 하락할 위험이 있다.

국채, 지방채, 특수채를 만기보유목적으로 투자하지 않고 본인의 투자만기보다 긴 채권에 투자할 경우에는 금리상승위험을 측정할 수 있어야 한다. 향후 금리가 상승할 것으로 예상된다고 해서 무조건 만기보유목적으로 투자할 필요는 없다. 금리가 상승하더라도 기간 미스매치로 투자하는 것이 더 유리할 경우가 있다.

금리상승의 폭과 속도에 따라서 만기보유목적이 유리한지 또는 기간미스매치가 유리한지 달라진다. 투자종료시점의 채권수익률에 따라 변동하는 투자수익률을 미리 계산하는 것을 **금리민감도분석**이라고 한다.

국채, 지방채, 특수채를 만기보유목적이 아닌 기간미스매치 목적으로 투자할 경우에는 사전에 금리민감도분석을 해보는 것이 중요하다.

금리민감도분석 방법으로는 Total Return Approach, Duration Convexity Approach가 있다.

Total Return Approach는 채권의 이자, 재투자수익(이자의 이자), 매매손익을 모두 합쳐서 계산한다.

이표채는 정기적으로 이자가 지급된다. **이자**금액은 투자기간 동안 지급받는 이자를 모두 더하면 되고, 투자만기 이전에 지급받는 이자를 투자만기까지 재투자하면 **재투자수익**(이자의 이자)이 계산된다. 투자시점의 매입수익률(금리)로 채권의 매입가격을 계산할 수 있고, 투자종료시점의 매도수익률(가정)로 매도가격을 계산할 수 있다. 매도가격에서 매입가격을 차감하면 **매매손익**이 계산된다.

$$\text{Total Return} = \frac{\text{이자} + \text{재투자수익(이자의 이자)} + \text{매매손익}}{\text{투자원금}}$$

Duration Convexity Approach는 해당채권 투자종료시점의 듀레이션과 Convexity를 활용해서 투자수익률을 계산하는 방법이다. 이 방법에서의 투자수익은 이자수익과 자본손익으로 나뉜다.

Duration Convexity Approach에서의 채권투자수익 = 이자수익 + 자본손익

이자수익은 채권투자수익 중에서 자본손익을 배제한 수익으로 매입수익률을 그대로 사용한다. 투자기간 동안 금리변화가 없다는 가정에 따라 계산된 수익률이다.

자본손익은 Taylor Series Expansion(테일러 급수, 테일러 전개)을 활용해서 계산한다. Taylor는 곡선을 미분함으로써 한 점(채권의 원래가격)에서 다른 점(채권의 새로운 가격)까지의 움직임을 파악할 수 있다는 것을 발견했는데, 채권의 가격과 수익률

은 곡선의 관계이어서 Taylor Series Expansion을 활용할 수 있다.

테일러급수를 활용해서 수정듀레이션(modified duration)과 Convexity를 계산하고, **수정듀레이션**과 Convexity를 활용해서 자본손익을 추정할 수 있다.

기간 미스매치(mismatch) 목적으로 국공채에 투자할 경우에는 투자를 실행하기 전에 금리민감도분석을 하는 것이 중요하다.

[Taylor Series Expansion]

$$\Delta P = (-) \times \frac{dP}{dy} \times \Delta y^1 + \frac{1}{2} \times \frac{d^2P}{dy^2} \times \Delta y^2 + (-)\frac{1}{6} \times \frac{d^3P}{dy^3} \times \Delta y^3 + \varepsilon$$

$$\frac{\Delta P}{P} = (-) \times \frac{dP}{dy} \times \frac{1}{P} \times \Delta y^1 + \frac{1}{2} \times \frac{d^2P}{dy^2} \times \frac{1}{P} \times \Delta y^2 + (-)\frac{1}{6} \times \frac{d^3P}{dy^3} \times \frac{1}{P} \times \Delta y^3 + \varepsilon$$

P: 채권가격, ΔP: 채권가격의 변화폭

$\frac{dP}{dy}$: 채권가격(P)을 채권금리(y)로 1차 미분한 값

$\frac{dP}{dy} \times \frac{1}{P}$: Modified Duration(수정듀레이션)

$\frac{d^2P}{dy^2}$: 채권가격을 채권금리로 2차 미분한 값

$\frac{d^2P}{dy^2} \times \frac{1}{P}$: Convexity

y: 채권금리(채권수익률, yield)
Δy: 금리 변화폭(change in yield)

일반적으로 단기채의 금리민감도분석에는 듀레이션만 사용하고, 장기채(10년 이상)의 경우에는 듀레이션과 Convexity를 모두 사용한다.

회사채 투자를 고려할 때는 최우선적으로 해당채권의 **신용평가등급**을 살펴봐야 한다. 이어 Black Scholes Merton이 개발한 **Structural Model**(구조모형)을 활용해서 신용위험을 분석해야 한다. 구조모형은 1974년 Fisher Black, Myron Scholes, Robert Merton이 개발한 부도모형으로 재무상태표를 사용해서 기업의 부도가능성을 분석하는 모형이다. 기업의 가치를 분석해서 부도여부를 판단하기 때문에 Firm Value Model 또는 Option Model이라고도 한다.

1973년 Fisher Black과 Myron Scholes는 "The pricing of options and corpo-rate liabilities"를 발표했고, 다음해 Robert Merton이 가세해서 Structural Model을 완성했다. 후에 이들 모두 노벨경제학상을 수상했다.

'The pricing of options' 부분이 주식콜옵션 가격결정모형에 해당하고, 'The pricing of corporate liabilities' 부분이 구조모형(structural model)에 해당한다.

변동성이 큰 주식시장에서 사용하는 **주식콜옵션 가격결정모형**에 시장의 이목이 집중되었고 Structural Model(구조모형, 부도모형)은 별로 알려지지 못했다.

은행권에서 아파트담보대출의 대출채권 건전성 평가에 활용되는 LTV(Loan to Value)는 Black Scholes Merton의 구조모형의 일종이다. LTV는 Loan(부채)을 Value(자산)로 나누어서 계산하기 때문에 아파트 자체의 재무상태표를 활용하는 것이다.

$$LTV = \frac{Loan}{Value}$$

| 아파트가격
(Value) | 은행대출금액
(Loan) |
| | 본인지분
(Equity) |

주식회사와 비교하면 아파트가격은 자산, 은행대출금액은 부채, 본인지분은 자본이다. 이 경우 회사채투자자의 Exposure는 은행대출(Loan)에 해당한다. 대출금액에 비해 아파트가격이 크면 클수록 대출금을 상환할 가능성이 높아진다. 회사채의 경우에도 부채에 비해 자산가치가 크면, 즉 자본비중이 커지면 회사채의 부도위험은 낮아진다.

해외채권은 국내채권(Local Bond)에 환위험이 추가되어 있다. 나라가 달라도 채권의 특성은 똑같다. 채권으로 인정받기 위해서는 발행일, 만기일, 액면금액(만기상환금액), 표면금리가 있어야 한다.

해외채권 = 해당국 국내채권(local bond) + 환(FX, foreign exchange) 위험

해외채권의 투자성과(투자수익률)는 해당국 채권투자수익률과 환변동손익으로 구성되고, 환변동손익이 높은 비중을 차지한다. 해외채권투자의 성패는 환위험을 어떻게 관리했느냐?에 달려 있다.

선진국 채권(달러화표시 제외)에 투자할 경우에 환위험을 Hedge하는 것이 일반적이라면 Emerging국가의 채권투자에서는 환위험을 Open하는 것이 보통이다. Emerging국가에 투자하면서 환위험을 Hedge하면 Hedge비용 때문에 국내채권에 투자하는 것보다 투자수익률이 낮은 경우가 많다.

달러화표시 채권에 투자할 경우에 기계적으로 환위험을 Hedge해야 할까? 우리나라 투자자는 모든 자산을 원화로 보유하는 것이 바람직한가?에 대한 질문이다. 달러화는 원화에 비해서 변동성이 적은 기축통화이다. 따라서 달러화표시 자산을 일부 보유함으로써 분산투자효과를 얻을 수 있다.

IMF구제금융 신청 전 원달러환율이 1,000원에서 구제금융 신청이후 2,000원까지 상승하였고, 2008년9월15일 Lehman Brothers 부도로 원달러환율이 1,100원에서 1,500원까지 상승하였다. 달러표시 자산에 대해 환위험을 Hedge하지 않았다면 환율 상승으로 자산가치(원화로 평가한)가 증가했다.

달러화표시 자산은 일종의 보험가입 효과가 있기 때문에 환율이 상당히 높다고 판단될 때만 환위험을 Hedge하는 것이 좋겠다는 생각이다.

해외채권투자에서 통화의 선택도 중요하다. 한국 투자자가 브라질국채에 투자할 경우 Real화로 발행된 브라질국채와 달러표시 브라질국채의 신용위험은 다르다.

Real화 표시 브라질국채와 달러화 표시 브라질국채는 브라질정부가 발행한 것은 맞지만 원리금상환 관점에서는 Real화 표시 브라질국채가 훨씬 안전하다. 달러표시 브라질국채의 경우 브라질정부가 달러를 확보해야만 상환이 가능한 반면, Real화 표시 채의 경우에는 신규로 발행하는 국채를 브라질중앙은행이 매입해주면 기존 채권 상환자금이 정부로 유입된다.

모라토리엄(Moratorium)을 선언했던 두바이와 아이슬란드 등이 외화표시 채무의 상환은 거부하면서 자국통화표시채는 정상적으로 원리금을 상환한 것이 좋은 사례이다.

해당국 통화로 발행된 채권과 외화표시로 발행된 채권의 신용등급에도 차이가 있다. Emerging국가 기업의 경우 해당국통화로 발행된 채권보다 외화표시로 발행된 채권의 신용등급이 5~6 notch낮은 것이 일반적이다. 여기에는 외화조달능력이 반영되어 있다.

1-2 채권수익률

채권수익률은 채권가격을 계산할 때 사용하는 **할인율**이며, 채권금리, 매매금리, 할인율, 만기수익률 등으로 부르기도 한다. 채권은 미래의 정해진 날에 정해진 금액을 지급하는 자산이므로 향후의 현금흐름을 알 수 있다.

1년 후에 10,400원이 지급되는 채권이 있다면 오늘 얼마에 매입하는 것이 좋을까?

10,400원은 1년 후에 받는 금액이므로 10,400원보다 낮은 가격에 매입해야 투자수익이 발생할 것이다. 이 채권의 적정가격(fair price)을 계산하기 위해서는 1년 후에 지급받는 10,400원을 1년 동안 할인하면 된다. 이렇게 미래 현금흐름을 할인할 때 사용하는 금리(수익률)가 채권수익률이다.

1-2-1 만기수익률(Yield to Maturity)

만기수익률은 미래의 현금흐름을 할인하여 현재의 채권가격이 계산되는 **한 개**의 채권수익률이다. 여기에서 한 개의 채권수익률이라는데 주의해야 한다. 언제 현금흐름이 발생하는지 관계없이 만기의 채권수익률(YTM, 한 개)을 사용하여 할인한다는 의미이다.

매년 연4% 이자를 지급하는 3년만기 채권이 있다고 가정하자. 우리나라 채권의 액면가액이 10,000원 이므로 매년 400원의 이자가 지급된다.

시점	이자	원금	Cash Flow
1년 후	400		400
2년 후	400		400
3년 후	400	10,000	10,400

이 채권의 매매가격을 계산하는 방법은 다음과 같다.

$$채권가격 = \frac{400원}{(1+할인율)^1} + \frac{400원}{(1+할인율)^2} + \frac{10,400원}{(1+할인율)^3}$$

위의 계산에서 사용된 **할인율**이 **만기수익률**(YTM, Yield to Maturity)이다. 실무에서는 만기수익률을 사용해서 채권가격을 계산하는데 이렇게 계산된 채권가격은 채권의 이론가격과 다르다는 문제가 있다.

이론적으로는 1년 후에 지급받는 400원은 1년만기 할인율로 할인하고, 2년 후의 400원은 2년만기 할인율로 할인해야 한다. 만기수익률은 미래 현금흐름이 언제 발생하는지 관계없이 만기시점(3년) 할인율 1개를 사용하기 때문에 만기수익률을 사용해서 모든 현금흐름을 할인하는 것은 정확한 방법이 아니다.

정확하게 채권가격을 계산하기 위해서는 각 시점의 현금흐름을 그 시점에 맞는 할인율로 할인해야 한다. 그러나 각 시점의 할인율을 찾는 비용(cost)이 효익(benefit)보다 크기 때문에 전세계적으로 만기수익률을 사용해서 채권가격을 계산하고 있다 (global practice).

[채권가격을 계산하는 일반식]

$$PV = \frac{C}{(1+y)^1} + \frac{C}{(1+y)^2} + \cdots + \frac{C+M}{(1+y)^n}$$

(PV: 채권가격, C: Coupon(또는 Cash flow), y: yield(할인율, 만기수익률, 연), M: 만기상환금액, n: 잔존기간, 연단위로 계산할 경우)

연 4회 이자를 지급하는 채권의 경우 y는 4를 나누고, n에는 4를 곱한다.

연 2회 이자를 지급하는 국고채(이표채)의 경우 y는 2로 나누고 n에는 2를 곱하면 된다. Yield가 연수익률이어서 6개월단위 이표채의 경우 6개월수익률로 할인하기 때문이다.

미국의 Mortgage시장에서 Add-on interest rate가 사용되는 경우가 있다. 이는 시간가치(time value)를 고려하지 않는 금리이다.

4년간 원금을 분할상환하면서 연8% 이자(add on interest)를 지급하는 조건으로 25,000달러를 차입할 경우의 매월 상환해야 하는 원리금을 계산해 보자.

$$\text{매월 상환원금: } \$520.84 = \frac{\$25,000}{48}$$

$$\text{매월 이자: } \$166.67 = \frac{\$25,000 \times 0.08}{12}$$

1-2-2 현물이자율(Spot Rate)

현물이자율은 만기 이전에 이자를 지급하지 않는 무이표채(zero coupon) 또는 할인채의 만기수익률이다. B사의 1년만기 할인채 수익률이 4%이고, 1년만기 3개월이표채 수익률이 4.05%라면, 4%는 현물이자율이고 4.05%는 만기수익률이다.

투자자산의 적정가격(fair price)은 각 시점의 현금흐름을 해당 시점에 맞는 수익률로 할인해서 계산해야 한다.

$$PV = \frac{CF_1}{(1+y_1)^1} + \frac{CF_2}{(1+y_2)^2} + \cdots + \frac{CF_n}{(1+y_n)^n}$$

(CF_n: n시점의 현금흐름, y_n: n시점에 맞는 할인율)

이표채의 경우에 만기수익률로 할인한다는 것은 각 시점의 채권수익률(할인율)이 모두 동일하다는 가정에서만 유효하다. 즉 수익률곡선이 수평일 경우에만 의미가 있다. 수익률곡선이란 동일 발행주체의 잔존만기별 채권수익률을 그래프로 그린 것이다. 수익률곡선이 우상향, 우하향, 또는 굴곡형일 경우 만기수익률을 사용해서 채권가격을 계산하면 오류가 발생한다. 그럼에도 불구하고 실무에서는 만기수익률을 사용하고 있다.

현물이자율을 사용해서 투자자산의 가치를 평가하는 것이 가장 정확한 방법이다. 이표채의 가격을 계산할 경우에 각 시점마다 지급되는 이자를 각각의 채권으로 본다면 각각의 채권은 할인채와 같다.

1년만기 연4% 3개월이표채의 경우 발행일로부터 3개월되는 시점에 100원, 6개월되는 시점에 100원, 9개월되는 시점에 100원을 지급받고 만기에 10,100원을 지급받는다. 이 표채 한 개를 매입하면 100원, 100원, 100원, 10,100원을 지급받지만 이 채권을 4개의 할인채로 구성되었다고 생각해도 된다. 3, 6, 9, 12개월 후에는 채권의 이자 및 원금이 현금으로 변하기 때문이다.

3개월 후에 지급받는 이자 100원은 원금이 100원이고 만기가 3개월인 할인채와 동일하다. 6개월, 9개월, 12개월 후에 지급받는 이자 및 원금도 6, 9, 12개월 할인채와 같다.

이표채의 가격을 정확하게 계산하는 방법을 생각해보자. 위에서 예로 든 1년만기 연 4.0%(3개월이표채)가 신한은행채라고 가정하자. 신한은행의 3개월, 6개월, 9개월, 12개월 만기 CD금리는 각각 3.5%, 3.7%, 3.8%, 4.0%라고 할 경우에 1년만기 연4% 3개월이표채의 가격을 계산해보면 다음과 같다.

$$채권가격 = \frac{100}{(1+\frac{0.035}{4})^1} + \frac{100}{(1+\frac{0.037}{4})^2} + \frac{100}{(1+\frac{0.038}{4})^3} + \frac{10,100}{(1+\frac{0.04}{4})^4}$$

잔존기간	현금흐름	현물이자율	채권가격
1	100	3.50%	99.13259
2	100	3.70%	98.17536
3	100	3.80%	97.20330
4	10,100	4.00%	9705.901
			10,000.41

현물이자율을 사용해서 채권가격을 계산하면 채권가격이 **10,000.41원이다** 만기수익률을 사용할 경우에는 10,000원인 것과 차이가 있다. 물론 현물이자율을 사용한 것이 더 정확하다. 은행CD는 할인채이므로 현물이자율로 볼 수 있다.

만기수익률을 사용할 경우

$$10,000원 = \frac{100}{(1+\frac{0.04}{4})^1} + \frac{100}{(1+\frac{0.04}{4})^2} + \frac{100}{(1+\frac{0.04}{4})^3} + \frac{10,100}{(1+\frac{0.04}{4})^4}$$

잔존기간	현금흐름	만기수익율	채권가격
1	100	4.00%	99.0099
2	100	4.00%	98.0296
3	100	4.00%	97.0590
4	10,100	4.00%	9,705.901
			10,000

신한은행처럼 CD금리(할인채수익률)가 있는 경우는 극히 예외이고 대부분의 경우에는 할인채수익률이 존재하지 않는다. 이 경우에는 Bootstrapping이라는 방법을 통해서 할인채수익률을 찾을 수 있다. 구두의 끈을 묶듯이 할인채수익률을 찾기 때문에 Bootstrapping이라고 한다. Bootstrapping으로 현물이자율을 찾아보자.

1년만기 신한은행 CD금리(후급)가 연4.0%이고, 잔존만기 2, 3년의 신한은행 연이표채가 4.2%, 4.5%로 발행되고 있다고 하자. 연이표채의 발행가액은 액면가인 10,000원이다. 실제로도 대부분의 채권은 액면금액(face value)으로 발행되고 있다.

1년만기 CD는 만기시점에 원리금을 지급받고, 2년만기 연이표채는 발행 후 1년되는 시점에 420원 만기시점에 10,420원을 지급받는다. 3년만기 연이표채의 경우에는 발행 후 1, 2년 시점에 각각 450원의 이자를 지급받고 만기시점에 10,450원을 지급받는다.

1년만기 CD금리는 무이표채 수익률이므로 만기수익률인 동시에 **현물이자율**이다. 2, 3년 채권수익률은 **만기수익률**이다. Bootstrapping을 활용해서 2, 3년의 현물이자율을 계산해보자.

먼저 2년물 이표채와 1년물 할인채수익률(1년만기 CD금리, 현물이자율)을 활용해서 2년물 할인채수익률(2년 현물이자율)을 찾아보면 다음과 같다.

2년물 이표채의 가격은 다음과 같이 계산된다.

$$2년물\ 이표채\ 가격 = \frac{420}{(1+0.04)^1} + \frac{10,420}{(1+\textbf{2년 현물이자율})^2}$$

2년물 이표채가격이 10,000원(발행가액)이므로 위 식을 다음과 같이 바꿔 쓸 수 있다.

$$10,000 = \frac{420}{(1+0.04)^1} + \frac{10,420}{(1+\textbf{2년 현물이자율})^2}$$

위 식은 변수 한 개에 등식이 한 개이므로 2년 현물이자율을 찾을 수 있다.

잔존기간	현금흐름	현물이자율	채권가격
1	420	4.0000%	403.8462
2	10,420	4.2042%	9,596.154
			10,000

신한은행의 2년 현물이자율은 4.2042%이다.

이제 신한은행의 3년 현물이자율을 찾아보자. 3년만기 이표채의 가격은 다음과 같이 계산해야 한다(연단위 복할인 가정).

$$3년만기 이표채 가격 = \frac{450}{(1+0.04)^1} + \frac{450}{(1+0.042042)^2} + \frac{10,450}{(1+\textbf{3년 현물이자율})^3}$$

3년만기 이표채가격은 10,000원이므로 (10,000원에 발행되고 있기 때문) 위의 식을 아래와 같이 바꿔 쓸 수 있다.

$$10,000 = \frac{450}{(1+0.04)^1} + \frac{450}{(1+0.042042)^2} + \frac{10,450}{(1+\textbf{3년 현물이자율})^3}$$

위 식은 변수 한 개에 등식이 한 개이므로 3년 현물이자율을 찾을 수 있다.

잔존기간	현금흐름	현물이자율	채권가격
1	450	4.0000%	432.6923
2	450	4.2042%	414.4213
3	10,450	4.5168%	9,152.887
			10,000.00

신한은행의 3년 현물이자율은 4.5168%이다.

신한은행이 발행하는 할인채는 1년만기 CD 밖에 없지만 이 CD(할인채)를 활용해서 잔존만기 2, 3년의 할인채 금리를 찾을 수 있었다.

여기에서 잔존만기가 늘어남에 따라 채권수익률이 상승하는 경우에는 현물이자율이 만기수익률보다 크다는 것을 알 수 있다. 수익률곡선이 우상향하기 때문에 초기 현금흐름에 대해서 낮은 수익률로 할인하면 이후 현금흐름에 대해서는 높은 수익률이 적용되어야 하는 것은 당연한 것이다. 반대로 수익률곡선이 우하향할 경우에는 현물이자율이 만기수익률보다 낮아야 한다.

채권의 가치를 평가하는 목적이라면 만기수익률보다 현물이자율을 사용하는 것이 정확한 방법이다. 실무에서는 가격계산의 신속성과 편의성 때문에 만기수익률을 사용하고 있다.

1-2-3 ▶ Portfolio Yield

일반적으로 채권 포트폴리오의 수익률을 계산할 때 각 종목별 만기수익률(YTM)을 금액가중평균해서 사용하고 있다. Portfolio Yield는 각 종목의 현금흐름을 한 개의 채권처럼 모아서 계산한 수익률이다.

채권포트폴리오에 국고 02250-2512(15-8), 국고 04750-3012(10-7), 국고 03750-3312(13-8)를 각각 액면금액 100억원씩 보유하고 있다고 가정하자.

2020.9.2일 각 채권의 매매수익률은 다음과 같다.

종 목 명	매매수익률	비 고
국고 02250-2512(15-8)	1.343%	
국고 04750-3012(10-7)	1.591%	
국고 03750-3312(13-8)	1.613%	

(출처: Check)

국고 02250-2512(15-8)

발행일	2015-12-10		
만기일	2025-12-10		
액면금액	10,000		
표면금리	2.25%	2	1.125%
결제일	2020-09-02	2020-06-10	183
매매수익률	1.343%		

잔존일수	일자	이자	원금	CF	PV
99	2020-12-10	112.5		112.5	112.0928
1	2021-06-10	112.5		112.5	111.3451
2	2021-12-10	112.5		112.5	110.6024
3	2022-06-10	112.5		112.5	109.8647
4	2022-12-10	112.5		112.5	109.1319
5	2023-06-10	112.5		112.5	108.4039
6	2023-12-10	112.5		112.5	107.6809
7	2024-06-10	112.5		112.5	106.9626
8	2024-12-10	112.5		112.5	106.2491
9	2025-06-10	112.5		112.5	105.5404
10	2025-12-10	112.5	10,000	10,112.5	9,423.632
					10,511.51

국고 04750-3012(10-7)

발행일	2010-12-10		
만기일	2030-12-10		
액면금액	10,000		
표면금리	4.750%	2	2.3750%
결제일	2020-09-02	2020-06-10	183
매매수익률	1.591%		

잔존일수	일자	이자	원금	CF	PV
99	2020-12-10	237.5		237.5	236.4823
1	2021-06-10	237.5		237.5	234.6159
2	2021-12-10	237.5		237.5	232.7643
3	2022-06-10	237.5		237.5	230.9273

4	2022-12-10	237.5		237.5	229.1047
18	2029-12-10	237.5		237.5	205.0492
19	2030-06-10	237.5		237.5	203.4309
20	2030-12-10	237.5	10,000	10,237.5	8,699.736
					13,091.01

국고 03750-3312(13-8)

발행일	2013-12-10		
만기일	2033-12-10		
액면금액	10,000		
표면금리	3.750%	2	1.8750%
결제일	2020-09-02	2020-06-10	183
매매수익률	1.613%		

잔존일수	일자	이자	원금	CF	PV
99	2020-12-10	187.5		187.5	186.6855
1	2021-06-10	187.5		187.5	185.1919
2	2021-12-10	187.5		187.5	183.7103
3	2022-06-10	187.5		187.5	182.2405
4	2022-12-10	187.5		187.5	180.7825
5	2023-06-10	187.5		187.5	179.3362
6	2023-12-10	187.5		187.5	177.9014
7	2024-06-10	187.5		187.5	176.4781
8	2024-12-10	187.5		187.5	175.0662
9	2025-06-10	187.5		187.5	173.6656
10	2025-12-10	187.5		187.5	172.2762
11	2026-06-10	187.5		187.5	170.8979
12	2026-12-10	187.5		187.5	169.5306
13	2027-06-10	187.5		187.5	168.1743
14	2027-12-10	187.5		187.5	166.8288
15	2028-06-10	187.5		187.5	165.4941
16	2028-12-10	187.5		187.5	164.1701
17	2029-06-10	187.5		187.5	162.8566
18	2029-12-10	187.5		187.5	161.5537

19	2030-06-10	187.5		187.5	160.2612
20	2030-12-10	187.5		187.5	158.979
21	2031-06-10	187.5		187.5	157.7071
22	2031-12-10	187.5		187.5	156.4454
23	2032-06-10	187.5		187.5	155.1937
24	2032-12-10	187.5		187.5	153.9521
25	2033-06-10	187.5		187.5	152.7204
26	2033-12-10	187.5	10,000	10,187.5	8,231.424
					12,629.52

포트폴리오에 포함된 종목정보를 요약하면 다음과 같다.

구 분	만기일	매매수익률	채권가격
국고15-8	2025-12-10	1.343%	10,511.51
국고10-7	2030-12-10	1.591%	13,091.01
국고13-8	2033-12-10	1.613%	12,629.52
합계		1.516%*	36,232.04

*포트폴리오의 금액가중평균 YTM

포트폴리오에 편입된 세 종목을 한 개의 현금흐름으로 만들어서 수익률(Portfolio Yield)을 계산하면 다음과 같다.

결제일	2020-09-02	2020-06-10	183	
CF Yield	1.558%			
잔존일수	일자	CF	PV	비고
99	2020-12-10	537.5	535.2443	
1	2021-06-10	537.5	531.1069	
2	2021-12-10	537.5	527.0014	
3	2022-06-10	537.5	522.9277	
4	2022-12-10	537.5	518.8855	
5	2023-06-10	537.5	514.8745	
6	2023-12-10	537.5	510.8946	
7	2024-06-10	537.5	506.9454	

8	2024-12-10	537.5	503.0267	
9	2025-06-10	537.5	499.1383	
10	2025-12-10	10,537.5	9,709.792	국고 15-8 만기
11	2026-06-10	425	388.5896	
12	2026-12-10	425	385.5858	
13	2027-06-10	425	382.6052	
14	2027-12-10	425	379.6477	
15	2028-06-10	425	376.713	
16	2028-12-10	425	373.801	
17	2029-06-10	425	370.9116	
18	2029-12-10	425	368.0444	
19	2030-06-10	425	365.1995	
20	2030-12-10	10,425	8,888.882	국고 10-7만기
21	2031-06-10	187.5	158.6362	
22	2031-12-10	187.5	157.4099	
23	2032-06-10	187.5	156.1932	
24	2032-12-10	187.5	154.9858	
25	2033-06-10	187.5	153.7877	
26	2033-12-10	10,187.5	8,291.211	국고 13-8만기
			36,232.04	

포트폴리오의 YTM은 1.516%인 반면 Portfolio Yield는 1.558%이다. 수익률곡선의 기울기가 가파른 경우에는 YTM과 Portfolio Yield의 차이가 크게 나타난다.

포트폴리오 수익률 예측의 정확성을 높이기 위해서 YTM 외에 Portfolio Yield를 함께 사용하는 것이 좋다.

1-2-4 ▶ 내재이자율(Implied Forward Rate)

현재의 채권수익률에는 미래의 일정기간에 대한 기대수익률이 포함되어 있는데 이 기대수익률을 내재이자율이라고 한다. 예를 들어 신한은행 1, 2년 만기 채권수익률이 각각 4.0%, 4.2%라고 가정하자. 신한은행 1, 2년 채권수익률에는 1년 후의 1년만기 신한은행채 수익률(기대수익률)이 내재되어 있다. 1, 2년 채권수익률에서 1년 후의 1년만기 신한은행채의 기대수익률(implied forward rate)을 찾아보자.

투자기간이 2년인 투자자가 오직 신한은행채에만 투자한다고 하면 이 투자자는 잔존만기 1년물 또는 잔존만기 2년물의 신한은행채를 매입할 수 있다. 투자기간이 2년이므로 잔존만기 1년물을 매입할 경우에는 1년 후에 1년물 신한은행채에 재투자해야 한다. 2년물을 4.2%로 매입할 경우에는 만기보유하기 때문에 투자수익률이 확정된다.

1년물 매입 시 투자수익률: $(1 + 0.04) \times (1 + 1년\ 후\ 1년물수익률) - 1$

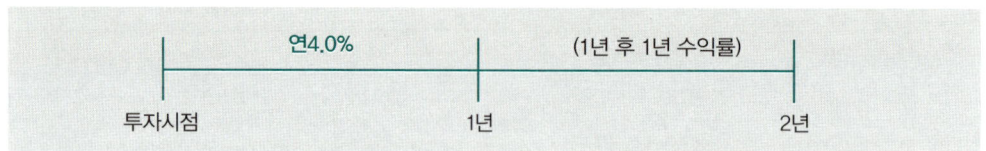

2년물 매입 시 투자수익률: $(1.042) \times (1.042) - 1 = 1.042^2 - 1$

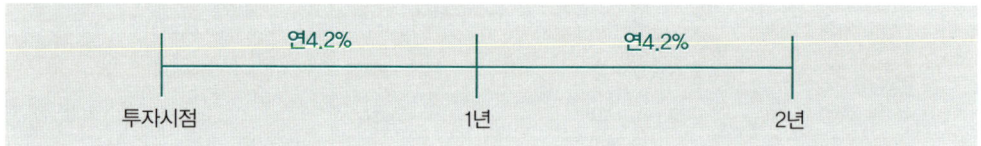

잔존만기 1, 2년 신한은행채 수익률이 각각 4.0%, 4.2%인 것에 대해 생각해보자. 시장에서 형성된 채권수익률은 매수 – 매도가 치열하게 경합한 후 결정된다. 따라서 4.0%와 4.2%는 시장가격이면서 시장참여자들이 생각하는 공정가격이다. 만약 1년물과 2년물 수익률 중에서 어느 하나가 더 매력적이라고 한다면 그 쪽으로 자금이 몰려서 채권수익률에 반영될 것이다.

투자기간이 2년인 투자자의 경우 1년물을 매입하고 1년 후 1년물에 재투자하는 것과 2년물을 매입하여 만기보유하는 전략의 기대수익률이 같아야 한다. 향후 채권수익률이 크게 상승해서 1년물을 매입한 후 재투자하는 것이 유리하다면 1년물수익률이 4.0% 아래로 하락하거나 2년물수익률이 4.2% 이상으로 상승할 것이다.

현재 형성된 신한은행채 1, 2년물 수익률은 이러한 시장의 예상(또는 기대)이 모두 반영된 수익률이기 때문에 1년물을 매입하고 1년 후에 재투자하는 전략이나 2년물을 매입하여 만기 보유하는 전략의 결과는 동일하다고 할 수 있다.

그렇다면 다음의 등식이 성립해야 한다.

$$(1 + 0.04) \times (1 + 1년\ 후\ 1년물금리) = (1.042) \times (1.042)$$

$$(1 + 1년\ 후\ 1년물금리) = \frac{1.042 \times 1.042}{1.04}$$

1년 후 1년물수익률을 $_1f_1$이라고 두면,

$$(1 + {_1f_1}) = \frac{1.042^2}{1.04}$$

$_1f_1 = 0.044$, 즉 4.4%이다.

여기서 $_1f_1$은 1년 후 1년만기 신한은행채 수익률(내재이자율)이다.

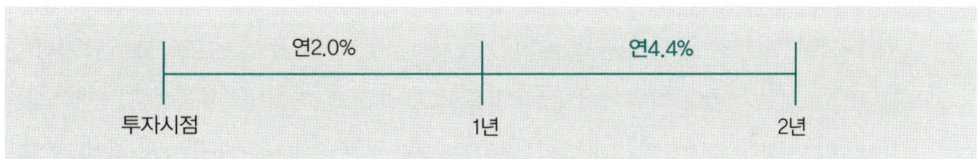

간편계산법으로 쉽게 내재이자율을 계산할 수 있다.

위의 예에서 잔존만기 1, 2년의 신한은행채 수익률이 각각 4.0%, 4.2%일 경우 1년 후 1년만기 신한은행채 수익률(내재이자율)은 다음과 같이 계산할 수 있다.

　　2년물은 연 4.2%씩 2년간 수익이 발생하므로 4.2% + 4.2% = 8.4%
　　1년물은 연 4.0% 수익이 발생하므로 4.0%
　　1년 후 1년물수익률(내재이자율) = 8.4% − 4.0% = 4.4%

간편법으로 계산해도 거의 같은 값이 나오기 때문에 실무에서는 간편법을 많이 사용하고 있다.

내재이자율을 투자전략에 활용해보자.

어떤 투자자의 투자기간이 2년인데 향후 채권수익률이 상승할 것이라고 예상한다고 하자. 향후 채권수익률이 상승할 것이기 때문에 1년물에 투자했다가 1년 후에 재투자하는 것이 맞는 전략일까?

위의 예에서 살펴보았듯이 1년 후 1년물 신한은행채 수익률이 현재의 4.0%보다 0.4% 이상 상승하지 않으면 2년물을 4.2%에 매입하여 만기보유하는 전략이 유리하다. 현실에서는 향후 채권수익률이 상승하더라도 만기가 긴 채권이 유리한 경우가 더 많다. 이는 만기가 증가할수록 채권수익률이 상승하는 우상향 수익률곡선의 Shoulder Effect(쇼율더효과) 때문이다.

중도매매가 가능한 신용평가등급이 A 이상인 채권에 투자할 경우에는 투자기간에 맞는(만기보유목적) 채권 외에 미스매치(mismatch) 전략이 가능한지 살펴보는 것이 중요하다. BBB+등급 이하의 채권이더라도 상장되어 장내거래가 활발한 채권은 미스매치 투자가 가능하다.

2017.5.4일 상장된 **두산중공업48회**, 2017.8.1일 상장된 **두산인프라코어31회**의 경우 발행금액이 각각 5,000억원이어서 장내에서 활발하게 거래되었다. 2020.7.3일 상장된 **한진칼3회**는 상장 당일 거래대금이 139,024백만원으로 매우 활발하게 거래되었다.

1-2-5 풋옵션행사수익률(Yield to Put)

필자가 근무하는 회사는 2015년 4월 초에 매도측으로부터 **동부팜한농16회** 200억원(액면금액)을 매입해달라는 제안을 받았다. 당시 동부팜한농은 M&A를 추진하고 있었고 어떤 투자자가 보유하고 있던 16회 채권 200억원을 급하게 매도해야 한다고 했다. 매도측은 채권 액면 10,000원당 9,910원에 매도의사가 있다고 알려왔다. 우리나라의 채권단가에는 경과이자가 포함되어 있다.

회사채 매매제안이 오면 먼저 신용평가등급을 확인해야 한다. 동부팜한농16회는 발행당시 BBB+등급에서 2015년에는 BB+(투기등급)으로 하향조정되었다.

동부팜한농은 농약부문 국내 1위, 종묘부문 국내 2위의 독과점업체로 오랫동안

BBB+등급을 유지해 왔으나 동부그룹의 유동성위기 때문에 투기등급으로 떨어진 것이다. 신용평가등급 다음으로 해당 채권의 발행정보를 확인해야 한다.

동부팜한농16회 발행조건

- 발행일: 2014.12.9
- 만기일: 2016.12.9
- 액면금액: 10,000원
- 표면금리: 연 6.30% (3개월 후급 이표채)

금융감독원 전자공시(http://dart.fss.or.kr)에서 동부팜한농16회의 발행정보를 확인하는 과정에서 동 채권이 풋옵션부(Putable)로 발행된 것을 알게 되었다. 풋옵션은 투자자가 발행회사에 채권을 매도할 수 있는 권리이다.

동부팜한농16회 풋옵션 조건

- 풋옵션일: 2015.12.9
- 풋옵션행사일: 풋옵션일 60일 전 ~ 30일 전(2015.10.10~2015.11.9)
- 풋옵션행사가격: 10,000원

엑셀을 사용해서 만기수익률과 풋옵션행사수익률을 계산해보면 다음과 같다.

동부팜한농16회   BB+

발행일	2014-12-09			
만기일	2016-12-09		투자일수	602
액면금액	10,000			
표면금리	6.30%	4	1.575%	

매매일	2015-04-17		2015-03-09	92
매매수익률	7.18%	(만기수익률)		

이자지급회수	일자	이자	원금	CF	PV	과세대상소득
53	2015-06-09	157.5		157.5	155.887	90.73
1	2015-09-09	157.5		157.5	153.1363	157.5
2	2015-12-09	157.5		157.5	150.4343	157.5
3	2016-03-09	157.5		157.5	147.7799	157.5
4	2016-06-09	157.5		157.5	145.1723	157.5
5	2016-09-09	157.5		157.5	142.6108	157.5
6	2016-12-09	157.5	10,000	10,157.5	9,034.979	157.5
				11,102.5	9,930	1,035.73

세전소득	1,172.50
과세대상소득	1,035.73
원천징수세금	159.50
세후소득	1,013.00
세후연수익률	6.19%

엑셀에서 채권가격에 맞는 수익률을 찾을 때는 데이터 → 가상분석 → 목표값 찾기를 활용하면 편리하다. 필자는 그 동안 시행착오법으로 매매수익률을 찾았는데, 한화투자증권의 이은종님이 이 방법을 알려줘서 유용하게 사용하고 있다.

목표값 찾기에서 수식셀은 PV합계셀, 찾는 값은 매입금액 + 수수료(9,930원), 값을 바꿀셀에는 매매 수익률셀을 지정하고 확인을 누르면 9,930원에 해당하는 수익률(7.18%)이 계산된다.

위 표는 2015.4.17일 기준으로 매도 측에서 제시한 9,910원에 매입하고 증권회사 수수료 20원을 감안한 경우의 채권수익률 계산식(엑셀Sheet)이다.

매입가격(수수료 포함)이 9,930원일 경우, 만기수익률은 세전 연7.18%이다. 풋옵션일과 만기가 비슷한 **동부팜한농11-1회**(2015.10.24일 만기)의 매매수익률이 5%대 초반인 점을 감안할 때 매력적이라고 판단되었다.

동부팜한농16회에는 투자자가 권리를 행사할 수 있는 풋옵션이 있다. 풋옵션은 투자자의 권리이므로 투자자에게 유리하면 행사하고 불리하면 행사하지 않으면 된다.

풋옵션행사일까지 약 6개월의 시간이 남아있는데 그 동안 LG화학과의 M&A가 성사되면 해당채권의 신용등급이 상승하고 채권가격도 상승할 가능성이 높다. 당시 LG화학이 가장 유력한 인수후보 이었다.

정책금리가 2%, 1년물(6개월 후) 동부팜한농16회의 표면금리가 6.3%이면 M&A가 성공되었을 경우 매매수익률은 4% 수준까지 하락할 수 있다고 판단되었다. 그 경우 채권가격은 약 10,200원(경과이자 제외) 수준에 형성된다.

만약 M&A가 지체될 경우에는 풋옵션을 행사해서 조기상환 받는 방법도 가능하다. 이 경우의 투자수익률을 계산해 보았다.

동부팜한농16회   BB+

발행일	2014-12-09			
만기일	2016-12-09		투자일수	236
액면금액	10,000			
표면금리	6.30%	4	1.575%	

매매일	2015-04-17		2015-03-09	92
매매수익률	8.49%	(풋옵션수익률)		

이자지급회수	일자	이자	원금	CF	PV	과세대상소득
53	2015-06-09	157.5		157.5	155.5975	90.73
1	2015-09-09	157.5		157.5	152.3638	157.5
2	2015-12-09	157.5	10,000	10,157.5	9,622.039	157.5
				10,472.5	9,930	405.73

세전소득	542.50
과세대상소득	405.73
원천징수세금	62.48
세후소득	480.02
세후연수익률	7.48%

2015.12.9일에 풋옵션이 행사되기 때문에 그 날이 채권의 만기가 된다. 2015.4.17일에 9,910원에 매입하고 증권회사 수수료 20원을 지급하는 것은 변함이 없기 때문에 매입

원가는 9,930원으로 동일하다.

채권을 할인해서 매입했고 조기에 상환 받기 때문에 세전수익률은 연 7.18%에서 연 8.49%로 올라간다. 예정보다 빨리 원금을 상환 받아서 연율로 계산한 상환이익(할인 매입해서 원금상환)이 높아졌기 때문이다.

동부팜한농16회를 2015.4.17일에 9,930원에 매입하여 풋옵션을 행사하면 풋옵션일 (2015.12.9)까지 연 8.49%의 세전수익률이 가능하다. 연 8.49%가 풋옵션행사수익률 (Yield to Put)이다.

필자의 투자전략은, 풋옵션행사일까지 M&A가 지지부진하면 풋옵션을 행사해서 연 8.49% 세전수익을 시현하고, M&A가 성공하면 채권가격이 10,200원 수준으로 상승 할 가능성이 높기 때문에 M&A 이후에 매도한다는 것이었다.

2015.4.17일 동부팜한농16회 200억원을 9,930원(증권회사 장내 거래수수료 포함)에 매입 완료하였다. 곧이어 동부팜한농은 LG화학에 인수되었고 채권가격은 10,200원 이상으로 상승하였다.

풋옵션이 있는 채권의 경우 풋옵션행사수익률(Yield to Put)을 계산해보는 것은 매우 중요하다. 풋옵션은 투자자의 권리로써 투자자가 유리할 때 행사하면 되므로 이 경우의 투자수익률을 알아야 정확한 판단을 내릴 수 있기 때문이다.

주식관련사채의 경우 풋옵션부로 발행되는 경우가 많다.

두산중공업48회 사례

두산중공업48회(분리형BW의 ex-warrant)의 경우 만기는 5년이었지만, 발행일로부터 3년시점에 풋옵션행사가 가능한 조건으로 발행되었다. 표면금리 1%, 풋옵션수익률 (YTP)과 만기보장수익률(YTM)은 연 2%로 일반회사채(SB, straight bond)보다 낮게 발행되었다. 분리형BW의 Bond(ex-warrant)는 신주인수권(WR, warrant) 때문에 표면금리와 만기보장수익률이 낮게 발행되는 것이 일반적이다.

두산중공업48회(ex-warrant) 발행조건

- 발행일: 2017.5.4
- 만기일: 2022.5.4
- 표면금리: 연 1%(3개월 후급)
- 만기보장수익률: 연 2%(만기상환율: 105.2448%)
- 풋옵션일: 2020.5.4
- 풋옵션수익률: 연 2% (put price: 액면가의 103.0839%)

2020년 2월에는 두산중공업 워크아웃설 때문에 48회의 가격이 9,000원까지 하락하기도 했다. 두산중공업은 종합기계분야에서 세계적인 경쟁력을 갖춘 기업이어서 기업구조조정촉진법을 적용한 채권관리절차(일명 워크아웃) 가능성이 낮다고 판단되었다.

상황이 좋지 않아서 워크아웃으로 가더라도 일반법인과 개인투자자가 협약대상자(채무재조정대상자)가 될 가능성은 매우 낮다. 1998년 기업구조조정제도가 도입된 이래 일반법인과 개인투자자가 협약대상자에 포함된 사례는 없다. 워크아웃은 채권자가 협의해서 해당 기업을 정상화하는 것인데, 협약대상자 수가 많으면 원만한 진행(합의 도출)이 어렵기 때문이다.

투자일임계정으로 두산중공업48회를 매입한 후 2020.3월에 모두 풋옵션을 신청했고, 2020.5.4일에 이자 25원과 원금 10,308.39원을 지급받았다. 2~3개월만에 10% 수익을 올린 것이다. 10% 대부분이 비과세 소득이었다.

여기서 2020.5.4일에 풋옵션행사로 상환 받는 것과 2022.5.4일까지 만기 보유하는 것 중에서 어느 것이 유리한지의 문제가 있었다. 이에 대한 해답은 의외로 찾기 쉽다. 풋옵션을 행사하지 않으면 향후 2년간 연 2%(만기보장수익률)의 투자수익이 가능하다. 풋옵션 행사시점(2020.3~4월)의 두산중공업 2년물의 매매수익률과 비교해서 투자수익이 높은 쪽으로 결정하면 된다.

풋옵션 행사기간인 2020.3월~4월 2년물 두산중공업 채권수익률은 최소한 연 5% 이상이었다. 그렇다면 풋옵션행사해서 원금을 상환 받은 후에 재투자하는 것이 유리하다는 결론을 내릴 수 있다.

두산건설84회 사례

두산건설84회(전환사채)의 경우 발행일로부터 1.5년(2016.3.4일)과 2.5년(2017.3.4일)에 풋옵션을 행사할 수 있었다.

2015.7.22일 두산건설84회CB의 장내 매매가격은 10,380원 수준이었다. 동 채권을 10,380원에 매입하고 증권회사 매매수수료 20원을 지급할 경우의 첫번째 풋옵션행사 수익률(Yield to First Put)을 계산하면 아래와 같다.

두산건설84회CB(BBB)

					Put Schedule	
발행일	2014-09-04				일자	가격
만기일	2017-09-04				2016-03-04	105.5023%
액면금액	10,000				2017-03-04	109.5264%
표면금리	4.00%	4	1.00%			

매매일	2015-07-22	2015-06-04	92	총일수	547
매매수익률	6.97% YTP_1			투자일수	226

이자지급회수	일자	이자	원금	CF	PV	과세대상 이자소득	
44	2015-09-04	100		100	99.1732076	47.83	
1	2015-12-04	100		100	97.4740783	100.00	
2	2016-03-04	100	10,550.23	10,650.23	10,203.3527	100.00	227.33
				10,850.23	10,400	247.83	475.16

투자금액	10,400
총현금흐름	10,850.23
과세대상소득	475.160602
세율	0.154
세금	73.1747328
세후 수익	377.055236
세후연수익률	5.86%

비과세소득	-25

위의 표에서 알 수 있듯이 두산건설84회(2017.9.4일 만기)를 10,400원(증권회사 매매

수수료 포함)에 매입하고 첫번째 풋옵션일(2016.3.4일)에 권리를 행사할 경우 세전 연 6.97% 투자수익률이 실현된다.

두산건설84회를 10,400원에 매입하고 두번째 풋옵션일(2017.3.4일)에 권리를 행사할 경우는 아래와 같다.

두산건설84회CB(BBB)

발행일	2014-09-04		
만기일	2017-09-04		
액면금액	10,000		
표면금리	4.00%	4	1.00%

Put Schedule

일자	가격
2016-03-04	105.5023%
2017-03-04	109.5264%

매매일	2015-07-22	2015-06-04	92
매매수익률	7.29%	YTP_2	

총일수	912
투자일수	591

이자지급회수	일자	이자	원금	CF	PV	과세대상 이자소득	
44	2015-09-04	100		100	99.13542	47.83	
1	2015-12-04	100		100	97.3600365	100.00	
2	2016-03-04	100		100	95.6164477	100.00	
3	2016-06-04	100		100	93.9040843	100.00	
4	2016-09-04	100		100	92.222387	100.00	
5	2016-12-04	100		100	90.5708067	100.00	
6	2017-03-04	100	10,952.64	11,052.64	9,831.19109	100.00	617.34
				11,652.64	10,400	647.83	1,265.16

투자금액	10,400
총현금흐름	11,652.64
과세대상소득	1,265.16188
세율	0.154
세금	194.834929
세후 수익	1,057.8048
세후연수익률	6.28%

비과세소득	-13

신주인수권이 붙어 있는 전환사채의 경우에 풋옵션을 행사하는 것이 좋을까? 이 경우에는 신용위험으로 판단하는 것이 좋다. 신용위험이 증가하지 않았다면 주식콜옵션의 시간가치 때문에 풋옵션을 행사하지 않는 것이 유리하다.

분리형BW의 경우에는 일반적으로 분리된 회사채(ex-warrant)의 풋옵션을 행사하는 것이 유리하다. Ex-warrant에는 주식콜옵션이 없고, 표면금리 및 풋옵션행사수익률이 동사의 일반회사채 수익률보다 낮을 것이기 때문에 가능한 빨리 상환받아야 한다.

우리나라에서 발행되는 풋옵션부채권은 풋옵션일 60일 전부터 30일 전까지 풋옵션을 행사할 수 있는 것이 보통이다. 파산한 한진해운78회의 경우에는 풋옵션일 3개월 전부터 2개월 전까지만 풋옵션을 행사할 수 있었다. 풋옵션은 매우 중요한 투자자의 권리이므로 투자설명서(금감원 전자공시)에서 확인해야 한다.

1-2-6 ▶ 콜옵션행사수익률(Yield to Call)과 Yield to Worst

발행회사가 임의로 채권을 상환할 수 있는 채권을 콜옵션부채권(Callable)이라고 한다. 우리나라의 경우에는 은행 후순위채, 주식회사의 영구채(신종자본증권), 그리고 ABS 일부가 콜옵션부로 발행되고 있으나, 미국의 경우에는 대부분의 MBS와 회사채가 콜옵션부로 발행되고 있다.

콜옵션부채권의 경우 발행회사가 콜옵션 권리를 가지고 있기 때문에 일반회사채에 비해서 투자자가 불리하다. **풋옵션부채권**의 경우에는 투자자가 권리를 행사하는 것이기 때문에 풋옵션행사수익률을 계산해보지 않고 투자해도 큰 문제가 생기지 않는다. 투자자는 최소한 만기수익률은 고려했을 것이고 풋옵션을 행사하지 않으면 만기수익률 수준의 투자수익률을 실현할 수 있기 때문이다.

콜옵션의 경우에는 콜옵션행사수익률(YTC)을 계산해보는 것이 매우 중요하다. 콜옵션을 행사하는 것이 유리한데도 행사하지 않을 발행회사는 없을 것이고, 콜옵션이 행사되면 콜옵션행사수익률 수준의 투자수익률이 실현된다. 콜옵션부채권에 만기수익률을 기대하고 매입한 투자자는 예상치 않은 발행회사의 콜옵션행사로 큰 손실을 볼 수 있기 때문에 각별한 주의가 요망된다.

기업은행(신종)0612이30A-11의 사례

기업은행(신종)0612이30A-11의 경우 첫번째 콜옵션일인 2016.12.12일(12.11일은 일요일)에 콜옵션이 행사되었는데, 당일 오전에도 장내에서 10,450원에 매매되었다. 오후 4시에 3개월분 이자 159원(세전)과 원금 10,000원이 입금되었다. 당일 동 채권을 매입한 투자자는 거래수수료를 감안하지 않고도 액면 10,000원당 291원의 손실을 입었다.

기업은행은 콜옵션일 1개월 전에 한국예탁결제원에 콜옵션행사를 통지했고, 예탁원 증권정보포털(http://www.seibro.or.kr)에 콜옵션이 행사되었다는 내용이 등록되어 있었다. 그런데도, 콜옵션일 1개월 전부터 콜옵션일까지 한달 내내 콜옵션가격(10,159원, 표면이자 포함)보다 훨씬 높은 가격으로 장내 거래된 것을 어떻게 이해해야 할까?

예탁원과 거래소, 그리고 금융투자회사(증권회사)의 HTS, 증권전산의 Check 등이 좀 더 긴밀하게 채권관련 정보를 공유해야 한다는 의견이다.

> **기업은행(신종)0612이30A-11 발행조건**
>
> - 발행일: 2006.12.11
> - 만기일: 2036.12.11(연장가능)
> - 표면금리: 6.36%(3개월 후급)
> - 콜옵션행사일: 2016.12.11

현대커머셜(신종) 207회(사모/콜/후) 사례

2019.7.12일 현대커머셜 신종자본증권 207회(A등급)를 3.5%에 매도하겠다는 제안을 받았다. 2020.9.24일이 첫번째 콜옵션일이므로 1년 2개월물이었다. Check에서 민평가격은 9,818.44원, 민평수익률(YTM)은 4.735%로 확인했다.

문제는 매도 측이 콜옵션부채권을 만기수익률(YTM)로 매도하겠다는 데 있었다. 현대커머셜은 금융기관이므로 국제적인 관행에 따라 첫번째 콜옵션일에 옵션을 행사할 것이므로 YTC(yield to call)를 계산한 후 매입여부를 결정해야 한다.

현대커머셜은 207회에 대한 콜옵션행사의지를 확실히 하기 위해서 표면금리 step-up 조항도 넣어서 발행했다. 발행시점의 국고 5년물대비 Spread가 2.81%이었는데, 신용스프레드 2.81%를 그대로 유지하고 추가로 연 1.5% 표면금리가 높아진다.

> **현대커머셜 신종자본증권 207회(사모/콜/후) 발행조건**
>
> - 발행일: 2015.9.24
> - 만기일: 2045.9.24(연장 가능)
> - 표면금리: 4.6%(3개월 후급)
> - 표면금리 Reset(매5년마다): 5년 이후 직전이자지급일 2영업일 전 국고채5년물금리 + 2.81% + 1.5%(step-up)
> - 콜옵션일: 2020.9.24일 (이후 매5년마다)

매도 측에서 제시한 YTM 3.5%로 채권가격을 계산하면 다음과 같다.

현대커머셜 신종자본증권 207회

발행일	2015-09-24		Call Option	A
만기일	2045-09-24		2020-09-24	10,000
액면금액	10,000			
표면금리	4.600%	4	1.150%	
결제일	2019-07-12	2019-06-24	92	
매매수익률	3.50%	(YTM)		

잔존일수	일자	이자	원금	CF	PV
74	2019-09-24	115		115	114.20
1	2019-12-24	115		115	113.21
2	2020-03-24	115		115	112.22
3	2020-06-24	115		115	111.25
4	2020-09-24	115		115	110.29
5	2020-12-24	115		115	109.33
6	2021-03-24	115		115	108.38
7	2021-06-24	115		115	107.44
103	2045-06-24	115		115	46.55
104	2045-09-24	115	10,000	10,115	4,059.11
					11,903.98

매도 측은 현대커머셜(신종) 207회를 11,903원(원 미만 절사, 편의상 당일결제 기준으로 단가 계산)에 매도하겠다는 것이다. 이 채권은 2020.9.24일에 콜옵션이 행사되어 상환될 것이 확실하기 때문에 콜옵션일까지의 수익률(YTC, yield to call)을 계산해 봐야 한다.

매도 측이 제시한 11,903원으로 YTC를 계산하면 연 −9.95%이다. 즉, 2019.9.24일에 11,903원에 매입하고, 2020.9.24일 콜옵션으로 상환되면 연 9.95% 손실이 발생한다.

현대커머셜 신종자본증권 207회

발행일	2015-09-24			Call Option	A
만기일	2045-09-24			2020-09-24	10,000
액면금액	10,000				
표면금리	4.600%		4	1.150%	
결제일	2019-07-12	2019-06-24		92	
매매수익률	−9.95%	(YTC)			

잔존일수	일자	이자	원금	CF	PV
74	2019-09-24	115		115	117.35
1	2019-12-24	115		115	120.34
2	2020-03-24	115		115	123.41
3	2020-06-24	115		115	126.56
4	2020-09-24	115	10,000	10,115	11,415.35
					11,903.00

만약, 현대커머셜(신종) 207회를 YTM 3.5%로 매입했다면 1년 2개월 후에 콜옵션이 행사되어 큰 손실을 입게 된다. 실제로 현대커머셜(신종) 207회는 2020.9.24일 콜옵션이 행사되었다. 콜옵션행사 여부는 1개월 전에 한국예탁원 증권정보포털(http://www.seibro.or.kr)에서 조회 가능하다.

> **옵션부채권 권리행사 여부를 조회하는 방법**
>
> 증권정보포털 → 채권 → 채권권리행사일정 → 발행인 칸에 현대커머셜 입력, 권리행사구분 칸에 조기상환일, 조회기간 3개월을 입력하고 조회 → 넓게 보기에서 현대커머셜 신종자본증권 207(사모/콜/후)를 click → 조기행사옵션 → 옵션행사 내역에서 2020.9.24일 800억원 전액 조기 상환된 것을 확인할 수 있다.

▶ 외환은행(신종)1회 사례

국내에서 발행된 은행채 중에서 첫번째 콜옵션일에 권리를 행사하지 않은 종목은 외환은행신종자본증권 1회 정도이다.

2003년 국내에서는 최초로 외환은행(5월 28일), 조흥은행(6월 28일), 한미은행(7월 28일)이 각각 약 3,000억원씩 채권형 신종자본증권(영구채, 5년콜)을 발행했는데 조흥은행과 한미은행은 첫번째 콜옵션일인 2008년에 콜옵션을 행사해서 상환했으나, 외환은행은 국세청과 Lone Star간에 분쟁(소송)이 있어서 2008년 콜옵션을 행사하지 않았다.

2003년 당시, 영구채 형태의 채권형 신종자본증권은 BIS자기자본을 계산할 때 본원자본(Tier 1 자본)으로 인정되어 자기자본비율을 높일 목적으로 발행되었다. 5년콜옵션부로 발행되었는데, 금융기관이 발행한 콜옵션부채권의 경우 첫번째 콜옵션일에 옵션을 행사(상환)하는 것은 중요한 국제금융시장의 관행이다.

2019.3월 스페인의 Santander은행이 코코본드(CoCo Bond)의 첫번째 콜옵션일에 옵션을 행사하지 않았다. 500년 은행 역사에서 처음 발생한(시장과의 암묵적인 약속을 어긴) 사건이어서 국제금융시장이 술렁거렸다.

외환은행은 1년 후인 2009.5.28일에 콜옵션을 행사했다. 이렇듯 은행채에 투자할 경우에는 첫번째 콜옵션일이 만기일이라고 가정하고 투자수익률을 계산하는 것이 중요하다.

필자가 자문위원으로 있는 어떤 재단에서 저금리에 따른 대응으로 투자대상자산을 확대하는 결의를 했다. 기존의 국채와 정기예금에 추가해서 AA- 등급 이상 은행(금융지주 포함) 후순위채도 투자대상자산에 포함시켰다. 규정 개정 내용에 콜옵션부채권은 반드시 YTC(yield to call)로 투자판단을 해야 한다는 내용을 반영하자는 의견을 냈다. 규정에는 명시하지 않았지만 실무자들이 YTC를 사용하도록 채권투자 Process에 반영했다.

◗ 대한항공79회 (신종) 사례

2020.6.22일 대한항공이 79회 신종자본증권 2,000억원에 대해 콜옵션 행사로 원금을 상환했다. 2020.6월이면 Covid-19 때문에 전세계적으로 여행이 제한되어 항공업계의 자금사정은 최악의 상황이라고 할 수 있었다. 당시 대한항공 1년만기 달러표시채 매매수익률이 20% 수준까지 올라가기도 했다. 이 때 회사 스스로 2,000억원의 채권을 조기상환 했다는 것은 시사하는 바가 크다.

대한항공79회 신종자본증권 발행조건

- 발행일: 2018.6.22
- 만기일: 2048.6.22(연장 가능)
- 표면금리: 5.4%(3개월 후급)
- 콜옵션: 2020.6.22일, 이후 매년
- 표면금리 Step-up(2년 시점): 5.4% + 2.5% + 조정금리(2년 시점의 국고채금리 − 발행 시 국고채금리) (이후 매년 0.5% 가산)
- 콜옵션조건: ① 발행 후 2년부터 매년, ② 신종자본증권을 자본으로 분류할 수 없을 경우, ③ 대주주가 제3자(계열사가 아닌)로 변경될 경우

자금사정이 사상 최악임에도 불구하고 79회 신종자본증권을 조기상환한 것은 시장과의 신뢰를 유지하기 위함이다. 투자자에게 콜옵션 행사를 약속하지는 않았지만, 2년 시점(콜옵션일)에 표면금리를 높이는 조건(step-up)으로 발행하는 것은 2년 시점에 콜옵션을 행사하겠다는 간접적인 의사표시이다.

자금사정이 좋지 않다고 콜옵션을 행사하지 않으면 향후에 신종자본증권으로 자금을 조달하는 것은 불가능하기 때문에 어려운 자금사정에도 불구하고 콜옵션을 행사한 것이다.

일반기업이 발행한 영구채의 콜옵션 조건에 주의할 점이 있다. 금융기관의 콜옵션은 기간을 정해서 행사하는데 비해, 일반기업은 자본으로 분류하지 못하게 될 때와 대주 주가 변경될 때 발행회사에서 콜옵션을 행사할 수 있는 경우가 많다.

대주주변경으로 콜옵션을 행사할 수 있는 경우를 Change of Control Call이라고 한다. 반대로 투자자가 풋옵션을 행사할 수 있는 경우는 Change of Control Put이다.

일반기업의 영구채는 자본으로 인정받아 부채비율을 낮추려는 목적으로 발행된다. 만약, 당국이 회계처리 기준을 바꿔 영구채를 자본으로 인정하지 않을 경우에는 영구채를 발행할 이유가 없어진다. 영구채는 일반회사채보다 금리가 상당히 높기 때문이다.

표면금리가 높은 영구채를 장내에서 프리미엄부로 매입(표면금리보다 낮은 YTC로 매입)할 경우 콜옵션행사로 애초의 투자목적을 달성할 수 없게 된다.

➡ JB금융지주 조건부(상) 1회(콜/후) 사례

JB금융지주 조건부자본증권(상)1회는 CoCo Bond이다. 조건부자본증권(상)이란 JB 금융지주가 부실금융기관으로 지정되면 원리금 전액이 상각(소멸)되는 채권이다. 코코 본드는 전환형과 상각형의 2종류가 있는데, 전환형은 채권이 보통주로 전환되는 것이다.

전환형 조건부자본증권의 발행과 관련해서는 "증권의 발행 및 공시 등에 관한 규정" (일명 증발공 규정) 제5-25조(전환형 조건부자본증권의 전환가액 결정 등)에서 보통주 전환요건, 전환가격결정방법 등을 정해두고 있다(2013.9.17일 동 조항 신설).

동 규정에서 금융기관의 경우 부실금융기관지정, 일반 주식회사의 경우 부실징후기업으로 통보 받으면 사채(코코본드)가 보통주로 전환된다.

우리나라의 경우, 금융기관은 **상각형 조건부자본증권**, 주식회사의 경우에는 신종자본증권(영구채) 위주로 발행하고 있으며, 현재까지 보통주 전환조건의 코코본드 발행 사례는 없다.

JB금융지주 조건부(상) 1회의 경우 만기는 2044.9.22일이지만 첫번째 콜옵션일인 2019.9.22일에 원금이 상환된다고 가정하고 투자수익률(yield to first call)을 계산해야 한다.

JB금융지주 조건부(상) 1회(후/콜) 발행조건

- 발행일: 2014.9.22
- 만기일: 2044.9.22(연장 가능)
- 표면금리: 6.4%(3개월 후급)
- 첫번째 콜옵션일: 2019.9.22

JB금융지주1회는 2015.7.22일 장내에서 10,550원에 거래되고 있었다. 증권회사 매매수수료 30원(3년 이상이므로)을 더하면 투자원금은 10,580원이 된다. 이 경우 콜옵션수익률은 다음과 같이 계산된다.

JB금융지주(CoCo Bond)

A+

발행일	2014-09-22
만기일	2019-09-22
액면금액	10,000
표면금리	6.40%

투자일수	1,523

표면금리 6.40% | 4 | 1.600%

매매일	2015-07-22
매매수익률	4.99%

2015-06-22   92

YTC

이자지급회수	일자	이자	원금	CF	PV	과세대상소득
62	2015-09-22	160		160	158.67	107.826087
1	2015-12-22	160		160	156.71	160
2	2016-03-22	160		160	154.78	160
13	2018-12-22	160		160	135.05	160
14	2019-03-22	160		160	133.39	160
15	2019-06-22	160		160	131.75	160
16	2019-09-22	160	10,000	10,160	8,262.91	160
				12,720	10,580	2,667.83

투자원금	10,580.00
총현금	12,720
세전소득	2,140.00
과세대상소득	2,667.83
원천징수세금	410.84
세후소득	1,729.15
세후연수익률	3.92%

비과세소득	−527.83

15.40%

2015.7.22일 JB금융지주를 10,580원(수수료 포함)에 매입하면 첫번째 콜옵션행사일까지 세전 연 4.99%, 세후 연 3.92%의 투자수익이 계산된다. 여기서 세금은 원천징수세율(15.4%)을 적용하였다. 금융소득종합과세 해당할 경우에는 세후수익률이 더 낮아진다.

JB금융지주1회의 세후수익률이 불리한 이유는 비과세소득이 −527원이기 때문이다. 액면금액 10,000원인 채권을 527원 높게 매입했기 때문이다. 실제로는 10,580원에 매입했지만 경과이자를 감안하면 원금보다 527원 비싸게(premium) 매입했다.

JB금융지주1회를 10,580원(수수료 포함)에 매입하면서 만기인 2044.9.22일에 상환된다고 가정한다면 수익률이 꽤 매력적이다. 만기수익률(YTM)은 6.01%이다.

JB금융지주(CoCo Bond)   A+

발행일	2014−09−22
만기일	2044−09−22
액면금액	10,000
표면금리	6.40%

투자일수	10,655

표면금리	6.40%	4	1,600%

매매일	2015−07−22
매매수익률	6.01%

2015−06−22   92

YTM

이자지급회수	일자	이자	원금	CF	PV	과세대상소득
62	2015−09−22	160		160	158.39	107.83
1	2015−12−22	160		160	156.05	160
2	2016−03−22	160		160	153.74	160

114	2044-03-22	160		160	28.90	160
115	2044-06-22	160		160	28.47	160
116	2044-09-22	160	10,000	10,160	1,780.87	160
				28,720	10,580	18,667.83

투자원금	10,580.00
총현금	28,720
세전소득	18,140.00
과세대상소득	18,667.83
원천징수세금	2,874.85
세후소득	15,265.15
세후연수익률	4.94%

| 비과세소득 | −527.83 |

15.40%

프리미엄부로 매입하기 때문에(표면금리가 연 6.40%로 높기 때문에) 만기가 길어지면 길어질수록 투자수익률은 높아진다. 투자자의 기대처럼 만기까지 상환하지 않는다면 이처럼 높은 수익을 기대할 수 있지만 그렇게 될 가능성은 없다.

조기상환권리를 발행회사인 JB금융지주가 가지고 있고 JB금융지주는 은행권의 관행에 따라서 첫번째 콜옵션일(2019.9.22)에 권리를 행사할 것이기 때문에 만기수익률(YTM)은 실현되기 어렵다. 실제로 2019.9.22일에 콜옵션이 행사되어 전액 상환되었다.

콜옵션부채권은 발행회사가 콜옵션행사 여부를 결정한다. 발행사는 어떤 기준으로 콜옵션행사여부를 판단할까? 발행회사는 콜옵션을 행사하는 것이 유리할 경우에 권리를 행사할 것이다.

JB금융지주의 경우 매년 연 6.4%의 이자를 지급하고 있다. 콜옵션 행사시점의 발행금리가 4.0%라면 기존에 발행된 채권을 상환하고 4.0% 이자율로 채권을 발행하는 것이 유리하다. 이처럼 채권수익률이 표면금리보다 낮을 경우에는 콜옵션이 행사될 가능성이 높다. 반대로 콜옵션 행사시점의 발행금리가 8.0%라면 JB금융지주는 6.40%의 채권을 상환하지 않을 것이다.

그러나, JB금융지주는 금융기관에 해당하기 때문에 콜옵션행사가 불리할 경우에도 반드시 첫번째 콜옵션일에 옵션을 행사해서 원리금을 상환한다. 콜옵션부채권에 투자할 경우에는 첫번째 콜옵션일에 원금이 상환된다고 가정하는 YTC(yield to call)를 사용해서 투자여부(매력적인지)를 판단해야 한다.

[콜옵션 행사가능성이 높은 경우]

　　표면금리 〉콜옵션 행사시점의 시장금리(조달금리)

[콜옵션 행사가능성이 낮은 경우]

　　표면금리 〈 콜옵션 행사시점의 시장금리(조달금리)

콜옵션 행사관련 한 가지 더 고려할 점이 있다. **은행(증권, 보험 등 금융기관 포함)의 경우에는 불리하더라도 첫번째 콜옵션일에 콜옵션을 행사**하는 것이 국제적인 관행(global practice)이라는 것이다.

콜옵션부채권, 풋옵션부채권은 권리행사에 따라 만기가 달라지고, 각 만기별 투자수익률도 달라진다. 그러면 어떤 수익률을 사용해야 할까? 옵션부채권이 많은 미국에서는 **Yield to Worst**를 사용하기도 한다.

Yield to Worst는 각 옵션행사일까지의 수익률을 모두 비교해서 그 중에서 가장 낮은 수익률이다. 위의 JB금융지주1회의 예에서는 첫번째 콜옵션행사수익률이 4.99%, 만기수익률이 6.01%이므로 Yield to Worst는 4.99%이다.

콜옵션부채권의 경우 프리미엄으로 거래되면(표면금리 〉매매수익률) 만기가 길수록 채권수익률이 높게 나온다. 이 경우 Yield to Worst는 첫번째 콜옵션행사수익률이다.

반대로 할인으로 거래되면(표면금리 〈 매매수익률) 만기가 길수록 채권수익률이 낮게 나온다. 이 경우 Yield to Worst는 만기수익률이다. 콜옵션부채권을 매입할 경우에는 Yield to Worst를 매입수익률로 생각해야 한다. 앞에서 설명한 것처럼 콜옵션부로 발행된 은행채는 예외이다. 은행채는 Yield to Worst를 계산하지 말고 **첫번째 콜옵션일을 만기**로 가정하고 투자수익률을 계산하는 것이 맞다.

풋옵션부채권의 경우에는 표면금리가 매매수익률보다 높으면 풋옵션을 행사하지 않고, 표면금리가 매매수익률보다 낮으면 풋옵션을 행사하면 되기 때문에 Yield to Worst

개념을 사용하지 않아도 된다. 투자자의 자유의지로 만기를 조절할 수 있기 때문이다.

1-3 채권가격 계산방법

채권은 미래 일정시점에 일정금액의 이자와 원금을 지급하는 자산이다. 이표채(Coupon Bond)는 중간에 이자를 지급하고 만기에 원금을 지급하는 채권이고, 복리채와 할인채는 만기시점에 이자와 원금을 지급한다.

채권가격은 미래현금흐름을 할인한 값이다. 일반적인 채권가격계산식은 다음과 같다.

$$PV = \frac{CF}{(1 + y)^n}$$

PV: 채권가격, CF: 원리금, y: 채권금리(채권수익률, 만기수익률), n: 잔존기간

우리나라는 금융투자협회의 "금융투자회사의 영업 및 업무에 관한 규정 – 별표 14"에서 채권가격계산 방법을 규정하고 있다.

동규정 별표 14에서는 '채권수익률의 가격환산 산식'을 **할인채**, **복리채**, **이표채**, **분할상환채권**, **FRN**(Floating Rate Note, 변동금리부채권)으로 나누어서 규정하고 있다. 이를 2가지로 요약하면 다음과 같다.

첫째, 할인채, 복리채, 단리채 등 만기 이전에 현금흐름이 없는 채권은 **연단위로 복할인**하고, 이표채와 원금분할상환채권은 **이자지급주기(coupon period) 단위로 복할인**하도록 하고 있다. *FRN은 미래현금흐름을 알 수 없기 때문에 채권가격을 정확하게 계산하는 것이 어려워 협회의 규정을 소개하지 않겠다(규정대로 계산할 경우 오류가 크게 발생할 수 있다.).

둘째, 채권가격계산일로부터 현금흐름(원리금지급)이 있는 날까지의 기간이 이자지급주기 미만인 경우에는 그 기간 동안 **관행적으로 복할인**하고, 이자지급주기일 경우에는 **이론적으로 복할인**하도록 하고 있다.

이 규정을 적용해서 각각의 채권가격을 계산해보자.

1-3-1 이표채의 가격 계산방법

만기 1년의 연 4.0% 매3개월 이자지급 신한은행채를 예로 들어보자.

위의 신한은행채는 발행일이 2022.7.23일이고 만기는 2023.7.23일이라고 하자. 이자는 2022.10.23일, 2023.1.23일, 2023.4.23일, 2023.7.23일에 각각 100원씩 지급된다. 2023.7.23일에는 이자 100원과 원금 10,000원이 지급된다.

이 채권을 2022.7.23일(발행일)에 4% 채권수익률로 매입하려고 할 경우의 가격은 다음과 같이 계산된다.

$$10,000원 = \frac{100}{(1+\frac{0.04}{4})^1} + \frac{100}{(1+\frac{0.04}{4})^2} + \frac{100}{(1+\frac{0.04}{4})^3} + \frac{10,100}{(1+\frac{0.04}{4})^4}$$

위의 계산식을 규정에 맞게 해석하면, 3개월 이표채이므로 3개월단위로 복할인했다. 연 4.0%의 채권수익률이므로 이를 4로 나누어서 3개월수익률로 할인한 것이다.

2022.7.23일부터 최초 이자지급일인 2022.10.23일까지 정확하게 3개월이 남았으므로 이론적으로 복할인했다.

$$이론적\ 복할인\ 공식: PV = \frac{CF}{(1+\frac{y}{4})^{4n}}$$

$$관행적\ 복할인\ 공식: PV = \frac{CF}{(1+\frac{y}{4} \times \frac{d}{3개월\ 실제\ 일수})} \quad (d는\ 잔존일수)$$

우리나라의 일수계산관행은 Actual / Actual이다. 현금흐름까지의 잔존일수와 이자지급구간의 잔존일수를 일일이 Count한다는 의미이다. 미국 국채의 Day Count Convention도 Actual / Actual이다. 미국회사채와 지방채는 $\frac{30}{360}$이다. 1개월은 30일, 1년은 360일로 보고 가격을 계산한다.

윤년(leap year)의 경우에는 1년이 366이다. 별다른 단서조항이 없다면 연단위로 복할인할 경우에 366을 사용해야 한다. 그러나, 이런 불편함을 없애기 위해서 윤달이 있더라도 365일로 계산한다는 단서조항이 있는 경우가 일반적이다.

채권은 엑셀을 사용하면 편리하다. 다음과 같이 엑셀로 계산할 수 있다.

이자지급회수	일자	이자	원금	CF	PV
1	2022-10-23	100		100	99.0099
2	2023-01-23	100		100	98.0296
3	2023-04-23	100		100	97.0590
4	2023-07-23	100	10,000	10,100	9705.90
					10,000

2022.10.23일에 지급받는 이자 100원의 채권가격은 다음과 같다.

$$99.0099 = \frac{100}{(1+\frac{0.04}{4})^1}$$

동일 종목을 2022.7.24일(발행일 익일)에 매매할 경우에는 채권가격 계산 방법이 달라진다. 매매일로부터 첫번째 이자를 지급하는 날이 이자지급구간 미만이기 때문에 관행적인 방법으로 3개월단위 복할인(compounding)한다.

2022.7.24일이 속한 이자지급구간은 2022.7.23~2022.10.23일이다. 이 구간의 총일수는 92일이고, 매매일인 2022.7.24일부터 2022.10.23일까지는 91일이므로 잔존기간이 이자지급구간 미만이다. 이 경우에는 관행적으로 복할인해야 한다.

2022.7.24일에 신한은행채의 가격을 계산해보면 다음과 같다.

$$10,001.08 = \frac{100}{(1+\frac{0.04}{4} \times \frac{91}{92})} + \frac{100}{(1+\frac{0.04}{4} \times \frac{91}{92}) \times (1+\frac{0.04}{4})^1} +$$

$$\frac{100}{(1+\frac{0.04}{4} \times \frac{91}{92}) \times (1+\frac{0.04}{4})^2} + \frac{10,100}{(1+\frac{0.04}{4} \times \frac{91}{92}) \times (1+\frac{0.04}{4})^3}$$

이를 엑셀로 계산하면 다음과 같다.

이자지급회수	일자	이자	원금	CF	PV
91	2022–10–23	100		100	99.0206
1	2023–01–23	100		100	98.0402
2	2023–04–23	100		100	97.0695
3	2023–07–23	100	10,000	10,100	9,706.92
					10001.08

매매금리는 4%로 동일한데 하루가 경과했기 때문에 채권가격이 1.08원 증가했다. 이자를 지급받을 때까지 매매금리가 4%를 유지할 경우 2022년10월23일에 이자를 지급받으면 매매가격은 다시 10,000원이 된다.

1-3-2 복리채의 가격 계산방법

만기1년 연 4.0% 3개월복리 신한은행채의 매매가격을 계산해보자.

복리채는 중간에 지급되어야 할 이자를 복리로 재투자한 후 만기일에 원금과 이자를 함께 지급한다. 따라서 복리채 매매가격을 계산할 때는 만기원리금을 먼저 계산해야 한다.

복리채의 만기원리금 = 10,000원 $\times$ $(1 + y)^n$

위의 신한은행 3개월 복리채의 경우,

$$10,406.0401 = 10,000 \times (1 + \frac{0.04}{4})^4$$

만기1년 연 4.0% 3개월 복리채의 만기원리금은 10,406.0401원이다.

단리채의 경우에는 만기에 10,400원이 지급되는데 중간에 지급되는 이자를 3개월단위로 재투자하기 때문에 **6.0401원**의 이자(이자의 이자)가 추가로 발생한다.

위 신한은행 복리채의 발행일이 2022.7.23일이고 만기가 2023.7.23일이라고 가정하자. 2022.7.23일에 유통시장에서 신한은행 복리채를 4.0% 채권수익률로 매매할 경우의 채권가격을 계산하면 다음과 같다.

$$10,005.80779 = \frac{10,406.0401}{(1 + 0.04)^1}$$

금융투자협회의 규정에 따라 복리채는 **연단위로 복할인**하고, 매매일부터 만기까지 정확하게 1년이 남았기 때문에 이론적으로 복할인한 것이다.

여기에서 만기원리금 계산과 채권가격 계산 방법의 불일치를 확인할 수 있다. 3개월복리채의 경우에 만기원리금을 계산할 때는 3개월단위 복리로 계산하는 반면 채권가격을 계산할 때는 연단위 복할인하는 것은 불합리하다.

미국의 경우 이표채는 대부분 6개월단위로 이자를 지급한다. 6개월 이표채는 6개월단위로 복할인하고 있고, 할인채, 복리채의 경우에도 6개월단위로 복할인한다. 미국에서 채권 외의 금융상품 가격을 계산할 때도 6개월단위 금리로 변환해서 복할인한다. 이를 Bond Equivalent Yield라고 한다. 미국은 모든 현금흐름에 대해 6개월단위 복할인함으로써 할인 방법을 일치시키고 있다.

미국의 Bond Equivalent Annual Yield를 계산하는 방법

1개월 금리가 1%일 경우, 먼저 다음과 같이 6개월금리를 계산한다.

$$(1 + 0.01)^6 - 1 = 6.152\%$$

Bond Equivalent Annual Yield는 다음과 같이 계산한다.

Bond Equivalent Annual Yield = 2 × 6.152% = 12.304%

우리나라는 3개월 이표채는 3개월단위로 복할인하고, 6개월 이표채는 6개월단위로 복할인하기 때문에 **이표채 가격**을 계산하는 방법은 어느 정도 합리적이다.

그러나 **복리채 가격**의 경우 연단위로 복할인하여 이자(또는 만기원리금)를 계산할 때 사용하는 복리주기와 맞지 않기 때문에 불합리하다.

위의 채권을 2022.7.24일(발행일 익일)에 4.0%의 채권수익률로 매매할 때의 채권가격은 다음과 같이 계산된다.

$$10,006.86225 = \frac{10,406.0401}{(1 + 0.04 \times \frac{364}{365})}$$

매매일로부터 만기까지 1년 미만이므로 관행적으로 복할인했다.

2022.7.23일부터 2023.7.23일까지는 365일이므로 잔존일수를 실제일수(1년)로 나누어야 한다. 윤연(閏年, leap year)일 경우에는 366으로 나누어 주어야 한다. 이를 actual /actual day count convention이라고 한다. 우리나라에서 잔존일수와 이자지급 구간일수(coupon period)를 계산할 때는 이 방법을 사용한다는 것은 앞에서 설명했다.

1-3-3 할인채의 가격 계산방법

할인된 가격으로 발행하여 만기에 액면금액(10,000원)을 지급하는 채권을 할인채라고 한다. 할인채는 발행가액(또는 매입가격)과 만기금액의 차이가 이자이다. 따라서 할인채의 과세대상소득은 투자자의 매입가격과 만기상환금액의 차이가 된다.

할인채의 채권가격도 복리채와 마찬가지로 연단위로 복할인한다. 미국은 할인채의 경우에도 6개월단위로 복할인한다.

$$\text{할인채의 매매가격} = \frac{10,000}{(1 + y)^n}$$

2022.7.23일 발행하고 2023.7.23일 만기인 신한은행 할인채를 2022.7.23일에 4.0% 채권수익률로 매매할 경우의 가격을 계산하면 다음과 같다.

$$9,615.384615 = \frac{10,000}{(1 + 0.04)^1}$$

위의 채권을 2022.7.24일(발행일 익일)에 연 4.0% 채권수익률로 매매할 경우의 채권가격은 다음과 같이 계산된다.

$$9,616.397934 = \frac{10,000}{(1 + 0.04 \times \frac{364}{365})}$$

매매일로부터 만기까지의 기간이 1년 미만이기 때문에 관행적으로 복할인했다.

할인채를 연단위로 복할인하는 규정 때문에 무위험차익거래가 가능할 경우가 있다. 2년 이상인 국고채의 경우 모두 6개월 이표채인데 이를 원금채권과 이자채권으로 분리할 수 있다. 이표채 상태에서는 6개월단위로 복할인하는데 반해 원금채권과 이자채권으로 분리한 후에는 연단위로 복할인한다. 이점을 활용하면 무위험 차익거래가 가능하다.

표면금리 2.5%인 잔존만기 10년의 국고채를 예로 들어보자. 10년 동안 매6개월마다 125원의 이자를 지급받고 만기시점에 원금 10,000원을 상환 받는다. 이 채권을 2.5% 수익률로 매매할 경우에는 다음과 같이 채권가격을 계산한다.

$$10,000 = \frac{125}{(1+\dfrac{0.025}{2})^1} + \frac{125}{(1+\dfrac{0.025}{2})^2} + \cdots + \frac{10,125}{(1+\dfrac{0.025}{2})^{20}}$$

엑셀을 사용해서 계산하면 다음과 같다.

이자지급회수	일자	이자	원금	CF	PV
1	2021-01-23	125		125	123.4568
2	2021-07-23	125		125	121.9326
18	2029-07-23	125		125	99.95383
19	2030-01-23	125		125	98.71983
20	2030-07-23	125	10,000	10,125	7,897.587
					10,000

위의 채권을 원금과 이자를 분리하면 이자채권 20개와 원금채권 1개로 나누어진다. 이표채를 이자채권과 원금채권으로 분리하는 것은 Stripping이라고 하고, 분리된 채권(할인채)을 strip채권이라고 한다.

설명을 단순화하기 위해서 만기(10년)에 지급받는 원금 10,000원을 예로 들어보자. 매매금리가 2.5%일 경우 이표채인 상태에서의 원금 10,000원은 다음과 같이 계산된다.

$$7,800.085493 = \frac{10,000}{(1 + \dfrac{0.025}{2})^{20}}$$

6개월 이표채이므로 6개월단위로 복할인했다.

매매금리가 2.5%로 동일한 경우 원금과 이자를 분리한 후에는 다음과 같이 계산된다.

$$7,811.984017 = \frac{10,000}{(1 + 0.025)^{10}}$$

원금이 분리되어 **할인채**가 되었기 때문에 **연단위로 복할인**했다.

10년 후에 10,000원이 되는 것은 동일한데 채권의 형태가 달라져서 채권가격이 상승했다. 만약 이표채를 2.5% 수익률로 매입해서 분리한 후 2.5% 수익률로 매도할 수 있다고 한다면 원금채권에서만 11.89853404원의 무위험차익이 발생한다.

채권전문가들은 이 문제를 해결할 수 있는 합의안을 마련할 필요가 있다. 미국에서는 분리된 할인채도 6개월단위로 복할인하고 있다. 모든 채권의 할인율은 Bond Equivalent Yield(BEY)를 사용하고 있다.

1-4 영구연금과 금리(할인율)

자산의 현재가치는 미래 현금흐름을 할인하여 계산한다. 매년 일정금액이 영원히 지급되는 연금을 영구연금이라고 한다. 영구연금의 가치는 간단한 공식으로 계산할 수 있다.

$$\text{PV of Perpetuity} = \frac{A}{r} \text{(A: 매년의 연금액, r: 할인율)}$$

예를 들어 매년 1,200만원(월 100만원)이 영원히 지급되는 연금이 있다고 하자. 시중금리가 연 10%일 경우의 이 연금가치는 1억 2,000만원이 될 것이다.

$$120,000,000 = \frac{12,000,000}{0.1}$$

금리가 5%로 하락하면 연금의 가치는 2억 4천만원이 된다.

$$240,000,000 = \frac{12,000,000}{0.05}$$

매년 지급되는 연금은 1,200만원으로 변함이 없지만 시중 금리(할인율)가 하락하면 연금의 가치가 두 배로 상승한다.

금리가 1%로 하락한다면 연금의 가치는 12억원이 된다. 금리가 10%일 때와 비교하면 연금의 가치가 10배 상승한다.

$$1,200,000,000 = \frac{12,000,000}{0.01}$$

이렇듯 우리 주변의 자산가치는 금리의 영향을 크게 받는다. 연봉 3,000만원인 신입 사원 몸값은 시중 금리가 10%일 경우에는 약 3억원 정도의 가치가 있지만 금리가 5%로 떨어지면 6억원의 가치가 있고, 예금금리가 2%이면 15억원이 가치가 있다.

$$300,000,000 = \frac{30,000,000}{0.1}$$

$$600,000,000 = \frac{30,000,000}{0.05}$$

$$1,500,000,000 = \frac{30,000,000}{0.02}$$

IMF외환위기 후에 금리가 20%대로 상승했을 때는 연금의 가치는 떨어지고, 현금 (cash)가치는 올라갔다. 연금은 미래의 지급금액이 고정되어 있어서 금리가 높아지면 가치가 하락한다. 현금은 이자율이 올라가면 수익이 높아지므로 20% 금리에서는 가치가 높았다.

당시 대부분 기업들은 차입포지션(자금을 빌리는 쪽)이었고, 개인들은 대출포지션(예금가입자)이어서 고금리가 지속되면 기업의 이익이 예금자(또는 채권투자자)에게 환류된다는 것을 알 수 있었다. 고금리가 좀 더 지속되면 많은 기업들이 부도날 것 같았는데 당국에서 신속하게 IMF가 권고한 고금리정책을 수정하여 추가적인 위기상황이 발생하지 않았다.

금리(할인율)는 주식가치평가에도 큰 영향을 미친다. 주식회사는 영속기업을 가정하고 있기 때문에 영구연금 개념과 유사하다. 어떤 기업이 매년 주당 500원의 배당을 한다고 가정하자. 이 기업의 주가는 얼마가 되어야 합리적일까? 영구연금의 현가계산(現價計算) 공식으로 설명할 수 있다.

시중금리(예금금리 또는 할인율)가 연 10%일 경우에는 주당 5,000원이 적정가(Fair Value)일 것이다. 금리가 5%로 하락하면 주당 10,000원, 금리가 2%로 하락하면 주당 적정가는 25,000원이 된다.

배당금은 매년 500원으로 변함이 없는데 금리(할인율)에 따라서 적정주가는 크게 움직인다.

2008.9.15일 Lehman Brothers의 파산보호신청으로 전세계 금융시장은 큰 충격을 받았다. 일부에서는 100년만에 온 금융위기라고 하기도 했다.

그 충격으로 미국의 Dow지수는 10,000포인트 아래로 하락하였다. 이후 미국은 정책금리를 0~0.25%로 내렸고, 주가는 반등하기 시작했다. 당시의 주가반등 원인을 설명할 변수는 금리인하 밖에 없었다. GDP성장률, 실업률, 재정적자, 경상수지적자 등 Macro변수와 산업 및 기업실적의 Micro변수 어느 것도 주가에 우호적이지 않았다.

미국은 2020.8월말 현재 0~0.25%의 정책금리를 유지하고 있고 Dow지수는 28,000 포인트 수준이다. Lehman Brothers 파산보호신청 이후 Shale Gas 개발 등이 미국 경제회복에 크게 기여했지만 미국 주식시장의 고평가/저평가를 평가할 때 낮은 금리의 역할이 매우 컸다. Dow지수가 10,000포인트 위로 반등할 때 "Dow지수가 고평가 영역"이라는 분석보고서가 거의 없었다는 것이 이를 반증한다.

시중 금리는 상승과 하락을 반복한다. 우리가 투자하고 있는 채권, 주식, 부동산 등 자산은 본질가치가 변하지 않더라도 시중금리(채권수익률)에 따라 가격이 하락 또는 상승한다.

1-5 투자수익률 계산방법

투자수익률은 투자금액대비 얼마의 수익을 올렸는지를 표시하는 지표이다.

$$투자수익률 = \frac{\Delta P(손익)}{P(투자원금)} \ (절대수익률)$$

ΔP: 투자종료시점의 자산가치(P_1) – 투자시점의 자산가치(P_0)
P: 투자시점의 자산가치(P_0)

$$연투자수익률 = \frac{\Delta P}{P} \times \frac{365}{투자일수} \ (우리나라에서 관행적으로 사용)$$

투자수익률은 연단위로 계산하는데 연단위 이하의 하부기간(sub-period)의 수익률을 연단위 수익률로 환산하는 방법으로 산술평균수익률, 기하평균수익률, 금액가중평균수익률이 있다.

1-5-1 산술평균수익률(Arithmetic Average Rate of Return)

산술평균수익률은 하부기간 수익률은 산술평균(算術平均)하는 방법으로 연수익률을 계산한 것이다. 투자기간 1년인데, 3개월수익률(하부기간 연수익률)이 +2.0%, -1.0%, +5.0%, +6.0%일 경우 연수익률을 계산하면 다음과 같다.

$$3.0\% = \frac{2.0\% - 1.0\% + 5.0\% + 6.0\%}{4}$$

산술평균은 매기간(하부기간) 초기에 **원금이 같은 수준으로 유지**된다는 가정을 하고 있다. 위의 예에서 첫 3개월간 연 2%의 수익이 발생했는데 2%는 투자자가 찾아가고 원금만 재투자된다는 가정을 하고 있다. 손실이 난 두 번째 3개월 후에는 투자자가 1%를 보충한다는 가정을 하고 있다.

1-5-2 기하평균수익률(시간가중평균수익률)(Geometric Average Rate of Return)

하부기간 수익률을 기하평균(幾何平均)하여 연수익률을 계산하는 것을 기하평균수익률이라고 한다. 투자기간 1년의 3개월수익률(연)이 각각 2.0%, -1.0%, 5.0%, 6.0%일 경우 기하평균수익률(연)을 계산하면 다음과 같다.

$$2.963343\% = (1.02 \times 0.99 \times 1.05 \times 1.06)^{\frac{1}{4}} - 1$$

기하평균수익률은 매기의 투자원금과 손익을 전액 **재투자**한다는 가정을 하고 있다. 이익이 날 경우에는 산술평균으로 계산한 수익률이 기하평균으로 계산한 수익률보다 크게 나타나고, 반대로 손실이 날 경우에는 산술평균으로 계산한 손실(수익률)이 기하평균으로 계산한 손실(수익률)보다 적다. 산술평균과 기하평균수익률이 일치하는 경우는 매기(하부기간)의 수익률이 모두 동일한 경우이다.

매3개월의 연수익률이 3.0%(연)이라고 할 경우 산술평균과 기하평균수익률은 다음과 같다.

산술평균수익률: $3.0\% = \dfrac{3.0\% + 3.0\% + 3.0\% + 3.0\%}{4}$

기하평균수익률: $3.0\% = (1.03 \times 1.03 \times 1.03 \times 1.03)^{\frac{1}{4}} - 1$

1-5-3 ▶ 금액가중평균수익률(Dollar Weighted Rate of Return)

금액가중평균수익률은 투자기간 중간에 현금 유출입(입금, 출금)이 있을 경우에 사용하면 좋은 수익률이다. 투자금액은 10,000원, 매3개월마다 100원씩 출금하고 1년 후에 투자원금이 남았을 경우 금액가중평균수익률을 계산하면 다음과 같다.

$$10,000\text{원} = \frac{100}{(1+\dfrac{y}{4})^1} + \frac{100}{(1+\dfrac{y}{4})^2} + \frac{100}{(1+\dfrac{y}{4})^3} + \frac{10,100}{(1+\dfrac{y}{4})^4}$$

여기에서 y가 금액가중평균수익률(연)이다. 금액가중평균수익률을 내부수익률(Internal Rate of Return)이라고 하기도 한다. 이 방법은 만기수익률을 사용해서 채권가격을 계산하는 것과 같다. 위의 식에서 y를 계산하면 4.0%이다.

금액가중평균수익률은 현금유출입을 반영하는 투자수익률이다. 현금유출입이 있을 경우에는 산술평균수익률과 기하평균수익률을 사용하는 대신 금액가중평균수익률을 사용하는 것이 더 정확하다. 현금유출입이 없을 경우에는 기하평균수익률과 금액가중평균수익률이 일치한다.

금액가중평균수익률의 단점으로는 현금유출입의 원인이 투자자에게 있기 때문에 위탁 운용하는 매니저의 능력을 정확하게 파악하기 어렵다는 점이다. 주가가 상승할 때 투자금액을 늘렸다가 주가가 하락할 때 투자금액을 줄였다면 금액가중평균수익률은 높게 나올 것이다. 이 경우 포트폴리오매니저의 능력 외에 투자자의 마켓타이밍(market timing)능력이 크게 작용했는데, 이를 분리해서 분석하기 어렵다는 것이다.

실무적으로는 Modified Dietz 방식의 평잔개념수익률(현금흐름을 고려한 시간가중평균수익률)을 사용해서 투자수익률을 계산하고 있다.

1년을 초과하는 수익률을 연수익률로 변환하는 방법을 생각해보자. 시장에서는 기하평균수익률과 단순연수익률(Simple Annual Yield)을 모두 사용하고 있다.

3년 동안 15%의 수익이 발생했을 경우 기하평균수익률을 사용해서 연투자수익률을 계산하면 다음과 같다.

$$4.768955\% = (1 + 0.15)^{\frac{1}{3}} - 1$$

이를 단순연수익률을 사용해서 계산하면 다음과 같다.

$$5.0\% = \frac{15\%}{3}$$

만약 3년 동안 15%의 손실이 났다면 기하평균수익률과 단순연수익률은 다음과 같이 계산된다.

기하평균수익률: $-5.273\% = (1 - 0.15)^{\frac{1}{3}} - 1$

단순연수익률: $-5.0\% = \frac{-15\%}{3}$

단순연수익률은 이익이 날 경우에 기하평균수익률보다 크게 계산되고, 손실이 발생할 경우에는 적게 계산된다. 이 때문에 시장(자금운용자)에서는 단순연수익률을 선호한다.

1-5-4 Modified Dietz Method

개방형 공모펀드의 경우 수시로 설정(입금)과 환매(출금)가 이루어진다. 이 경우에는 현금흐름(입출금)을 고려한 시간가중평균투자수익률을 사용해야 한다. Modified Dietz방법으로 현금흐름을 고려한 투자수익률을 계산하는 방법은 다음과 같다.

$$r_{ModDietz} = \frac{V_1 - V_0 - CF}{V_0 + \sum_{i=1}^{n}(CF_i \times w_i)} = \frac{\Delta V}{V_a}, \quad w_i = \frac{D_t - D_i}{D_t}$$

V_1 : 기말잔고, V_0 : 기초잔고
CF: 현금흐름(입금의 경우 차감, 출금의 경우 증액)
D_t : 투자종료일, D_i : 현금흐름발생일

예시 2020.1.1일 펀드 신규설정(100억원), 2020.3.1일 추가설정(20억원), 2020.6.30일 일부환매(10억원), 2020.8.14일 추가설정(15억원), 2020.11.3일 일부환매(5억원), 2020.12.31일 펀드NAV(150억원)일 경우, 「ModDietz을 계산하면 다음과 같다.

거래내역(요약)

(단위, 백만원)

일 자	금 액	적 요	비 고
2020-01-01	10,000	펀드설정	V_0
2020-03-01	2,000	추가설정	
2020-06-30	1,000	환 매	
2020-08-14	1,500	추가설정	
2020-11-03	500	환 매	
2020-12-31	15,000	평가시점	V_1

투자기간을 고려한 현금흐름($CF_i \times W_i$) 계산

D_i	CF_i	D_t	W_i	$CF_i \times W_i$
2020-03-01	− 2,000	2020-12-31	84%	− 1,671
2020-06-30	1,000	2020-12-31	50%	504
2020-08-14	− 1,500	2020-12-31	38%	− 571
2020-11-03	500	2020-12-31	16%	79
	− 2,000			− 1,659

추가설정 금액이 환매금액보다 20억원 많지만, 투자기간을 고려하면 16.59억원이 투자수익률에 영향을 미친다.

ΔV: $15,000 - 10,000 - 2,000 + 1,000 - 1,500 + 500 = 3,000$

V_a: $10,000 - 1,659 = 8,341$

$r_{ModDietz}(=\dfrac{\Delta V}{V_a}) = 35.97\%$

1-6   FRN과 Inverse FRN

변동금리부채권(FRN, Floating Rate Note)은 기준금리가 상승하면 이자금액이 증가하고 기준금리가 하락하면 이자금액이 감소하는 채권이다. 변동금리부채권은 기준금리와 스프레드로 구성되어 있다.

   FRN의 표면금리 = 기준금리(reference rate) + 스프레드(quoted margin)

우리나라 FRN의 표면금리는 다음과 같이 표시된다.

   FRN의 표면금리 = 3개월CD금리 + 0.2%

여기에서 3개월CD금리는 기준금리(reference rate)이고 0.2%는 스프레드이다.

FRN의 경우에는 미래 현금흐름을 알 수 없기 때문에 가치평가가 어렵다. 앞의 FRN의 잔존만기가 10년이라고 할 경우 향후 10년간의 3개월CD금리를 알 수 없기 때문에 정확하게 채권가격을 계산하기 어렵다.

채권가격 계산일 현재 변동금리부채권에 요구되는 스프레드가 0.2%로 발행시점과 동일하다면 채권가격은 (10,000원 + 경과이자)이어야 한다. 변동금리부채권은 이자지급기간마다 금리변동이 반영되므로 스프레드가 변하지 않으면 이자지급일에는 **액면금액(10,000원)**이 된다. 새로 FRN을 발행할 경우에 동일한 조건으로 발행될 것이기 때문이다.

FRN에 최대금리제한(Cap)이 없다면 스프레드변동을 반영하여 채권가격을 추정하는 것이 합리적인 방법이다.

역변동금리부채권(Inverse FRN, Inverter)은 기준금리가 상승하면 지급되는 이자가 감소하고, 기준금리가 하락하면 이자금액이 증가하는 채권이다.

역변동금리부채권의 표면금리는 다음과 같이 결정된다.

> Inverse FRN의 표면금리: 8%(지정금리) − 3개월CD금리(기준금리)

기준금리인 3개월CD금리가 상승하면 표면금리가 낮아지고, 반대의 경우에는 표면금리가 높아진다.

일반채권(Straight Bond)으로부터 FRN과 Inverse FRN을 만들어낼 수 있다. 신한은행 조건부(상) 19-04이10갑(후)로 FRN과 Inverse FRN을 만들어보자.

신한은행 조건부(상) 19-04이10갑(후)의 발행조건

- 발행일: 2015.4.17
- 만기일: 2025.4.17
- 액면금액: 10,000원
- 표면금리: 2.72%
- 신용평가등급: AA (상각조건부 CoCo Bond이므로 후순위채보다 후순위)

신한은행 CoCo Bond 3,000억원으로 FRN과 Inverse FRN을 각각 1,500억원 만들어보면 다음과 같다.

신한은행 조건부(상) 19-04이10갑(후)(FRN)

- 발행일: 2015.4.17
- 만기일: 2025.4.17
- 액면금액: 10,000원
- 표면금리: 3개월CD금리 + 0.5%
- 발행금액: 1,500억원

> **신한은행 조건부(상) 19-04이10갑(후)(Inverse FRN)**

- 발행일: 2015.4.17
- 만기일: 2025.4.17
- 액면금액: 10,000원
- 표면금리: 4.94% − 3개월CD금리
- 발행금액: 1,500억원

신한은행 조건부(상) 19-04이10갑(후) 3,000억원의 연간 이자금액은 81.6억원이다.

81.6억원 = 3,000억원 × 2.72%

분리된 FRN과 Inverse FRN의 이자금액은 다음과 같다.

(FRN + Inverse FRN)의 이자금액 = 1,500억원(3개월CD금리 + 0.5%) + 1,500억원
(4.94% − 3개월CD금리) = 1,500억원(0.5% + 4.94%) = 1,500억원 × 5.44% = **81.6억원**

분리 전의 신한은행 조건부(상) 19-04이10갑(후) 이자금액과 분리 후의 FRN과 Inverse FRN의 이자금액이 일치한다.

여기에서 3개월CD금리가 4.94% 이상으로 상승할 경우에는 Inverse FRN의 표면금리가 0% 이하가 된다. 이 문제를 해결하기 위해서 Inverse FRN의 최소 표면금리가 0이 되도록 하한선(Floor)을 0%로 설정한다. 이와 동시에 FRN의 최고금리(Cap)도 설정해야 한다.

FRN의 최대 표면금리(Cap)는 다음과 같이 설정되어야 한다.

Cap = 4.94% + 0.5% = 5.44%

채권시장에서 채권수익률 상승과 하락 전망이 팽팽하게 대립할 때는 중기채를 발행하기 어려울 경우가 있다. 향후 채권수익률이 상승할 것으로 예상하는 투자자는 중기채보다는 단기채를 선호하고, 반대로 채권수익률이 하락할 것으로 예상하는 투자자는 중기채보다 장기채 매입을 원할 것이기 때문이다.

이때 위의 신한은행 CoCo Bond의 경우처럼 FRN과 Inverse FRN으로 나누어서 발행하면 채권소화가 용이할 수 있다. 향후 채권수익률이 상승할 것이라고 생각하는

투자자는 FRN(단기채, 듀레이션이 적은)을 매입하고, 향후 채권수익률이 하락할 것이라고 예상하는 투자자는 Inverse FRN(장기채, 듀레이션이 큰)에 투자할 것이기 때문이다.

이것은 일반채권을 FRN과 Inverse FRN으로 나누어서 투자자의 수요를 맞춘 일종의 Financial Engineering이다. Inverse FRN의 경우에 3개월CD금리가 하락하면 Inverse FRN의 가격이 상승한다고 생각하면 정확하지 않다.

Inverse FRN의 가치는 신한은행 CoCo Bond의 가치에서 FRN의 가치를 차감한 것이라고 해야 맞다. FRN의 가치와 Inverse FRN의 가치를 합한 것이 신한은행 CoCo Bond이기 때문이다. FRN에는 Cap이 있고, Inverse FRN에는 Floor가 있어서 Inverse FRN의 가치는 3개월CD금리에만 영향 받는 것이 아니다.

Inverse FRN에 투자할 경우에는 Inverse FRN의 듀레이션을 계산하고 활용하는 것이 중요하다.

앞의 신한은행 CoCo Bond의 듀레이션이 8.5라고 하면 분리된 FRN과 Inverse FRN의 듀레이션을 계산하는 방법은 다음과 같다. FRN과 Inverse FRN을 1,500억원씩 만들었으므로 FRN의 듀레이션과 Inverse FRN의 듀레이션을 합치면 8.5가 되어야 한다. FRN의 표면금리는 3개월마다 시장금리로 조정되므로 듀레이션은 0에 가깝다. 따라서 Inverse FRN의 듀레이션은 원래 채권 듀레이션의 2배가 된다.

Inverse FRN의 듀레이션 = 2 × 분리 전 채권의 듀레이션

신한은행 CoCo Bond에서 분리된 Inverse FRN의 듀레이션은 17이라고 하면 크게 틀리지 않는다.

17 = 2 × 8.5

일반채권에서 FRN과 Inverse FRN을 만들었을 경우에 Inverse FRN의 듀레이션을 계산하는 공식은 다음과 같다.

Inverse FRN의 듀레이션 = (1 + L) × 원래 채권의 듀레이션

$$L(leverage) = \frac{\text{FRN금액}}{\text{Inverse FRN금액}}$$

신한은행 CoCo Bond 3,000억원으로 FRN 2,000억원, Inverse FRN 1,000억원을 만들었을 경우에 L은 2가 되고, Inverse FRN의 듀레이션은 25.5가 된다.

$$25.5 = (1 + 2) \times 8.5$$

1-7 채권세금계산

우리나라의 주식과 채권의 자본차익(양도차익)은 비과세소득이다. 채권을 직접 매입해서 매매차익이 발생한 경우의 소득은 비과세이지만 펀드를 통해서 채권에 투자하는 경우에는 매매차익도 과세대상소득에 포함된다. 금융투자소득세 제도가 시행되면 채권양도차익에 대해 분류과세(종합소득세에 포함 안되는)로 원천징수 한다.

채권의 과세대상소득은 **표면이자**와 **할인액**인데, 할인액에는 만기보장수익률에 따른 원금증가분이 포함된다. 이자를 지급받을 때와 매도할 때 원천징수세금을 납부하고 1인당 이자와 배당금액이 2,000만원을 초과할 경우 다음해 5월에 금융소득종합세를 납부해야 한다. 이를 정리하면 다음과 같다.

- 과세대상이자소득: 표면이자와 할인액
- 세금의 종류: 원천징수, 분리과세(폐지), 종합과세
- 원천징수 및 분리과세 시점: 이자를 지급받을 때, 채권을 매도할 때, 만기 때
- 금융소득종합소득세: 다음해 5월 본인이 신고 후 납부

1-7-1 채권을 직접 매입할 경우의 과세대상소득 계산

채권투자에서 과세대상소득은 이자와 할인액이다. 이표채의 과세대상소득은 표면이자 외에도 만기보장수익률에 따른 만기 시 원금증가분이 포함된다. 만기상환금이 10,000원을 초과하는 경우, 만기상환금을 원금으로 액면가액(10,000원)을 발행가액으로 본다.

두산건설85회CB의 경우 표면금리는 3.2%(3개월 후급)이고, 만기 시 원금은 액면금액 (10,000원)의 110.8345%를 지급한다. 두산건설85회CB를 발행일에 액면금액 10,000

원 매입한다면 매3개월마다 80원($= \dfrac{320}{4}$)의 이자를 지급받고, 만기시점에 이자 80원과 원금 11,083.45원을 상환 받는다. 만기에 액면금액을 초과해서 지급받는 1,083.45원은 할인액이며, 과세대상소득에 포함된다.

할인채의 경우에는 만기에 10,000원을 지급받으므로 매입단가는 10,000원보다 적은 금액이다. 할인채의 과세대상소득은 매입가격과 10,000원과의 차이이다. 예를 들어 할인채를 9,500원에 매입했다면 과세대상소득은 500원이 된다.

채권 직접 투자 시 과세대상소득: 이자와 할인액

콜옵션상환금(call price) 또는 풋옵션상환금(put price)이 액면가액(10,000원) 이상인 경우 액면가액과 만기상환금의 차이는 할인액에 해당된다. 만기상환금을 액면가로 할인해서 매입했다고 보는 것이다.

과세대상소득의 계산기준은 본인의 보유기간이다. 이자지급 하루 전에 매입해서 다음 날 이자 100원을 지급받았다면 100원의 하루 분만 본인의 과세대상소득이 된다. 이를 보유기간 경과과세 제도라고 한다.

풋옵션에서 소개한 동부팜한농의 사례를 통해 과세대상소득을 계산해보자.

동부팜한농16회   BB+

발행일	2014-12-09
만기일	2016-12-09
액면금액	10,000
표면금리	6.30%

투자일수	602

	4	1.575%

매매일	2015-04-17
매매수익률	7.18%

2015-03-09	92

(만기수익률)

이자지급회수	일자	이자	원금	CF	PV	과세대상소득
53	2015-06-09	157.5		157.5	155.887	90.73
1	2015-09-09	157.5		157.5	153.1363	157.5
2	2015-12-09	157.5		157.5	150.4343	157.5

3	2016-03-09	157.5		157.5	147.7799	157.5
4	2016-06-09	157.5		157.5	145.1723	157.5
5	2016-09-09	157.5		157.5	142.6108	157.5
6	2016-12-09	157.5	10,000	10,157.5	9,034.979	157.5
				11,102.5	9,930	1,035.73

세전소득	1,172.50
과세대상소득	1,035.73
원천징수세금	159.50
세후소득	1,013.00
세후연수익률	6.19%

2015.4.17일 동부팜한농16회를 매입할 경우 첫번째 이자지급일은 2015.6.9일이다.

액면금액 10,000원을 매입했다면 2015.6.9일에 157.5원의 이자를 지급받지만 매수자의 과세대상소득은 90.73원이다.

$$90.73 = 157.5 \times \frac{53}{92}$$

여기서 157.5원은 지급받는 이자금액, 53은 매입일로부터 이자지급일까지의 일수(한편넣기), 92일은 지난 이자지급일부터 2015.6.9일(차기 이자지급일)까지의 일수(한편넣기)이다. 157.5원의 소득 중에서 90.73원을 제외한 66.77원은 누구의 과세대상소득일까? 본인에게 채권을 매도한 사람의 과세대상소득이다. 매도자는 실제로 지급받지 못한 66.77원에 대해 원천징수세금 10.28258원을 납부하였다.

1-7-2 세금납부 시점

채권투자 시에 세금을 납부하는 시기는 이자를 지급받을 때와 채권을 매도할 때(또는 원금을 상환 받을 때)이다. 위의 예에서 2015.4.17일 동부팜한농16회를 매입하고 2015.6.9일 이자를 지급받게 되는데, 채권을 예탁한 증권사에서 원천징수세금을 제외한 이자금액을 지급한다. **이자를 지급받는 시점**에 세금을 납부하는 것이다.

동부팜한농16회를 발행일에 매입하고 2015.4.17일에 매도한 투자자는 매 이자지급일에 세금을 납부하였고, 채권매도일에 이자소득 66.77원에 해당하는 원천징수세금 10.28258원을 납부하였다. **채권매도 시점**에 세금을 납부한 것이다.

두산건설85회를 발행일에 매입하여 만기상환 받는 경우의 세금은 어떻게 될까? 매3 개월마다 지급받는 80원은 이자지급시점에 예탁증권사가 과세대상소득으로 원천징수 (源泉徵收) 한다. 만기에 지급받는 원금증가분 1,083.45원은 만기시점에 과세대상소 득이 되어 원천징수된다.

금융소득종합과세 대상자의 경우 3년분 이자 1,083.45원을 일시에 지급받기 때문에 만기시점에 세금부담이 크다. 이런 경우를 방지하기 위해서 자기매매(자기거래)를 할 수 있다.

자기매매란 투자자 본인이 다른 증권회사에 본인명의(本人名義) 계좌를 개설하고 매 년 말에 채권을 양도의 방법으로 이체하는 것을 말한다. 계좌간 채권을 이체할 때 양 도를 선택하면 매도로 간주하여 이체일까지의 보유기간 이자소득이 계산되고, 원천징 수세율로 세금을 납부할 수 있다. 다음 해에는 반대의 계좌에서 이체를 하면 1년간 원 금증가분에 대한 이자소득세를 납부할 수 있다.

두산건설85회를 매 1년마다 자기매매를 할 경우에는 1년되는 시점에 원금증가분 361.15원이 과세대상소득이다(발행일을 1.1일로 가정했음).

$$361.15 = \frac{1,083.45}{3}$$

자기매매로 실제소득이 361.15원 발생하는 것은 아니지만 55.6171원의 원천징수세금 을 납부하게 된다. 만기에 과세대상소득이 집중되는 것을 분산시킬 목적으로 자기매 매를 하는 것이다.

발행일로부터 2년 시점에도 자기매매를 통해서 55.6171원의 원천징수세금을 납부하면 만기상환 시점의 원금증가분에 대한 과세대상소득은 1,083.45원이 아니고 361.15원이 된다.

이자와 배당소득을 합친 금액이 일정금액(2022.10월말 기준 2,000만원)을 초과할 경 우에는 금융소득종합소득세를 신고해야 한다.

1-7-3 펀드를 통해서 채권에 투자할 경우의 과세방법

채권에만 투자하는 채권형펀드의 과세대상소득은 채권투자로 발생한 이자소득과 매매차익(자본소득)에서 펀드비용을 차감한 금액이 된다. 펀드로 채권에 투자할 때 이자소득과 자본소득이 모두 과세대상소득이 된다는 것은 정확한 표현이 아니다. 이자소득과 자본소득에서 비용을 차감하기 때문이다.

채권에 직접 투자할 경우에는 매매수수료가 발생하면 이 매매수수료는 세후항목(稅後項目)이다. 매매수수료를 과세대상소득에서 차감해주지 않는다.

펀드를 통해서 채권에 투자할 경우에는 운용보수, 판매수수료, 매매수수료 등 모든 비용은 세전소득(稅前所得)의 차감항목이다.

채권에 직접 투자할 경우와 펀드를 통해서 투자할 경우의 과세대상소득의 차이점이 채권의 선호도에도 영향을 미친다.

표면금리 10%인 채권이 5%에 매매될 경우에 직접투자 또는 펀드를 통해서 투자할 경우의 유불리를 살펴보자. 두 경우 모두 비용을 감안하지 않은 세전수익률은 연 5%이다.

이 채권을 직접 매입한다면 과세대상소득은 표면금리인 연 10%이다. 프리미엄으로 채권을 매입해서 투자수익률은 5%이지만 과세대상소득은 10%이어서 원천징수세금은 1.54%로 매우 높은 편이다.

동 채권을 펀드를 통해서 투자하면 과세대상소득은 연 5%이다. 펀드는 자본이익이 과세대상소득이 되는 반면 자본손실은 과세대상소득에서 차감해주기 때문에 프리미엄으로 거래되는 채권의 경우 펀드를 통한 투자가 유리하다.

반대로 표면금리 0%인 채권이 5%에 매매될 경우에는 직접투자가 훨씬 유리하다. 직접투자 시에는 과세대상소득이 0인 반면 펀드를 통한 투자의 경우에는 연 5%의 과세대상소득(펀드비용은 차감)이 발생한다.

결론적으로 프리미엄채권(표면금리 〉 매매수익률)은 펀드를 통해서 투자하는 것이 세금면에서 유리하고, 디스카운트채권(표면금리 〈 매매수익률)의 경우는 직접 투자하는 것이 유리하다.

주식관련사채의 경우에는 직접투자와 펀드를 통한 간접투자방법 간에 과세대상소득 차이가 클 수 있다. 직접투자의 경우에는 표면이자와 원금증가분(만기보장수익률 – 표면금리)만 과세대상 이자소득이다. 주가상승에 따른 주식관련사채의 가격상승은 원천징수는 물론 금융소득종합과세대상 소득에서 제외된다. 주식투자 시의 과세방법과 동일하다. 금융투자소득세 제도가 시행되면 양도차익에 대해 금융투자소득세를 납부해야 한다.

반면, 펀드를 통해 주식관련사채에 투자할 경우에는 주가상승에 따른 주식관련사채의 가격상승이 과표기준가에 반영되어 과세대상소득에 포함된다. 펀드의 경우에는 펀드운용비용(보수)과 판매수수료가 소득에서 공제된다는 장점은 있다.

그러나, 주가상승으로 큰 수익이 날 경우, 관련비용(운용, 수탁, 판매)을 차감한 수익 모두가 과세대상소득이 된다는 점에서 직접투자보다 불리하다. 펀드를 통해서 주식관련사채에 투자할 경우에 전환권가치가 + 이면 주식으로 전환해서 매도하는 것이 세금 면에서 유리한 경우가 일반적이다.

1-8 채권유통시장

투자의 3대요소는 안전성, 수익성, 유동성이다. 채권에 투자할 경우에도 제일 먼저 안전성을 따져봐야 한다. 채권투자에서의 안전성은 부도위험으로 나타낼 수 있다. 안전성 다음으로 수익성이 중요한데 만기보유목적 투자라면 만기수익률(YTM)을 비교하면 되고, 중도 매매목적이라면 금리민감도분석을 통해서 수익성을 추정해볼 수 있다.

채권투자에서의 **유동성**은 해당 종목의 매수 – 매도 호가차이로 측정할 수 있다. 매수 – 매도 호가차이가 크면 유동성위험이 크다고 볼 수 있고 반대의 경우에는 유동성위험이 적다고 할 수 있다.

국채의 경우에는 매수 – 매도 호가차이가 매우 적다. 반면 투기등급 채권의 경우에는 매수호가가 제대로 형성되지 않는 경우가 있다. 이 경우에는 유동성위험이 매우 크다는 것을 알 수 있다.

일반적으로 채권은 주식에 비해 유동성위험이 크다. 주식은 거래소에서 거래되는 반면 채권은 주로 장외에서 거래되는 것도 채권의 유동성이 떨어지는 이유이다.

2022년 6월말 기준 우리나라 전체 채권 규모는 약2,500조원, 종목 수는 28,000개 이다. 이 중에서 활발하게 거래되는 종목은 수십 개에 불과하다.

채권의 유동성이 떨어지는 또 다른 이유는 만기보유목적으로 투자하기 때문이다. 투자자의 투자기간에 맞는 채권을 매입해서 정기예금처럼 투자하기 때문에 채권만기 이전에 매매할 이유가 없는 것이다.

1-8-1 장내시장(장내거래)

우리나라에서 공모로 발행된 채권은 모두 한국거래소에 상장되어 있다. 상장은 되어 있으나 주식과는 달리 거래는 활발하지 않다.

국고채의 경우에는 정부에서 장내거래(場內去來)를 유도하고 있어서 2021년말 기준 국고채의 장내거래 규모는 세계에서 가장 크다.

BBB등급 회사채는 장내에서 활발하게 거래되고 있는데, 기관에서 매매하지 않고 개인투자자들이 주로 투자하기 때문으로 추정된다. 특히 전환사채와 분리형BW에서 분리된 회사채(ex-warrant)의 장내거래가 활발하다. 전환사채는 장내거래가 의무화되어 있다.

채권의 장내거래 방법은 주식 장내거래와 동일하다. 개인투자자는 **HTS**(home trading system), **MTS**(mobile trading system)를 통해서 채권 장내거래 주문이 가능하다. 증권사 HTS, MTS에서 매매하려는 종목을 조회하면 한국거래소의 매수호가와 매도호가를 확인할 수 있다.

호가수량은 1,000원 단위로 가능하다. 액면금액 10,000원어치를 매입할 경우에는 수량이 10이 된다. 거래소에 제시된 호가(매도 또는 매수호가)가 마음에 들지 않을 경우 본인이 호가를 제시할 수도 있다.

개인투자자가 장내에서 채권을 매매할 경우에는 당일결제(trade date settlement)로 채권과 현금이 교환된다. 채권 장내거래 수수료는 증권사별로 차이가 있으나 보통 거래대금의 0.1%~0.3%수준이다. 대부분의 증권사는 만기1년 미만의 채권에 대해서는 0.1%, 1년~2년은 0.2%, 2년 이상은 0.3%의 매매수수료율을 적용하고 있다. 일부 증권사의 경우에는 협의수수료를 적용하여 채권거래수수료를 0.05%수준으로 낮춰주고 있다. 거래수수료가 투자수익률에 큰 영향을 미치기 때문에 적극적으로 수수료를 인하해달라고 요구할 필요가 있다.

채권을 매도할 때는 거래세가 없다. 주식의 경우에는 장내에서 매도할 경우 0.25%의 거래세가 있다. 주식을 장외에서 매도할 경우에는 0.5%의 거래세 외에 양도차익이 있을 경우에는 양도소득세를 납부해야 한다.

기관투자자가 외면하고 있는 BBB+등급 이하 채권(주식관련사채 포함)은 장외거래 상대방을 찾기 어렵기 때문에 장내거래가 바람직하다. BBB+등급 이하 채권의 경우 더 많은 매수 – 매도호가가 형성되어 유동성이 제고되어야 발행시장도 살아날 수 있다.

1-8-2 ▶ 장외시장(장외거래)

채권이 한국거래소 시장 밖에서 거래되면 이를 장외거래라고 한다. 우리나라에서 거래되는 우량채권(국고채~A등급 회사채)의 대부분은 장외에서 거래되고 있다.

개인투자자가 장외거래(場外去來)하는 경우에는 본인이 거래하는 증권사(금융투자회사, Broker)와 장외로 채권을 매매하고, 그 증권사는 다른 증권사, 다른 개인투자자 또는 해당 증권사 고유계정과 채권을 매매한다.

채권 장외거래에서 증권회사의 수수료는 매수호가와 매도호가의 차이이다. 예를 들어 K증권회사에서 투자자 A에게 동부팜한농16회의 매도수익률을 6%(증권회사가 6%에 매도)로 제시하고, 투자자 B에게 동일 채권에 대한 매수수익률을 7%(증권회사가 7%에 매입)로 제시했다고 하자. 이 경우 매매수수료는 1%이다. 이를 bid-ask spread가 1%라고 한다.

2013년말 이전에는 여러 증권회사에서 리테일채권팀을 운영했다. 리테일채권팀의 역할은 리테일채권(주로 A ~ BBB등급)을 도매시장에서 확보한 후 소액으로 개인투자자들에게 판매하는 것이었다. 2012년 웅진홀딩스, 2013년 STX그룹과 동양그룹의 부도로 증권사의 리테일채권 중개기능이 상당 폭 축소되었다.

사모로 발행된 채권의 경우 1년간 권면분할금지특약이 있으므로 발행 후 1년 동안은 매매에 제약이 있다. 1년 후에는 이런 제한이 해제되어 소액으로 분할매매가 가능하지만 상장되어 있지 않기 때문에 공모로 발행된 채권에 비해서 유동성이 떨어진다. (사모로 발행된 회사채는 상장 불가)

1-8-3 채권평가회사의 Weekly 활용

채권평가회사의 Weekly를 활용하면 채권의 발행 및 유통정보를 편리하게 파악할 수 있다. 2022.6월말 현재 우리나라에는 5개의 채권평가회사가 있다.

KIS자산평가, 한국자산평가(KAP), NICE채권평가, FN채권평가, EG자산평가인데, KIS자산평가와 한국자산평가(KAP)의 Weekly를 추천한다.

한국자산평가(KAP) Weekly에는 ABCP, AB단기사채, ABS 등의 발행정보가 잘 정리되어 있다.

KIS채권평가 Weekly에는 채권투자자 관점에서 채권시장을 체계적으로 분석하고 있다. 특히 채권수익률을 정책금리, 기간스프레드, 신용스프레드로 구분하여 분석하기 때문에 채권수익률 동향을 이해하는데 도움이 된다.

출장이 잦은 필자는 주말이면 KAP Weekly, KIS자산평가 Weekly를 빠짐없이 읽고 네이버의 '채권투자caf'에도 올린다. 2000년부터 본격적으로 영업을 개시한 채권평가회사들이 우리나라 채권시장발전에 기여한 바는 크다. 특히 장외로 거래되는 채권의 발행과 유통관련 Data를 정리해서 Weekly를 발간함으로써 시장참가자들이 채권시장 동향을 쉽게 파악할 수 있게 하였다.

BOND INVESTMENT NOTE

채권투자노트

제**2**장

금리방정식

금리방정식

모든 채권수익률은 정책금리, Term Spread, Credit Spread로 나누어서 설명할 수 있는데 이를 금리방정식(채권수익률방정식)이라고 한다. 정책금리는 한국은행 기준금리로 7일물 국고채 담보RP금리이다. 시장에서는 1일물 국고채 수익률로 사용하고 있다.

Term Spread는 기간스프레드, Credit Spread는 신용스프레드이다. 시장에서는 기간스프레드를 Curve라고 하고, 신용스프레드를 Spread라고 하기도 한다.

채권수익률 = 정책금리(level) + Term Spread(curve) + Credit Spread(spread)

정책금리가 2.0%, 잔존만기 3년의 국고채 수익률과 A등급 회사채 수익률이 각각 2.5%, 3.1%일 경우에 이를 금리방정식으로 정리해보면 다음과 같다.

3.1%(회사채3년물 수익률) = 2.0%(정책금리) + 0.5%(Term Spread) + 0.6%(Credit Spread)

3.1%(회사채3년물 수익률) = 2.5%(국고3년물 수익률) + 0.6%(Credit Spread)

2.5%(국고3년물 수익률) = 2.0%(정책금리) + 0.5%(Term Spread)

국채의 경우에는 신용위험이 없기 때문에 정책금리와 Term Spread로 구성되어 있고, 회사채(신용채권)의 경우에는 정책금리, Term Spread에 Credit Spread가 추가되어야 한다.

어떤 채권수익률을 예측할 때는 정책금리, Term Spread, Credit Spread를 각각 예측하고 그 결과를 종합하면 해당채권의 수익률을 예측할 수 있다.

2-1 정책금리(Policy Rate)

정책금리는 통화당국이 정책을 수행하기 위해 설정하는 금리이다. 우리나라의 정책금리는 국고채담보 일주일물 RP금리이며, 한국은행의 금융통화위원회(MPC, Monetary Policy Committee)에서 결정된다. 시장에서는 **1일물 국고채담보 RP금리(1일물 국고채 수익률)**를 정책금리로 사용하고 있다.

정책금리와 기준금리를 혼용해서 사용하고 있는데, 정책금리는 Policy Rate이고, 기준금리는 Base Rate이므로 통화당국이 결정하는 금리는 **정책금리**라고 하는 것이 맞다.

한국은행에서는 정책금리를 "한국은행 기준금리"라고 한다. 시장에서는 한국은행을 통화당국으로 보기 때문에 "한국은행 기준금리"를 "정책금리"라고 하는 것이다.

국제채권시장에서는 미국 Treasury(Bond와 Note)의 매매수익률(Yield)을 Base Rate라고 하고, 각국 국채수익률과 미국 Treasury Yield 차이를 각국의 신용스프레드라고 한다.

금융통화위원회에서는 정책금리를 동결, 인상, 인하하는데 인상 또는 인하할 때 0.25%(quarter percentage point)의 배수로 조정하고 있다. 일반적으로는 0.25%씩 인상 또는 인하하는데 긴급상황에서는 0.50%, 0.75%, 1.0% 조정하는 경우도 있다. 0.25% 조정을 baby step, 0.50% 조정을 big step, 0.75%조정을 giant step, 1.00% 조정을 ultra step이라고 한다.

정책금리 조정은 단기금리에 그대로 반영된다. 정책금리를 0.25% 인상 또는 인하한다면 1일물 콜금리, 은행의 MMDA, 증권사의 RP금리, CMA금리, 은행의 3개월만기 CD금리 등 금융시장의 단기금리는 같은 폭으로 상승 또는 하락한다.

정책금리는 단기채권부터 장기채권까지 단계적으로 채권수익률에 영향을 미친다. 단기채권의 경우에는 정책금리 조정 분이 그대로 반영되고 장기로 갈수록 정책금리 영향력이 감소한다. 단기영역의 채권수익률에 영향을 미치는 변수 중에서 정책금리가 가장 중요하다.

정책금리 결정에 중요한 변수들을 살펴보자. 미국은 Federal Reserve System(연방준비위원회, 연준)의 FOMC(Federal Open Market Committee, 우리나라의 금융통화위원회와 유사)에서 정책금리를 결정하는데, FOMC의 정책목표는 **완전고용**과 **물가안정**이다.

> FOMC seeks to foster maximum employment (완전고용) and price stability (물가안정).

이에 비해 한국은행은 **물가안정**을 주요 정책목표로 하고 있다. 완전고용(경기활성화)이 한국은행의 명시적인 목표는 아니더라도 금융통화위원회에서는 이를 충분히 고려하여 정책금리를 결정하고 있다.

정책금리 결정에 영향을 미치는 중요한 변수는 **물가상승률**, **GDP성장률**, **환율** 등이다.

> 정책금리 = Function(물가상승률, GDP성장률, 환율, …)

물가지표는 소비자물가(CPI, Consumer Price Index)를 사용하고 있는데, 소비자물가가 상승하면 정책금리 인상 요인이고 소비자물가가 하락하면 정책금리 인하 요인이다.

지출측면에서 측정하는 GDP는 **민간소비**, **민간투자**, **정부지출**, **수출**, **수입**으로 구성된다.

> 지출측면 GDP = 소비(C) + 투자(I) + 정부지출(G) + (수출 − 수입)

소비가 증가하면 GDP성장률이 상승하고 정책금리 인상요인이다. 우리나라의 경우 소비가 GDP에서 차지하는 비중은 50% 수준이다. 소비에 영향을 미치는 주요변수는 고용과 소득이다. 소득이 소비에 가장 중요한 요인으로 생각하기 쉽다. 그러나 실증적인 연구결과에서는 **고용**이 소비에 가장 큰 영향을 미친다고 한다.

고용이 안정되어 있으면 미래의 소득에 대한 신뢰(믿음)가 생기고, 이를 바탕으로 임금소득의 상당부분을 소비하게 된다는 것이다. 고용이 불안정하면 현재의 소득을 미래를 위해 저축하게 되어 소비에 크게 도움이 되지 않는다.

소득(Wealth)증가가 소비에 미치는 영향은 제한적이라는 것이 대체적인 의견이다. 주가나 부동산 가격이 크게 올랐다고 증가된 부가 모두 소비로 이어지지 않을 것이기 때문이다.

미국의 경우 비농업부문취업자수(Non-farm Payroll)가 발표될 때 Dow Jones지수가 크게 출렁거리는 것을 여러 번 보았다. 고용이 그만큼 중요한 변수이기 때문일 것이다.

우리나라도 매월 비농업부문취업자수가 발표된다. 4대연금을 통합징수한 이후 발표되는 비농업부문취업자수는 정확성이 높다고 할 수 있다. GDP에서 소비가 중요하고, 소비에는 고용이 중요하다면 비농업부문취업자수(고용)를 중요한 변수로 보지 않을 이유가 없다.

투자가 증가하면 GDP성장률이 상승할 것이고 이는 정책금리 인상요인이 된다. 여기서는 얼마나 효율적 투자가 이루어지느냐가 중요하다. 극단적인 예로 재화를 생산하는 공장을 짓는 것과 무인도에 별장을 짓는 것을 비교해보자. 둘 다 고정자산에 투자하는 것이지만 공장을 설립하는 것이 훨씬 효율적인 투자일 것이다.

투자의 절대적인 규모 외에도 자원이 효율적으로 배분되고 있는지를 분석해볼 필요가 있다. 채권수익률은 자원배분에서 기준(자(尺), Ruler) 역할을 한다.

어떤 투자(안)의 기대수익률이 5%인데 채권수익률이 10%라면 그 투자(안)은 채택되지 않을 것이다. 채권수익률이 하락해서 1%가 되었다면 기대수익률 5%인 투자(안)은 채택되어 투자가 이루어질 것이다. 저금리 상황에서는 기대수익률이 높지 않은 투자가 무분별하게 이루어질 위험이 있다.

정부지출이 증가하면 GDP성장률이 높아진다. 하지만 여기에는 반론도 있다. 정부지출이 증가하면 민간투자를 감소시키는 구축효과(crowding-out effect)가 있다는 것이다. 정부에서 조달한 자금의 원천은 결국 민간의 세금 등이기 때문이다.

정부는 세금 외에도 적자국채를 발행해서 투자재원을 확보할 수 있기 때문에 전체적으로 보면 정부지출 증가는 GDP성장률 상승으로 이어질 것이다. 이 경우에는 통화가 증가하는 효과가 있으므로, 통화가치 약세 및 인플레이션 상승 압력이 높아진다.

순수출이 증가하면 GDP성장률이 높아진다. 순수출은 수출에서 수입을 차감한 것인데 그만큼 부가가치가 창출되었다는 것을 의미한다.

미국 Fed(Federal Reserve System, 연준)는 정책금리를 적극적으로 조정해서 경기에 대응하고 있는데 1994년과 2004년 두차례 큰 폭으로 정책금리를 인상했다.

1994년 2월부터 1995년 2월까지 1년 동안에 3.0%이던 정책금리를 6.0%로 3% 인상했다. 1년 동안 7차례 3%를 인상한 것이다. 이것은 급격한 금리인상 사례에 해당된다.

2004년 6월부터 2006년 6월까지 2년 동안에 1.0%이던 정책금리를 5.25%로 4.25% 인상했다. 2년 동안 17차례 정책금리를 인상했는데 매번 0.25%씩 인상했다. 이렇게 정책금리를 인상한 것을 Baby Step 방식의 조정이라고 한다.

미국은 2008년 9월 Lehman Brothers 파산보호신청 이후 7여년 동안 정책금리를 0~0.25%로 유지했다.

Fed에서는 2015년 하반기부터 정책금리를 정상화할 것을 예고하고 실제로는 2015년 12월 0.25%, 2016년 12월 0.25%, 2017년 3회 0.75%, 2018년 4회 1.0% 정책금리를 인상해서 2018.12월에는 2.25%~2.50%이었다.

2019년 7월부터 정책금리를 인하하기 시작해서 2019년 3회 0.75% 인하하고, 2020년 3월에는 Covid-19의 Global Pandemic으로 2회 1.5%를 인하(emergency cut)해서 정책금리는 0~0.25% 이었다.

미국 FOMC는 2012년부터 3, 6, 9, 12월에 점도표(Dot Plot)를 발표하고 있다. 당시 Fed의장 Ben Bernanke가 정책금리에 대한 FOMC 위원들의 견해를 시장에 전달하기 위해서 만든 것으로 FOMC 위원(17명)의 향후 정책금리에 대한 견해를 점으로 표시한 것이다. 17명 중 12명은 현 위원이고, 5명은 차기위원으로 지명된 예비위원이다. Fed의 점도표는 Forward Guidance(정책예고)의 한가지 방법이다.

아래의 2020.6월 Fed의 점도표(Dot Plot)에서 2022년말까지 정책금리가 현수준을 유지할 것이라는 것을 알 수 있다.

[FOMC의 점도표](2020.6월)

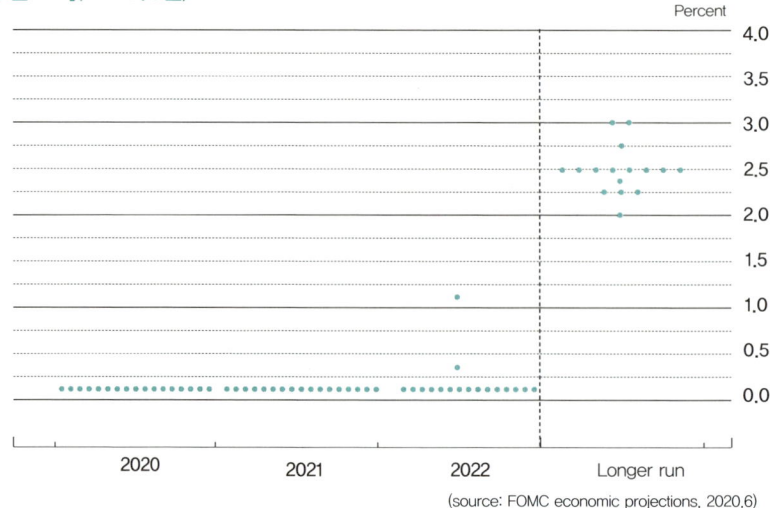

(source: FOMC economic projections, 2020.6)

아래는 2년 후인 2022.6월 FOMC점도표이다. 2년동안 FOMC 위원들의 정책금리에 대한 견해가 크게 바뀌었다는 것을 볼 수 있다.

Covid-19으로 불확실성이 컸던 2020.6월에는 향후 상당기간 제로금리를 유지해야 한다는 의견이 지배적이었으나, 러시아의 우크라이나 침공 등으로 물가가 큰 폭으로 상승하고 있는 2022.6월에는 정책금리의 상당 폭 인상으로 의견이 바뀌었다.

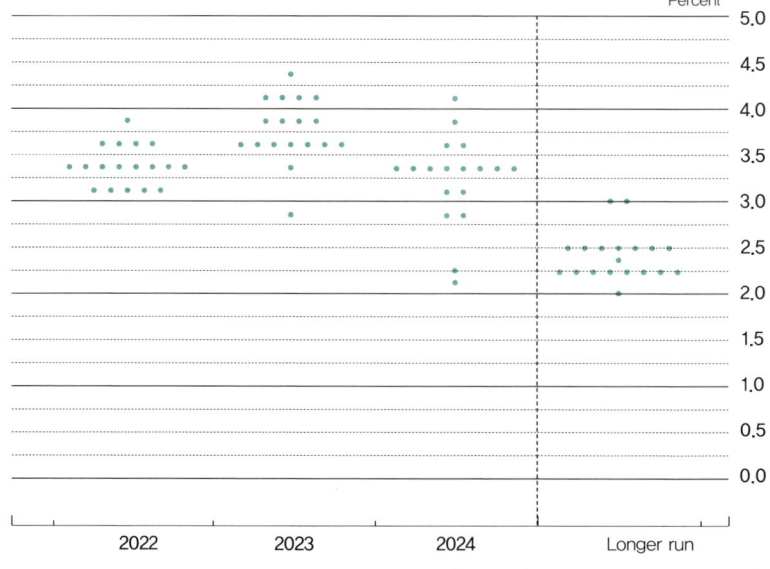

(source: FOMC economic projections, 2022.6)

2018년 12월까지 미국의 정책금리 인상으로 한국과 미국의 정책금리 역전폭이 0.5%로 커지고 2020년 3월까지 역전상태가 지속되었다. 이 때문에 우리나라도 정책금리를 빠르게 인상할 것이라는 걱정이 있었으나, 우리나라와 미국의 정책금리 역전현상은 이미 두 차례나 경험한 바가 있다. 우리나라의 Fundamental이 좋지 않을 경우에는 상당기간 한미간 정책금리 역전현상이 지속될 수도 있다.

2022.7월 FOMC에서 미국 FFR(Federal Funds Rate, 정책금리)를 0.75% 인상해서 2.25%~2.50%가 되었다. 우리나라의 정책금리가 2.25%이므로 4번째 한미간 정책금리가 역전되었다. 8월에 금통위에서 0.25%를 인상하면 양국의 정책금리가 같아지고, 9월 FOMC에서 정책금리를 인상하면 다시 한미간 정책금리 역전현상이 발생한다. 우리나라의 3, 6, 9, 12월 금통위에서는 정책금리를 조정하지 않는다.

한ㆍ미간 정책금리 역전 사례

① 1999.6 ~ 2001.3
② 2005.8 ~ 2007.9
③ 2018.3 ~ 2020.3   *2019.10월 한국금리 1.25%, 미국금리 1.75%
④ 2022.7 ~   *2022.7월 한국금리 2.25%, 미국금리 2.25%~2.50%

미국의 정책금리 조정은 세계 각국의 정책금리와 채권수익률에 영향을 미친다. 미국의 정책금리 인상은 대출금리인 Libor(2021년부터는 SOFR가 대체하고 있다)를 통해서, 달러가치의 변동을 통해서, 그리고 미국 채권수익률을 통해서 다른 나라 채권수익률의 상승요인이 된다.

> **미국의 정책금리 결정이 신흥국 채권수익률에 영향을 미치는 경로**
>
> **① 통화가치 경로**
>
>   미국정책금리 인상 → 미국 달러가치 상승 → 신흥국 통화가치 하락 → 신흥국통화가치를 방
>   어하기 위해서 신흥국 정책금리 인상 → 신흥국 채권수익률 상승
>
> **② 채권수익률 경로**
>
>   미국정책금리 인상 → 미국 채권수익률 상승 → 미국 채권 매력 증가 → 신흥국채권매도(&미
>   국채권매입) → 신흥국 채권수익률 상승
>
> **③ 자본시장 경로**
>
>   미국정책금리 인상 → 유로달러 Libor금리 상승 → 차입금리 상승에 따라 Hedge Fund
>   청산(Deleverage) → 신흥국 채권매도 → 신흥국 채권수익률 상승

2-2 Term Spread와 수익률곡선

잔존만기 차이에 따른 채권수익률 차이를 Term Spread라고 한다. Term Spread는 무위험(credit risk free)채권인 국고채를 기준으로 산정한다.

Term Spread를 그래프로 그린 것을 수익률곡선(Yield Curve)이라고 한다. 채권투자전략에서 전략가(Strategist)들이 가장 먼저 살펴보는 것이 Yield Curve이다. 채권의 단기, 중기, 장기 영역의 저평가(cheap)/고평가(rich)를 판단하기 위해서이다.

기간 미스매치전략으로 채권에 투자할 경우에는 수익률곡선 전략이 매우 중요하다.

2-2-1 Term Spread

Term Spread는 신용위험이 동일한 채권(발행자가 동일한 채권)의 잔존만기별 수익률 차이이며 기간스프레드라고 한다. Term Spread는 정책금리(1일물 국고채 수익률)와 다양한 만기의 국고채 수익률 차이로 측정한다.

정책금리가 2.0%이고 잔존만기 3년, 10년, 20년 국고채 수익률이 각각 2.5%, 3.1%, 3.3%이면 1일-3년 기간스프레드는 0.5%이다. 같은 방법으로 3년-10년 기간스프레드는 0.6%이고 10년-20년 기간스프레드는 0.2%이다.

기간스프레드는 정책금리와 함께 채권수익률을 구성하는 요소이므로 기간스프레드가 어떻게 움직일지 예측할 수 있다면 향후 채권수익률을 예측하는데 도움이 된다.

현재의 기간스프레드를 측정한 후 향후의 기간스프레드를 예상할 때 Mean Reversion(평균회귀)원리를 사용할 수 있다. 평균회귀 원리는 현재의 기간스프레드가 장기 안정적인 평균수준보다 낮으면 향후에 기간스프레드가 확대된다는 것이다. 반대로 현재의 기간스프레드가 장기 안정적인 평균(Mean)보다 높으면 향후에는 기간스프레드가 축소될 것이라고 판단한다.

Mean Reversion

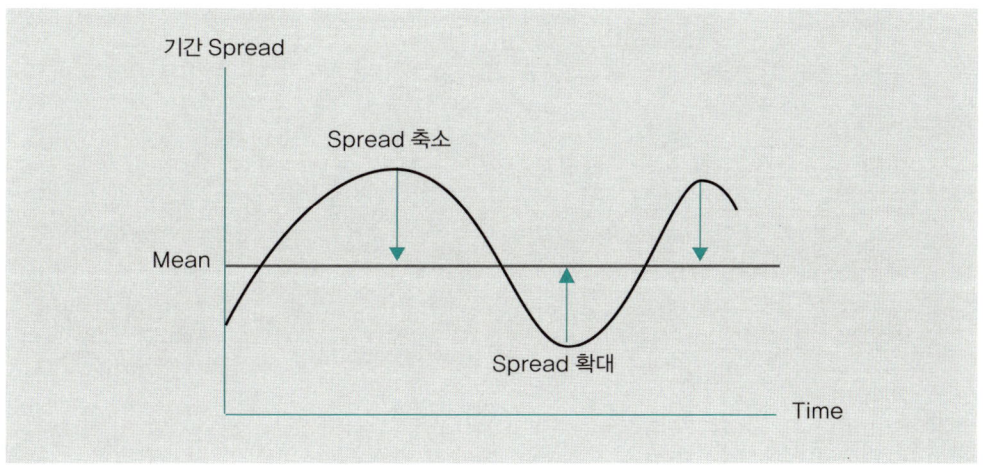

2-2-2 Yield Curve

동일발행자가 발행한 잔존만기가 다른 채권수익률을 그림으로 그린 것이 수익률곡선(Yield Curve)이다. 수익률곡선은 국고채, AAA, AA, A 등 신용등급별, 그리고 발행기관(회사)별로 그릴 수 있다. 무이표채(Zeor Coupon Bond)로 수익률곡선을 그리면 표면금리 차이에 따른 채권수익률 차이를 극복할 수 있다.

국고채 수익률곡선 예시

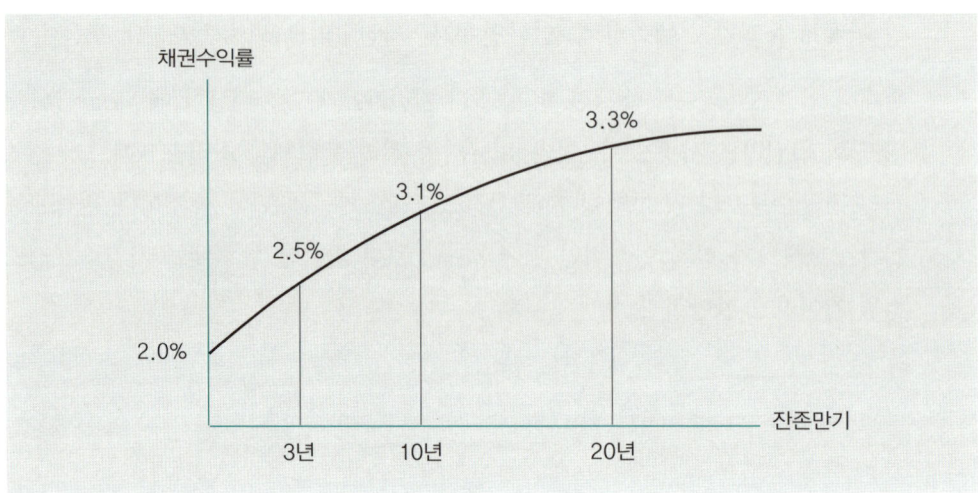

위의 예에서 일주일물 국고채담보 RP금리, 3년만기, 10년만기, 20년만기 국고채수익률이 각각 2.0%, 2.5%, 3.1%, 3.3%일 경우는 우상향하는 수익률곡선이 그려진다. 시장에서는 일주일물 국고채담보 RP금리 대신에 1일물 국고채 수익률을 사용하고 있다.

수익률곡선 형태는 우상향(Upward Sloping), 우하향(Inverted), 수평(Flat), 곡선(Humped)의 4가지가 있다.

수익률곡선은 단기채의 투자전략 수립에서 중요하다. 채권의 단기영역의 경우에는 우상향하는 수익률곡선이 일반적이다. 우상향하는 수익률곡선을, "잔존만기가 길수록 채권수익률이 높아진다"고 생각하기 쉽다. 만기가 증가하는 채권은 없기 때문에, "잔존만기가 줄어들수록 채권수익률이 낮아진다"라고 생각하는 것이 더 정확하다. 채권만기는 하루 하루 줄어들어 만기시점에는 채권이 현금으로 변한다.

우상향하는 수익률곡선은 해당채권의 만기가 줄어들수록 채권수익률이 낮아지는 것이며 채권수익률이 낮아진다는 것은 채권가격이 상승한다는 것을 의미한다. 이런 현상을 Shoulder Effect(쇼율더효과)라고 한다. 1~3년의 단기채 투자에서 Shoulder Effect는 중요한 수익원천이라고 할 수 있다.

2-3 신용스프레드

잔존만기 등 다른 조건은 동일하고 발행주체(또는 발행종목)만 다른 채권의 수익률차 이를 신용스프레드라고 한다. 여기에서 잔존만기 등 다른 조건이 동일하다는 것은 풋 옵션, 콜옵션, 주식전환 옵션 등이 없는 일반채권(Straight Bond)을 의미한다.

신용스프레드 = 신용채권 수익률(3년) – 국고채 수익률(3년)

신용스프레드는 기간스프레드 예측에 사용했던 평균회귀원리를 적용하기 어렵다. 신 용채권의 신용상태가 일정하지 않기 때문이다. 신용스프레드를 분석하기 위해서는 지 속적으로 개별 발행주체(또는 발행종목)의 신용위험을 관찰해야 한다.

신용스프레드 분석에서는 현재의 신용스프레드에 신용위험이 충분히 반영되어 있는 지에 초점을 맞추어야 한다. 신용스프레드가 확대되었지만 신용위험이 더 큰 폭으로 증가했다면 저평가 채권이라고 할 수 없다.

우리나라에서도 신용스프레드가 크게 움직인 경우가 있다. 2003년 2월에는 AA-등급 LG카드 2년물과 통화안정증권 2년물 수익률이 각각 5.2%, 5.0%이었다. 신용스프레드 는 0.2%이었다. 2003년 3월 SK글로벌 분식회계 영향으로 금융시장이 경색되었고 곧 이어 카드사 유동성사태가 발생했다.

극심한 유동성위기를 겪은 LG카드는 신한금융지주(신한카드)에 인수되었다. 그 해 12 월에 AA-등급 삼성카드 1년물과 통화안정증권 1년물 수익률은 각각 9.0%, 4.0%이었 다. 1년물 신용스프레드가 5.0% 수준까지 확대되었다.

2008년 10월말에는 국민은행 2년물과 국고채 2년물 수익률이 각각 7.2%, 4.1%이 었다. AAA은행채의 신용스프레드가 무려 3.1%를 기록했다. 2009.2월 금통위에서 정책금리를 2.0%로 낮추면서 은행채의 신용스프레드는 급격하게 하향 안정되었는 데, 2010년 8월말에는 2년만기 은행채와 국고채의 스프레드는 0.05%~0.1%(5bps~ 10bps) 수준까지 낮아졌다.

2020.3.24일 신한금융지주 6개월물 CP(A1등급)와 국고채 6개월물 매매수익률은 각각 2.8%, 0.8% 이었다. 6개월물 신한금융지주의 신용스프레드가 2.0%로 확대된 것은 매

우 이례적인 일이다. 신한금융지주의 Fundamental이 원인이라기 보다는 시장이 신용위험을 극도로 회피했기 때문이다.

당시 신한금융지주의 자회사인 신한투자증권 등 주요 증권회사의 유로스탁스(Euro Stoxx600) 선물(Futures) 매수포지션(long position)에 대한 증거금 납부(margin call) 부담이 단기금융시장을 긴장시켰다.

Euro Stoxx600 ELS관련 Position

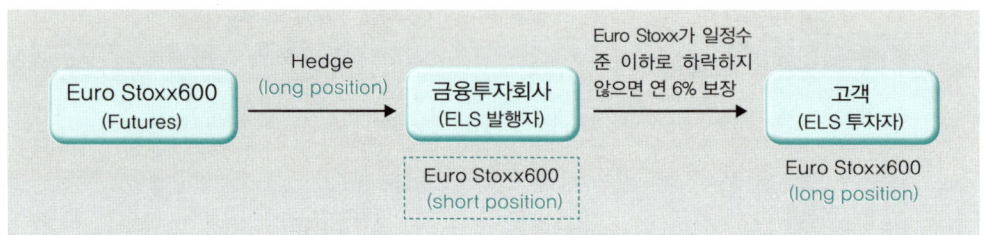

ELS(Equity Linked Securities)는 특정회사의 주가 또는 주가지수를 기초자산으로 만든 구조화증권(파생상품)이다.

위의 Euro Stoxx600 ELS의 경우, Euro Stoxx600 지수가 일정수준 이하로 하락하지 않으면 발행자인 금융투자회사가 6%를 지급한다. 그러므로 ELS투자자는 Euro Stoxx600 지수를 매입(long)한 것과 같다.

주가가 일정수준 이하로 하락하지 않거나 상승하면 이익(6% 수익)이고, 일정수준 이하로 하락하면 손실이기 때문이다.

주식 직접투자와 다른 점은 일정수준까지 주가가 하락해도 6%를 보장해주고, 주가가 아무리 상승해도 6% 이상 지급하지 않는다는 것이다.

금융투자회사는 Euro Stoxx600의 Upside Potential을 희생해서(비용으로) 일정수준까지 주가하락위험을 보장해주는 것이다. ELS 투자자가 매입포지션(long position)이기 때문에 반대편에 있는 금융투자회사는 매도포지션(short position)이다.

금융투자회사는 ELS 발행으로 생긴 Euro Stoxx600의 매도포지션(short position)을 Hedge하기 위해서 Euro Stoxx600의 선물(Futures)을 매입해야 한다(long position).

2020.3월에는 Covid-19 확산에 따른 Global Lockdown으로 전세계 주가가 폭락했고, Euro Stoxx600의 선물을 매입(long position)하고 있던 금융투자회사들이 수천억원의 추가증거금(margin call)을 납부해야 한다는 기사가 나왔다. 이 때문에 단기금융시장의 신용스프레드가 크게 확대되었다.

개별종목이 아닌 Sector별 신용스프레드는 경기상황으로 판단할 수도 있다. 경기상황별 하이일드채권과 국고채의 신용스프레드 변화 원인을 살펴보자. 하이일드채권 수익률에는 신용위험이 내포되어 있다.

경기회복 초기에는 향후 기업실적이 개선되어 기업들의 채무상환능력이 높아진다. 그 결과 신용스프레드는 축소될 것이다. 반대로 **경기하강 초기**에는 향후 기업실적이 악화될 것이 예상된다. 따라서 기업들의 채무상환능력이 낮아져서 신용스프레드는 확대될 것이다.

2-4 금리모델(Interest Rate Models)

기간미스매치로 채권에 투자하는 경우에는 금리(채권수익률)예측이 매우 중요하다. 금리(채권수익률)는 채권가격을 결정하는 유일한 변수인데, GDP성장률, 물가, 실업률, 환율 등 Macro변수는 물론 개별기업의 신용위험까지 모두 금리(할인율)라는 형태로 채권가격에 반영된다.

만기보유목적으로 채권에 투자하는 경우 또는 **단기채권**의 Shoulder Effect를 활용해서 채권에 투자하는 경우에는 금리예측의 중요성이 크지 않다. 채권자체의 특성(Income) 만으로도 투자목표를 달성할 수 있기 때문이다.

장기채권에 기간미스매치(mismatch)로 투자할 경우에는 금리예측이 중요하다. 금리모델은 단기금리예측에 초점이 맞춰져 있는데, 장기금리는 단기금리와 통계적으로 밀접한 관련이 있다고 가정하기 때문이다.

금리모델은 미래의 채권수익률을 정확하게 예측하기 보다는, 향후 채권수익률의 전개과정을 예측해서 시나리오분석 등에 활용할 목적으로 사용된다.

기본적인 One Factor 금리모델은 다음과 같다.

$$dr = bdt + \sigma dz$$

> r: 단기금리,　　　　dr: 단기금리 변동(change in short rate)
> t: 시간,　　　　　　dt: 경과시간(단기)(change in time)
> z: random term,　　dz: random process
> b: 금리방향
> σ: 단기금리변동의 표준편차(변동성)

단기금리변동은 금리방향(b)과 변동성(σ)에 영향을 받는다.

단기금리가 과거 안정적인 평균보다 높으면 하락하고, 반대의 경우에는 상승한다는 평균회귀원리를 적용한 금리모델은 다음과 같다.

Mean-Reverting Square-Root Model

$$dr = (-)\alpha(r - \bar{r})dt + \sigma\sqrt{r}dz$$

> α: speed of adjustment
> r: 현재의 단기금리
> $\bar{r}$: 장기 안정적인 단기금리

현재의 단기금리(r)가 5%이고 장기 안정적인 단기금리($\bar{r}$)가 3%라면 우측 첫 번째 항에서 단기금리는 하락할 것이다. (−)(5% − 3%) = (−)2%

우측 두 번째 항은 단기금리의 변동폭은 단기금리의 표준편차(σ)와 단기금리의 제곱근($\sqrt{r}$)의 영향을 받는다는 의미이다. 단기금리가 높을수록 변동폭은 커진다.

위의 One Factor 금리모델을 실무에 적용하는 데는 제약이 있다. 채권수익률에 영향을 미치는 변수는 단기금리 외에도 여러 요인(물가, GDP성장률 등)이 있고, 단기금리가 장기금리에 미치는 영향도 제한적일 경우가 많기 때문이다.

물가, GDP성장률, 환율 등 거시경제변수가 각각 금리에 미치는 영향을 추정하여 미래 금리를 예측한다면 정확성을 높일 수 있겠지만, 각 시점마다 이들 변수의 영향력이 일정하지 않을 것이기 때문에 쉬운 일은 아니다.

채권수익률에 영향을 미치는 주요변수는 다음과 같다.

채권수익률 = Function(정책금리, 물가, GDP성장률, 채권수요와 공급, 환율, …)

정책금리, 물가, GDP성장률은 채권수익률과 정의 관계가 있다. 정책금리 인상, 물가 상승, GDP성장률 상승은 모두 채권수익률 상승요인이다.

채권의 **수요와 공급**도 채권수익률에 영향을 미치는 중요한 변수이다.

(원달러)**환율**이 상승하면 수입물가가 상승한다. 이 경우 채권수익률 상승요인이다. 환율이 상승하면 수출기업의 경쟁력이 높아져서 경기가 좋아질 가능성도 있다. 반대로 원달러환율이 하락하면 수입물가가 하락하고 수출기업의 경쟁력이 하락하므로 채권수익률 하락요인이다.

환율은 양국의 금리차를 반영해야 한다는 것이 **이자율평형이론**(Interest Rate Parity)이다. 양국의 금리차가 선물환율에 반영되지 않으면 무위험차익거래가 가능하다.

한국과 미국의 1년만기 은행채 금리가 각각 2.0%, 0%라고 하자. 원/달러 현물환율이 1,000원/$이라고 하면 1년 선물환율은 약 1,020원/$이 되어야 한다.

그런데 시장에서 형성된 1년 선물환율이 1,000원/$이라고 한다면 달러로 차입해서 원화채권에 투자하고 선물환거래(원화를 매도하고 달러를 매입)를 한다면 2%의 무위험차익이 발생한다. 이렇게 이론선물환율과 괴리되어 형성되어 있는 경우에는 차익거래를 노린 자금이동이 있고 채권수익률에도 영향을 준다.

BOND INVESTMENT NOTE
BOND INVESTMENT NOTE
채권투자노트

제3장

장기국채의
금리변동위험

채권투자노트

BOND INVESTMENT NOTE _____

제3장
장기국채의 금리변동위험

장기국채를 만기 미스매치(mismatch) 목적으로 투자할 경우에는 금리상승위험에 노출된다. 국채는 미래현금흐름이 확정되어 있으므로 매도시점의 수익률(할인율)만 알 수 있다면 투자수익률을 정확하게 계산할 수 있다.

투자종료시점의 매도금리(채권수익률)를 가정하고 투자수익률을 계산하는 것을 금리민감도분석이라고 한다. 금리민감도분석 방법은 크게 **Total Return Approach**와 **Duration Convexity Approach**가 있다. 우리나라의 경우에는 Duration Convexity Approach를 사용하면 효율적이다.

장기국채(장기채권)에 투자할 경우에는 투자를 결정하기 전에 반드시 금리민감도분석을 실시하고 금리상승위험이 Risk Tolerance(허용위험) 범위 내에 있는지 확인해야 한다.

3-1 Fisher Equation과 장기채권 수익률

장기국채에 투자하는 목적은 크게 두 가지일 것이다. 첫 번째는 보험회사처럼 부채만기가 긴 경우에 장기국채 매입으로 자산과 부채의 듀레이션을 Match시키는 것(Asset Liability Management)이고, 두 번째는 향후 금리하락 시 차익을 노리는 것이다.

장기국채는 투자목적에 따라서 만기보유 또는 중도매도 전략이 가능하다. ALM의 경우에 만기보유목적으로 투자하고, 금리하락에 따른 초과수익이 목적이면 채권 만기 이전에 매도하는 미스매치전략(채권만기 전 매도전략)이 유효하다.

장기국채는 매입금리(수익률)가 장기간 투자수익률에 영향을 미치기 때문에 매입금리 수준이 매우 중요하다. 자산과 부채의 듀레이션 매치 목적의 경우에도 매입금리의 높고 낮음이 투자성과에 큰 영향을 미치므로 매입시점에 대해 고민해야 한다.

금리예측의 어려움 때문에 미래의 채권수익률은 신의 영역에 두어야 한다고 생각하는 투자자들이 많다. 장기채권에 투자할 경우에는 금리예측은 하지 않더라도, 향후 금리(채권수익률)에 따른 투자수익률은 계산할 수 있어야 한다.

우리나라에서는 2012년 9월에 30년물 국고채(선매출)가 등장했다. 국고03000-4212(국고12-5)가 최초로 발행된 30년물 국고채인데 표면금리는 연 3.0%이고 인수 주간회사의 수수료를 제외한 투자자들의 매입수익률은 2.90% 수준이었다.

국고12-5를 발행하고 약 1년이 지난 시점에 동 채권의 매매수익률은 4.0% 수준까지 상승했고, 채권가격은 8,500원(액면가 10,000원) 아래로 떨어졌다. 선매출일에 매입한 투자자들은 지급받은 이자를 감안해도 연 20% 이상 평가손실이 발생한 것이다.

이자수익: 연 2.9%, 자본손익: $(-1) \times 21 \times (+1.1\%) = -23.1\% \rightarrow -20.2\%$

국고12-5의 매매수익률은 2014년 4월에 4.05%까지 상승한 후 하락하기 시작하여 2015년 7월에는 2.66% 수준까지 하락했다. 2014년 4월에 동 채권을 매입한 투자자는 1년 동안 약 30%의 투자수익을 실현할 수 있었다.

① 이자수익: 연 4%, ② 자본손익: $(-1) \times 20 \times (-1.3\%) = +26\% \rightarrow +30\%$

이렇듯 장기국채는 금리변동에 따라서 투자수익률이 크게 영향을 받기 때문에 투자(매입)를 결정하기 전에 투자종료시점의 매도금리(수익률)별 금리민감도분석이 반드시 필요하다.

장기국채의 (미래)금리(채권수익률)를 예상하려면 장기채권수익률에 영향을 주는 변수를 파악해야 한다. 장기채권수익률에 영향을 주는 변수는 장기실질성장률과 장기 안정적인 물가상승률이다.

장기채권수익률 = Function(장기실질성장률, 장기 안정적인 물가상승률)

위의 방법은 Fisher Equation을 응용한 것이다. Fisher는 명목금리는 실질성장률과 물가상승률의 합이라고 주장했다.

[Fisher Equation]

명목금리(R) = 실질성장률(r) + 물가상승률(I)

우리나라의 실질성장률이 1.5%이고, 물가상승률이 2%라고 하자. 이를 Fisher Equation에 적용해보면 우리나라의 장기금리(명목금리)는 3.5%가 적정수준이라는 결론이 나온다.

정책금리(1일물 국고채 수익률)를 Fisher Equation에 적용하는 데는 한계가 있다. 정책금리 결정에는 실질성장률과 물가상승률 외의 다른 변수들도 영향을 미치기 때문이다. 정책금리는 물가상승률, GDP성장률, 고용사정, 환율, 자본시장 상황 등 여러 변수를 고려해서 결정한다.

장기채권 영역에서는 미래에 대한 기대치가 채권수익률에 큰 영향을 미친다. 장기채권에 투자하면서 요구하는 투자수익률은 실질성장률에 물가상승률을 더한 수익률일 것이다.

장기채권에 투자할 때 요구하는 수익률 = 장기실질성장률 + 장기물가상승률

우리나라의 장기실질성장률(예상)이 1.5%, 장기물가상승률(예상)이 2.0%라면 30년물 국고채의 적정수익률 수준은 3.5%가 되어야 한다. 여기에 추가해서 장기채권의 수요와 공급 변동이 실제 매매되는 금리(채권수익률) 수준을 상승 또는 하락시킨다.

장기국채에 투자할 때 장기실질성장률과 장기물가상승률을 추정하고 이를 바탕으로 **적정 장기채권수익률 수준**을 예상해보는 것은 항해할 때 등대가 필요한 것처럼 중요하다.

3-2 채권의 Duration과 Convexity

채권가격은 채권수익률(채권금리)에 영향을 받는다. 그러나 채권에 따라서 채권수익률이 채권가격에 미치는 정도가 다르다.

1940년 계산기가 발명되기 전에는 수학공식(등비수열)을 활용해서 채권가격을 계산

했다. 당시에는 채권가격을 계산하는 것이 큰 문제였을 것이고 그 문제를 해결하려고 채권수익률이 채권가격에 미치는 영향을 알고 싶었을 것이다. 당시의 채권시장 관계자들은 일일이 채권가격을 계산하지 않고도 채권수익률변화에 대한 채권가격변동을 알 수 있다면 얼마나 좋을까? 라는 바램을 가졌을 것 같다.

계산기가 발명되기 이전의 채권이론은 채권수익률이 채권가격에 미치는 영향을 파악하는데 초점이 맞춰져 있었다. 지금은 엑셀로 채권가격을 쉽게 계산할 수 있어서 초기의 채권이론이 거의 쓸모가 없어졌다.

채권수익률과 채권가격의 관계를 획기적으로 발전시킨 사람은 Frederick R. Macaulay이다. Macaulay는 채권수익률이 채권가격에 미치는 정도를 Duration으로 측정하고 활용할 수 있게 하였다.

1715년, Issac Newton의 수제자 Brook Taylor가 곡선을 미분하면, 곡선의 한 점에서 다른 점으로의 이동 폭을 계산할 수 있다는 것을 알아냈다. 이것이 Taylor Series Expansion(테일러급수)이다.

채권수익률과 채권가격의 관계는 (역의)곡선으로 이루어져 있다.

1980년 excel이 개발된 후 Taylor Series Expansion을 활용해서 채권수익률과 채권가격의 관계를 거의 정확하게 계산할 수 있게 되었다.

$$f(x) = \sum_{n=0}^{\infty} \frac{f^n(a)(x-a)^n}{n!} \text{(Taylor Series Expansion by Brook Taylor in 1715)}$$

Taylor전개식에서는 듀레이션과 Convexity를 활용해서 채권수익률 변화에 따른 채권가격변동을 추정한다.

지금은 채권단가계산기에 채권수익률만 입력하면 채권가격을 정확하게 계산할 수 있기 때문에 Duration과 Convexity를 활용해서 채권가격을 계산할 필요는 없다. Duration과 Convexity는 금리민감도분석에서 유용하게 활용되고 있다.

3-2-1 Macaulay Duration

Frederick Robertson Macaulay는 각 기간의 채권가격에 잔존기간(time)을 곱하고 이를 더한 후, 총채권가격으로 나누어서 듀레이션을 만들었다. Macaulay가 채권가격에 시간을 가중해서(곱해서) 듀레이션을 만들었기 때문에 Macaulay Duration을 채권의 시간가중평균(또는 가중평균상환기간)이라고 하기도 한다.

$$\text{Macaulay Duration} = \frac{\sum t \times PV_t}{\sum PV_t} \rightarrow \text{t의 평균}$$

Macaulay Duration은 채권수익률 변화에 대한 채권가격변동의 정도를 측정하는데 사용된다. 즉, 듀레이션은 채권수익률에 변화에 대한 채권가격변동의 민감도이다.

$$\text{채권가격변동률}(\frac{\Delta P}{P}, \%) = (-1) \times \text{Macaulay Duration} \times \Delta y(\%)$$

Δy: 채권수익률변동(= 매도수익률−매입수익률)

예를 들어 Macaulay Duration이 1이고 금리가 3.0%에서 3.1%로 상승한다면 채권가격은 0.1% 하락하는 것으로 계산된다.

$$(-)0.1\% = (-1) \times 1(\text{Macaulay Duration}) \times (3.1\% - 3.0\%)$$

엑셀을 활용하면 Macaulay Duration을 쉽게 계산할 수 있다. 국고02750-4412(국고 14-7)의 Macaulay Duration을 계산하는 과정은 다음과 같다.

국고 02750-4412(국고14-7)

발행일	2014-12-10		
만기일	2044-12-10		
액면금액	10,000		
표면금리	2.75%	2	1.375%

매매일	2015-07-29		2015-06-10	183
매매수익률	2.66%			

이자지급회수	일자	이자	원금	CF	PV	t	PV*t
134	2015-12-10	137.5		137.5	136.1738	0.73	99.71199
1	2016-06-10	137.5		137.5	134.3865	1.73	232.7897
2	2016-12-10	137.5		137.5	132.6226	2.73	362.3569
58	2044-12-10	137.5	10,000	10,137.5	4,665.684	58.73	274,026.1
					10,219.09		416,000.2

Macaulay D	20.35

시간가중합계 / 채권가격합계 / 2

위의 표에서 CF는 원리금, PV는 각원리금(CF)의 채권가격, t는 6개월로 환산한 기간이다. 2로 나누는 이유는 Macaulay Duration을 연율화하기 위해서이다.

6개월이표채의 경우 6개월이 1t이므로 1년은 2t이다. 듀레이션을 계산할 때, 분자에서 1년에 2를 곱했기 때문에 분모에서 2로 나누어주어야 연율화된(annualized) 듀레이션이 계산된다.

3-2-2 ▶ Taylor Series Expansion

Taylor는 미분을 통해서 연속적인 곡선의 한 점에서 다른 점까지의 움직임을 나타냈는데, x축의 출발점을 a대신에 x_0으로 해서 테일러전개식을 풀어쓰면 다음과 같다.

[Taylor Series Expansion]

$$f(x) = f(x_0) + \frac{1}{1!} \times f'(x_0) \times (x - x_0)^1 + \frac{1}{2!} \times f''(x_0) \times (x - x_0)^2$$
$$+ \frac{1}{3!} \times f'''(x_0) \times (x - x_0)^3 + \varepsilon$$

{ $f'(x_0)$: 1차미분값, $f''(x_0)$: 2차미분값, $f''(x_0)$: 3차미분값}

$f(x_0)$를 좌변으로 이동시키면,

$$f(x) - f(x_0) = \frac{1}{1!} \times f'(x_0) \times (x - x_0)^1 + \frac{1}{2!} \times f''(x_0) \times (x - x_0)^2$$
$$+ \frac{1}{3!} \times f'''(x_0) \times (x - x_0)^3 + \varepsilon$$

위 식을 채권에 적용하면, f(x)는 P, f(x) − f(x₀)는 △P이다.

$$\Delta P = (-)\ \frac{dp}{dy} \times \Delta y + \frac{1}{2} \times \frac{d^2p}{dy^2} \times \Delta y^2 + (-)\ \frac{1}{6} \times \frac{d^3p}{dy^3} \times \Delta y^3 + \varepsilon$$

여기에서 △P: 가격증감분,

$\dfrac{dp}{dy}$: 채권가격을 채권수익률로 1차미분한 값,

$\dfrac{d^2p}{dy^2}$: 채권가격을 채권수익률로 2차미분한 값

$\dfrac{d^3p}{dy^3}$: 채권가격을 채권수익률로 3차미분한 값

△y: 채권수익률변동폭(= 매도수익률 − 매입수익률)

Taylor Series Expansion은 채권수익률과 채권가격 곡선(Price-Yield Curve)을 채권수익률로 1, 2, 3차 미분하고 각각의 미분값에 채권수익률변화폭(△y), 채권수익률변화폭(△y)의 제곱, 채권수익률변화폭(△y)의 3제곱을 곱하여 더하면 채권가격변동폭(△P)을 계산할 수 있다는 것이다.

3-2-3 ▶ Modified Duration

Taylor Series Expansion에서는 채권가격계산식을 채권수익률로 미분해서 채권가격변동폭(△P)을 알 수 있었다. 그런데 채권시장의 관심은 채권수익률이 몇 % 변동하면 채권가격이 **몇 원** 증감(△P)하는지 보다는 채권가격이 **몇 %** 증감하는지를 알고 싶어한다. 채권수익률이 Percentage Point(%)로 움직이기 때문에 채권가격 변화도 Percentage Point(%)로 알아야 비교하기 쉽기 때문이다.

Taylor Series Expansion의 등식을 채권가격(P)으로 나누면 다음과 같이 된다.

$$\frac{\Delta P}{p} = (-)\ \frac{dp}{dy} \times \frac{1}{p} \times \Delta y^1 + \frac{1}{2} \times \frac{d^2p}{dy^2} \times \frac{1}{p} \times \Delta y^2 + (-)\ \frac{1}{6} \times \frac{d^3p}{dy^3} \times \frac{1}{p} \times \Delta y^3 + \frac{\varepsilon}{p}$$

좌변은 채권가격변동률(%)이 된다. 우변 첫째항의 1차미분값에 채권가격을 나누어서 듀레이션이라고 정의하고, 둘째항의 2차미분값에 채권가격을 나누어서 Convexity라

는 개념으로 사용하게 되었다. 이미 Frederick R. Macaulay가 듀레이션 개념을 사용했으므로 위의 1차미분값에 채권가격을 나눈 듀레이션은 수정듀레이션(Modified Duration)이라고 한다.

$$\frac{dp}{dy} \times \frac{1}{p} : 수정듀레이션(\text{Modified Duration})$$

$$\frac{d^2p}{dy^2} \times \frac{1}{p} : \text{Convexity}$$

Taylor전개식을 수정듀레이션과 Convexity로 바꿔 쓰면 다음과 같다.

$$\frac{\Delta P}{p}(채권가격변동률) = (-1)수정듀레이션 \times \Delta y^1 + \frac{1}{2} \times \text{Convexity} \times \Delta y^2 +$$

$$(-)\frac{1}{6} \times \frac{d^3p}{dy^3} \times \frac{1}{p} \times \Delta y^3 + \frac{\varepsilon}{p}$$

3차미분항은 채권가격변화에 미치는 영향이 미미하기 때문에 무시한다. 이를 반영해서 정리하면 다음과 같다.

$$\frac{\Delta P}{p}(채권가격변동률) = (-1)수정듀레이션 \times \Delta y^1 + \frac{1}{2} \times \text{Convexity} \times \Delta y^2 +$$

$$\cancel{(-)\frac{1}{6} \times \frac{d^3p}{dy^3} \times \frac{1}{p} \times \Delta y^3} + \frac{\varepsilon}{p}$$

$$\frac{\Delta P}{p}(채권가격변동률) = (-1) \times 수정듀레이션 \times \Delta y^1 + \frac{1}{2} \times \text{Convexity} \times \Delta y^2$$

위의 식은 듀레이션에 채권가격변동폭을 곱하고, Convexity에 채권가격변동폭의 제곱을 곱해서 2로 나누고, 우측 2개 항을 더하면 채권가격변동률을 알 수 있다는 것이다.

엑셀을 사용하여 단가계산기를 만든 이후에는 위의 방법으로 채권가격변동률을 추정할 필요는 없어졌다. 단가계산기(Bond Price Calculator)에서 채권수익률(매매금리)만 입력하면(바꾸면) 새로운 가격(곡선의 새로운 점)이 계산되기 때문이다.

Duration과 Convexity를 계산하기 위해서는 미분(Differential)이 필요하다. 이제 미분하는 방법을 살펴보자.

[정수의 미분 방법]

$y = x^3$을 1차 미분하면, $y = 3x^2$가 된다. 이를 한 번 더 미분(2차미분)하면 $y = (3 \times 2)x^1$이 된다. 즉, $y = 6x^1$이다. 미분하면 승수가 계수로 나오고, 1차수 낮아진다.

[분수의 미분 방법]

$y = \dfrac{1}{x^3}$ 을 1차 미분하면, $y = \dfrac{(-)3}{x^4}$ 가 된다.

이를 한 번 더 미분(2차미분)하면 $y = \dfrac{(-)3 \times (-)4}{x^5}$ 이 된다.

즉, $y = \dfrac{12}{x^5}$ 이다. (또는 $y = 12x^{-5}$로 표시한다.)

분수미분의 경우에는 분모의 승수가 분자로 올라오면서 앞에 마이너스가 붙는다. 그리고, 분모의 승수는 1차수 높아진다.

실제의 채권가격계산식을 미분해서 수정듀레이션을 계산해보자.

일반적인 채권가격계산식은 다음과 같다.

$$P = \frac{C}{(1+y)^1} + \frac{C}{(1+y)^2} + \cdots + \frac{C+M}{(1+y)^n}$$

위의 식을 채권수익률(yield)로 1차미분하면 다음과 같다.

$$\frac{dP}{dy} = (-1) \times \left\{ \frac{1C}{(1+y)^2} + \frac{2C}{(1+y)^3} + \cdots + \frac{n(C+M)}{(1+y)^{n+1}} \right\}$$

위 식에서 { } 안의 분자의 계수와 분모의 승수가 일치하게 정리하면

$$\frac{dP}{dy} = (-1) \times \frac{1}{(1+y)^1} \times \left\{ \frac{1C}{(1+y)^1} + \frac{2C}{(1+y)^2} + \cdots + \frac{n(C+M)}{(1+y)^n} \right\}$$

위의 식에서 양변을 P로 나누면

$$\frac{dP}{dy} \times \frac{1}{P} = (-1) \times \frac{1}{(1+y)^1} \times \left\{ \frac{1C}{(1+y)^1} + \frac{2C}{(1+y)^2} + \cdots + \frac{n(C+M)}{(1+y)^n} \right\} \times \frac{1}{P}$$

좌변은 수정듀레이션(modified duration)이고 우변의 { } $\times \dfrac{1}{P}$ 는 Macaulay Duration이다. 이를 정리하면 다음의 관계가 된다.

$$수정듀레이션 = \frac{\text{Macaulay Duration}}{(1+y)}$$

즉, Macaulay Duration에서 (1+y)를 나누면 수정듀레이션이 된다.

국고 02750-4412(국고14-7)의 수정듀레이션을 계산하면 다음과 같다.

국고 02750-4412(국고14-7)

발행일	2014-12-10		
만기일	2044-12-10		
액면금액	10,000		
표면금리	2.75%	2	1.375%

매매일	2015-07-29	2015-06-10	183
매매수익률	2.66%		

이자지급회수	일자	이자	원금	CF	PV	t	PV*t
134	2015-12-10	137.5		137.5	136.1738	0.73	99.71199
1	2016-06-10	137.5		137.5	134.3865	1.73	232.7897
2	2016-12-10	137.5		137.5	132.6226	2.73	362.3569
58	2044-12-10	137.5	10,000	10,137.5	4,665.684	58.73	274,026.1
					10,219.09		416,000.2

Macaulay D	20.35	시간가중합계 / 채권가격합계 / 2
Modified D	20.09	Macaulay D / (1 + 매매수익률 / 2)

수정듀레이션은 이미 계산해 둔 Macaulay Duration에서 $(1 + \dfrac{\text{매매수익률}}{2})$를 나누면 계산된다. 여기서 매매수익률에 2를 나누는 이유는 6개월 이표채라서 6개월 금리로 나누어야 하기 때문이다. 3개월 이표채라면 4로 나누고, 할인채와 복리채의 경우에는 1로 나누면 된다.

3-2-4 ▶ Convexity

Taylor Series Expansion에서 채권가격계산식을 2차미분하고 채권가격을 나눈 값을 Convexity라고 한다는 것을 설명했다.

$$P = \frac{C}{(1+y)^1} + \frac{C}{(1+y)^2} + \cdots + \frac{C+M}{(1+y)^n}$$

위의 식을 미분하기 쉽게 단항식으로 정리하면 다음과 같다.

$$P = \sum \frac{CF}{(1+y)^t}$$

위의 식을 채권수익률(y)로 1차미분하면 다음과 같다.

$$\frac{d^1 y}{dy^1} = \sum \frac{(-1)t \times CF}{(1+y)^{t+1}}$$

위의 식을 한번 더 미분(2차미분)하면 다음과 같다.

$$\frac{d^2 y}{dy^2} = \sum \frac{(-1)t \times (-1)(t+1) \times CF}{(1+y)^{t+2}}$$

위의 식을 양변에 P로 나누면 Convexity가 계산된다.

$$\frac{d^2 y}{dy^2} \times \frac{1}{P} = \sum \frac{t \times (t+1) \times CF}{(1+y)^{t+2}} \times \frac{1}{P}$$

엑셀을 활용해서 국고02750-4412(국고14-7)의 Convexity를 계산하는 방법은 다음과 같다.

2차미분값을 계산하는 과정

a	b	
$t \times (t+1) \times CF$	$(1+y/2)^{(t+2)}$	a / b
174.40727	1.036758757	168.2236
650.77339	1.050547648	619.4611
1,402.1395	1.064519932	1,317.157
35,564.462	2.230920971	15,941,605
		21,087,162

2차미분값에서 채권가격을 나누어서 Convexity를 계산하는 과정

Convexity	515.88	$\dfrac{\text{2차미분합계}}{\text{채권가격합계}} \times \dfrac{1}{4}$

위에서 4로 나눈 것은 연율화하기 위해서이다. 분자에 t의 제곱을 곱했는데 1년에 2t 이므로 $4(= 2^2)$로 나누어 주어야 연 Convexity를 계산할 수 있다.

1년에 이자를 4회 지급하는 3개월 이표채의 경우에는 $16(= 4^4)$으로 나누어야 연 Convexity를 계산할 수 있다. Multiplier의 제곱을 나누어 주는 것이다.

표면금리와 매매수익률 차이에 따라 만기가 달라지는 콜옵션이나 풋옵션 조건부의 채권은 Duration과 Convexity를 사용하는데 한계가 있다. Effective Duration과 Effective Convexity를 사용하면 된다는 의견이 있지만 추정오류가 크게 나타나기 때문에 사용하지 않는 것이 좋다.

3-3 장기채권의 금리변동위험 측정방법

동일 폭의 채권수익률이 변할 경우 장기채 가격이 단기채 가격보다 더 큰 폭으로 움직인다. 이를 "장기채는 금리변동위험이 크다"라고 한다. 앞에서 설명한 것처럼 ALM 에서는 장기채를 만기보유목적으로 투자한다. 이 경우에는 금리상승위험은 없고 재투자위험만 있다. 만기 이전에 지급되는 이표채의 이자를 재투자해야 하는데 채권수익률이 상승한다면 오히려 더 높은 투자수익률을 올릴 수 있다.

이표채의 금리상승위험과 재투자위험은 서로 상쇄하는 위험이다. 채권수익률이 상승하면 채권가격이 하락하는 반면 재투자수익이 증가하고, 채권수익률이 하락하면 채권가격이 상승하는 반면 재투자수익이 감소한다.

이표채의 이런 특성을 활용한 전략이 면역전략(Immunization Strategy)이다. 면역전략은 채권의 듀레이션을 부채의 듀레이션과 일치시켜서 채권수익률이 상승 또는 하락하는 것과 상관없이 목표수익률이 실현되도록 하는 전략이다.

중도매매목적으로 장기채에 투자한다면 투자종료시점의 채권수익률에 따라서 채권투자수익률이 달라진다. 투자종료시점(매도시점)에 채권수익률이 상승한다면 보유하고 있는 채권을 낮은 가격에 매도해야 한다. 이것이 채권의 가격위험(Price Risk)이다.

채권의 가격위험을 측정하는 방법은 크게 두 가지가 있다. Total Return Approach와 Duration Convexity Approach이다.

3-3-1 ▶ Total Return Approach

Total Return Approach는 투자기간 동안의 **이자**(Coupon), **이자의 이자**(재투자이자), **매매손익**을 모두 더해서 투자수익률을 계산하는 방법이다.

$$\text{Total Return} = \frac{(\text{이자} + \text{재투자수익} + \text{매매손익})}{\text{투자원금}}$$

이자는 표면금리를 적용한 Coupon이고, 재투자수익은 투자기간 만기 이전에 지급받은 Coupon을 투자기간 종료시점까지 투자하여 발생하는 수익이다. 매매손익은 투자기간 종료시점의 매매수익률을 적용해서 계산한 채권가격에서 매입시점의 채권가격을 차감하여 계산한다.

국고02750-4412(국고14-7)을 2.66% 수익률로 매입하고 3년간 보유 후 매도하는 경우 Total Return Approach를 적용해서 투자수익률을 계산하면 다음과 같다.

3년 동안 지급받는 이자(Coupon)금액은 총 825원이다.

　매6개월마다 3년간 6회 × 137.5원 = 825원

당해년도 12월 10일에 지급받는 137.5원은 투자종료시점(매입일로부터 3년)까지 재투자할 수 있다. 재투자수익률을 1.50%, 6개월복리로 계산하면 투자종료시점까지의 재투자수익은 5.52원이 계산된다.

$$5.52원 = 137.5 \times (1 + \frac{0.015}{2} \times \frac{49}{183}) \times (1 + \frac{0.015}{2})^5 - 137.5$$

이런 방식으로 재투자수익을 계산하면 3년간 17.31원이다.

매매일	2015-07-29		2018-12-10	183
매매수익률	2.66%			

잔존만기	일자	이자	1.50%	(재투자수익률)
			이자의 이자	합계
5	2015-12-10	137.5	5.52081431	143.020814
4	2016-06-10	137.5	4.45614324	141.956143
3	2016-12-10	137.5	3.39939775	140.899398
2	2017-06-10	137.5	2.35051886	139.850519
1	2017-12-10	137.5	1.309448	138.809448
49	2018-06-10	137.5	0.27612705	137.776127
	2018-07-29	825	17.3124492	842.312449

엑셀로 만든 채권가격계산기를 활용하면 3년 후의 채권가격을 쉽게 계산할 수 있다. 투자종료 시점에 2.66%의 채권수익률로 매도한다면 국고02750-4412(국고14-7)의 채권가격은 10,206.24원이다.

투자시점에 2.66%의 채권수익률로 매입한 가격은 10,219.09원이었다. 매매수익률이 변하지 않았는데도 3년이 경과하면서 채권가격이 12.85원 하락했다.

　매매손익: (−)12.85원 = 10,219.09원(매입가격) − 10,206.24원(매도가격)

채권을 프리미엄부로 매입했기 때문인데 만기시점의 채권가격은 10,000원(이자 137.5원 포함 시 10,137.5원)이 된다. 이처럼 채권매매수익률(2.66%)이 표면금리(2.75%)보다 낮을 경우에는 매매수익률이 변하지 않아도 시간이 경과하면 채권가격은 하락하게 된다.

채권의 이런 현상을 **Pull to Par**라고 한다. 만기에는 원금이 된다는 뜻이다.

3년 후 채권가격

국고 02750-4412(국고14-7)

발행일	2014-12-10			
만기일	2044-12-10			
액면금액	10,000			
표면금리	2.75%	2	1.375%	
매매일	2018-07-29		2018-06-10	183
매매수익률	2.66%			

이자지급회수	일자	이자	원금	CF	PV
134	2018-12-10	137.5		137.5	136.1738
1	2019-06-10	137.5		137.5	134.3865
52	2044-12-10	137.5	10,000	10,137.5	5,050.607
					10,206.24

이자, 이자의 이자, 매매손익을 정리하여 보면 다음과 같다.

3년간 이자금액: 825원

3년간 재투자수익: 17.31원

매매손익: (-)12.85원 (= 10,219.09 - 10,206.24)

3년간 수익총액은 829.46원이고, 투자원금은 10,219.09원이므로 Total Return을 계산할 수 있다.

$$\text{Total Return(연)} = \frac{829.46}{10,219.09} \times \frac{1}{3} = \text{연 } 2.70\% \text{ (Simple Annual Yield)}$$

국고02750-4412(국고14-7)을 2.66%에 매입하여 3년 후 동일수익률로 매도할 경우 연 2.70%의 투자수익률이 실현된다.

여기에서 재투자수익을 1.5%로 가정했음에도 불구하고 투자수익률이 만기수익률인 2.66%보다 높게 나온 것에 대해 의아해하는 투자자들이 있다. 이론에서는 재투자수익률이 만기수익률과 동일할 때에만 투자수익률이 만기수익률로 실현된다고 설명하고 있다.

우리나라의 투자수익률을 계산하는 방법에 해답이 있다. 채권가격을 계산할 때는 6 개월단위로 복할인하는 반면 투자수익률은 연단위 단순수익률로 계산했기 때문이다. 할인방법과 투자수익률 계산방법의 기준이 다르기 때문에 나타나는 현상이다.

투자수익률을 단순연수익률로 계산하지 않고 연단위 기하평균수익률로 계산하면 투자수익률은 연 2.64%가 된다.

$$2.64\% = (1 + \frac{829.46}{10,219.09})^{\frac{1}{3}} - 1$$

만약 3년 후에 매입수익률보다 2% 상승한 4.66%에 매도한다면 투자수익률은 연 (-)7.25%가 된다.

3년 시점의 채권단가계산기에서 매매수익률을 4.66%로 입력하면 매매단가는 7,154.08원이 나온다. 이 경우 매매손익은 (-)3,065.01원이다.

재투자수익률을 1.5%로 가정할 경우 이자 825원과 재투자수익 17.31원은 변함없으므로 총손익(△P)는 (-)2,222.7원(= 825 + 17.31 - 3,065.01)이다.

$$(-)7.25\% = \frac{(-)2,222.7}{10,219.09} \times \frac{1}{3} \text{(Simple Annual Yield)}$$

3-3-2 Duration Convexity Approach

앞의 Total Return Approach는 이해하기는 쉬우나 많은 계산과정을 거쳐야 한다는 단점이 있다. 우리나라처럼 채권수익률로 호가(bid-ask)하는 나라는 Duration Convexity Approach를 사용하면 편리하다.

Total Return Approach에서의 사례를 Duration Convexity Approach에 적용해 보자.

국고02750-4412(국고14-7)의 투자시점은 2015.7.29일, 투자종료시점은 2018.7.29일이고 매입수익률은 2.66%이다. Duration Convexity Approach를 활용해서 투자종료시점의 매매수익률이 3.66%, 3.16%, 2.16%, 1.66%일 경우의 투자수익률을 계산하면 다음과 같다.

Duration Convexity Approach에서는 채권투자수익률(연)을 이자수익과 자본손익으로 나누어서 계산한다. 이자수익은 매입수익률을 사용하고, 자본손익은 듀레이션과 Convexity를 활용하여 계산한다.

[Duration Convexity Approach]

채권투자수익률 = ① 이자수익 + ② 자본손익

이자수익 = 투자시점의 매입수익률(매매수익률, YTM, YTP, YTC)

자본손익 = $(-)$ × 매도시점의 듀레이션 × (매도수익률 − 매입수익률)[1] + $\dfrac{1}{2}$ × 매도시점의 Convexity × (매도수익률 − 매입수익률)[2]

앞에서 투자시점의 듀레이션과 Convexity는 계산해보았다. Duration Convexity Approach를 사용하기 위해서는 **투자종료시점**의 듀레이션과 Convexity를 계산해야 한다. 실제로 채권을 매도하는 시점(투자종료시점)의 채권가격 변동위험을 측정해야 하기 때문이다.

투자시점에 만들어 둔 엑셀파일을 사용해서 투자종료시점의 듀레이션을 쉽게 계산할 수 있다. 투자기간이 3년이므로 채권만기인 2044.12.10일부터 6개의 Cash Flow를 삭제하고 만기원금이 2041.12.10일 상환되는 것으로 처리하면 투자종료시점의 듀레이션과 Convexity가 자동으로 계산된다.

국고02750-4412(국고14-7)

발행일	2014-12-10		
만기일	2044-12-10		
액면금액	10,000		
표면금리	2.75%	2	1.375%

매매일	2015-07-29		2015-06-10	183
매매수익률	2.66%			

이자지급회수	일자	이자	원금	CF	PV
134	2015–12–10	137.5		137.5	136.1738
1	2016–06–10	137.5		137.5	134.3865
52	2041–12–10	137.5	10,000	10,137.5	5,050.607
53	2042–06–10			0	0
54	2042–12–10			0	0
55	2043–06–10			0	0
56	2043–12–10			0	0
57	2044–06–10			0	0
58	2044–12–10			0	0
					10,206.24

Macaulay D	18.93	시간가중합계 / 채권가격합계 / 2
Modified D	18.68	Macaulay D / (1 + 매매수익률 / 2)
Convexity	437.98	2차미분합계 / 채권가격합계 / 4

2015.7.29일 기준 수정듀레이션과 Convexity는 20.09과 515.88이었는데, 3년이 경과하니까 18.68과 437.98로 줄어들었다.

이제 Duration Convexity Approach를 사용해서 연투자수익률을 계산해보자. 금리민감도분석표를 만들면 투자종료시점의 금리상황별 투자수익률을 일목요연하게 파악할 수 있다.

금리민감도분석표

금리가정	매도수익률	이자수익	자본손익	연수익률
1.0% 상승	3.66%			
0.5% 상승	3.16%			
변함 없음	2.66%			
0.5% 하락	2.16%			
1.0% 하락	1.66%			

위의 표에서 이자수익은 매입수익률인 2.66%를 입력하면 된다. 엑셀에서는 매매수익률을 연결시켜두는 것이 좋다. 매매수익률은 수시로 변하기 때문에 바뀐 매매수익률을 입력하면 금리민감도분석표가 자동으로 Update되도록 하려는 것이다.

자본손익까지 계산해서 금리민감도분석표를 완성하면 다음과 같다.

금리민감도분석표

금리가정	매도수익률	이자수익	자본손익	연수익률
1.0% 상승	3.66%	2.66%	−5.50%	−2.84%
0.5% 상승	3.16%	2.66%	−2.93%	−0.27%
변함 없음	2.66%	2.66%	0.00%	2.66%
0.5% 하락	2.16%	2.66%	3.30%	5.96%
1.0% 하락	1.66%	2.66%	6.96%	9.62%

국고02750-4412(국고14-7)을 2018.7.29일 3.66%의 수익률로 매도할 경우의 자본손익은 다음과 같이 계산되었다.

$$-5.50\% = \{(-) \times 18.68 \times (3.66\% - 2.66\%)^1 + \frac{1}{2} \times 437.98 \times (3.66\% - 2.66\%)^2\} \times \frac{1}{3}$$

3으로 나눈 것은 3년간 발생한 자본손실을 연율화(단순연율화)하기 위해서다.

국고02750-4412(국고14-7)을 2015.7.29일에 2.66% 수익률로 매입하여 3년 후인 2018.7.29일에 2.66%의 수익률로 매도할 경우 Total Return Approach와 Duration Convexity Approach의 투자수익률을 비교해보자.

Total Return Approach: 연 2.70%(단순연수익률), 2.64%(기하평균수익률)
Duration Convexity Approach: 연 2.66%

두 방법의 투자수익률 차이가 크지 않다는 것을 알 수 있다.

채권수익률이 2% 상승해서 4.66%로 매도한다면 Total Return Approach에서는 연 7.25%(단순연수익률)의 손실이 발생한다.

Duration Convexity Approach에서는 연 6.87%의 손실이 나는 것으로 계산된다.

금리민감도분석표

금리가정	매도수익률	이자수익	자본손익	연수익률
2.0% 상승	4.66%	2.66%	−9.53%	−6.87%

이는 이표채의 재투자수익 차이 때문이다. 이표채의 경우에 투자기간이 길면 길수록 투자수익에서 재투자수익의 비중이 커진다.

Total Return Approach에서는 재투자수익률을 연 1.5%로 가정했고, Duration Convexity Approach에서는 재투자를 포함한 이자수익을 연 2.66%로 가정했기 때문에 후자의 투자수익률이 높게(손실이 적게) 계산되는 것이다.

채권수익률이 상승하는 국면에서는 재투자수익률도 상승할 것이기 때문에 연 1.5%의 수익률을 가정하는 것은 지나치게 보수적이다. 30년물 채권수익률이 2.66%에서 4.66%까지 상승하면 단기금리도 2% 이상에서 형성된다고 가정하는 것이 더 합리적이다.

Duration Convexity Approach는 금리변동 시나리오별 투자수익률을 일목요연하게 계산할 수 있다는 장점이 있다. 앞에서 사례로 사용한 국고02750-4412(국고14-7)의 경우 금리민감도분석 엑셀파일을 만든 후에 채권만기까지 사용 가능하다. 매6개월마다 채권가격계산식만 수정해주면 된다.

3-4 Strips

이표채를 원금과 이자채권으로 분리한 것을 스트립채권(Strip)이라고 한다. 우리나라의 경우에는 이표채인 국고채, 통안증권, 예보채를 이자채권과 원금채권으로 분리할 수 있다.

국고02750-4412(국고14-7)를 이자채권과 원금채권으로 분리(Strip)하면 다음과 같다.

원금 – 이자 분리 전

일자	이자	원금	CF
2015–12–10	137.5		137.5
2016–06–10	137.5		137.5
2044–06–10	137.5		137.5
2044–12–10	137.5	10,000	10,137.5

원금과 이자로 분리 후

일자	원금
2015–12–10	137.5
2016–06–10	137.5
2044–06–10	137.5
2044–12–10	137.5
2044–12–10	10,000

분리 전의 이표채에서는 이자와 원금이지만 분리 후에는 모두 원금채권이 된다.

Strip은 주로 차익거래 목적으로 활용된다. 2015.7.29일 국고02750-4412(국고14-7)를 2.66% 수익률로 매입하면 10,219.09원이다. 당일에 동 채권으로부터 분리된 Strip채권(이자채권과 원금채권)의 매매가격 합계가 10,250원이라고 하자.

이표채를 매입해서 한국예탁원의 Safe+에서 원금채권과 이자채권으로 분리한 후 매도하면 액면금액 10,000원당 30.91원의 차익이 발생한다.

30.91 = 10,250원 − 10,219.09원

우리나라의 경우 채권가격 계산 방법차이 때문에 차익거래 기회가 발생한다. 앞에서 설명한 것처럼 국고02750-4412(국고14-7) 채권이 이표채인 상태에서는 모든 현금흐름을 6개월단위로 복할인한다.

하지만 원금채권과 이자채권으로 분리한 후에는 할인채가 되므로 연단위로 복할인한다. 2044.12.10일 상환 받는 원금 10,000원을 2.66% 금리로 6개월단위 복할인할 경우와 연단위 복할인할 경우의 가격은 다음과 같다.

이표채 원금(10,000)의 가격

일자	이자	이표채원금	CF	PV
2044-12-10		10,000	10,000	4,602.401

Strip 원금(원금채권)의 가격

일자	Strip원금	PV
2044-12-10	10,000	4,625.332

2044.12.10일에 상환되는 10,000원은 동일한데 6개월 단위로 복할인한 가격은 4,602.401원인데 반해, 연단위로 복할인한 가격은 4,625.332원으로 가격차이는 22.931원이다.

만약 이표채인 국고02750-4412(국고14-7)를 2.66% 수익률로 매입해서 이자채권과 원금채권으로 분리한 후 모든 현금흐름(이자채권 + 원금채권)을 2.66%에 매도할 수 있다고 가정하면, 만기일에 지급받는 원금채권에서만 22.931원의 무위험차익이 발생된다. 액면금액 100억원의 경우 만기 원금에서만 22,931,000원의 차익을 올릴 수 있다.

분리된 이자채권과 원금채권을 모두 모아서 원래의 이표채로 결합할 수도 있다. 이를 Reconstitution이라고 한다. 분리된 이자채권과 원금채권의 매매가격을 합한 금액이 이표채의 매매가격보다 낮다면 Strip채권을 매입하여 이표채로 만들어 매도하면 무위험차익을 올릴 수 있다.

BOND INVESTMENT NOTE ▶ ▶

BOND INVESTMENT NOTE
BOND INVESTMENT NOTE

채권투자노트

제**4**장

단기채권

채권투자노트
BOND INVESTMENT NOTE _____

제4장

단기채권

채권투자의 주요 위험은 금리상승위험, 신용위험, 유동성위험이다. 신용위험은 6장에서 다루기로 하고 금리상승위험과 유동성위험을 살펴보자.

금리상승위험은 채권의 만기 이전에 채권을 매도할 때 채권금리(채권수익률) 상승으로 **투자수익률**이 하락할 위험이다. 유동성위험은 채권을 제값(예를 들면 민평가격)에 매도하지 못할 위험이다. 채권의 유동성위험은 종목별 매수 – 매도 호가 차이로 측정한다.

투자자들이 단기채를 매입하는 가장 큰 이유는 금리변동(상승)위험과 유동성위험을 회피하려는 것이다. 채권을 매입해서 만기까지 보유함으로써 금리상승위험과 유동성위험을 제거할 수 있다.

신용평가등급이 Single A 이상인 채권의 경우 유동성위험은 크지 않다. Single A등급 이상 채권의 경우에는 신용위험도 낮다고 할 수 있다. 비교적 안전한 Single A등급 이상의 채권에 투자할 경우의 위험은 금리상승위험이다.

옵션(콜, 풋)이 없는 채권은 잔존만기에 따라서 채권수익률변동의 영향이 다르다. 잔존만기가 길면 적은 폭의 채권수익률변동에도 채권가격이 크게 변동한다. 이런 현상은 듀레이션과 Convexity를 통해서 살펴보았다.

$$\frac{\Delta P}{P} = (-) \times Duration \times \Delta y^1 + \frac{1}{2} \times Convexity \times \Delta y^2$$

일반채권(Straight Bond)의 듀레이션은 항상 0 이상이다. 위의 식에서 알 수 있듯이 듀레이션이 클수록 채권수익률변화(Δy)에 따른 채권가격 변동률은 커진다.

채권의 이런 특징 때문에 기간 Mismatch 투자의 경우에는 반드시 금리민감도분석으로 금리상승위험을 파악한 후 투자여부를 결정해야 한다.

단기채의 경우에는 어떨까? 투자기간이 1년인데 잔존만기 2년물을 매입하면 금리상승위험은 어느 정도일까? 또는 투자기간이 1년인데, 향후 채권수익률이 상승할 것으로 예상되면 만기보유전략이 무조건 유리할까? 채권투자자는 이런 의문에 해답을 찾은 후에 투자여부를 결정해야 한다.

4-1 단기채권의 금리민감도분석(Duration Approach)

장기채권의 경우 Total Return Approach와 Duration Convexity Approach를 사용해서 금리민감도분석을 할 수 있었다. 잔존만기가 1~5년인 단기채권의 경우에는 Duration Approach를 사용하는 것이 효율적이다.

Duration Approach는 해당채권의 듀레이션을 활용해서 간단하게 투자수익률을 추정하는 방법으로 Duration Convexity Approach에서 Convexity효과를 제외한 방법이다. 단기채권에는 Convexity효과가 거의 없기 때문이다.

[Duration Approach]

채권투자수익률 = 이자수익 + 자본손익

이자수익 = 투자시점의 매입수익률(매매수익률, YTM, YTP, YTC)
자본손익 = (−) × 매도시점의 듀레이션 × (매도수익률 − 매입수익률)

예를 들어 잔존만기 1, 2년의 미래에셋증권 회사채 수익률이 각각 4.0%, 4.5%라고 하자. 투자자의 투자기간이 1년이고, 향후 1년간 채권수익률이 0.5% 상승할 것으로 예상될 경우 잔존만기 1년물과 2년물 중에서 어느 채권이 유리할까? (수익률곡선은 parallel shift 가정)

여기에서 수익률곡선이 parallel shift한다는 것은 향후 채권수익률이 상승할 때 1년물과 2년물이 동일 폭으로 상승하고, 채권수익률이 하락할 때에도 동일한 폭으로 하락한다는 가정이다. 단기물의 경우에는 정책금리 영향이 가장 크고 일반적으로 수익률곡선이 수평으로 등락(parallel shift)한다.

위의 미래에셋증권 채권에 대해 수익률곡선을 그려보면 다음과 같다.

미래에셋증권 수익률곡선

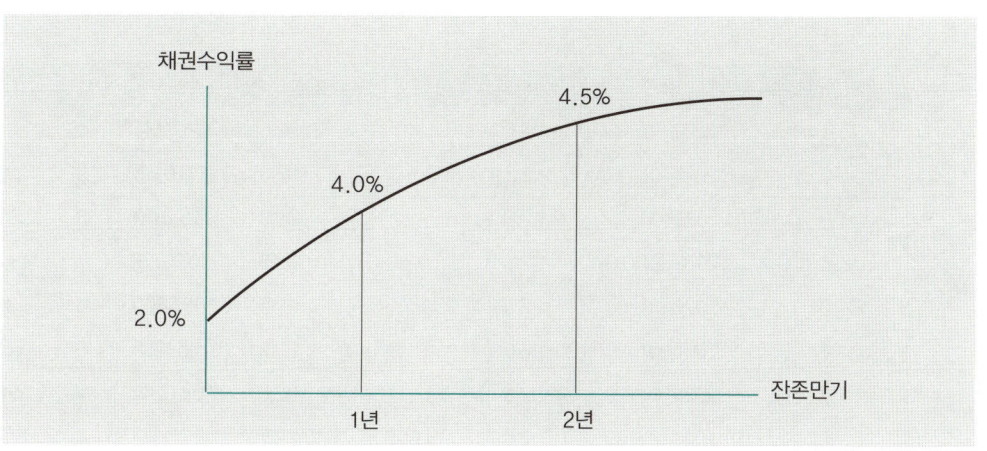

미래에셋증권 회사채수익률은 잔존만기에 따라 높아지는 우상향 수익률곡선을 나타내고 있다.

투자기간 1년으로 잔존만기 1년의 미래에셋증권 회사채에 투자할 경우의 투자수익률은 연4.0%일 것이다. 할인채의 경우에는 연4.0% 확정이고, 이표채의 경우 재투자수익이 투자수익에 영향을 미칠 것이지만 투자수익률은 4.0%수준이다.

잔존만기 2년의 미래에셋증권 회사채를 4.5% 채권수익률로 매입하고 투자종료 시점인 1년 후에 매도할 경우의 투자수익률은 얼마나 되는지 Duration Approach를 사용해서 계산해보자.

듀레이션 Approach에서는 투자기간 종료시점의 듀레이션이 필요하다. 매입시점과 매입 후 1년 시점의 듀레이션을 계산하면 다음과 같다.

미래에셋증권 2년물 매입시점의 듀레이션

발행일	2022-07-29		
만기일	2024-07-29		
액면금액	10,000		
표면금리	4.50%	4	1.125%
매매일	2022-07-29		
매매수익률	4.50%		

이자지급회수	일자	이자	원금	CF	PV	t	PV*t
1	2022-10-29	112.5		112.5	111.2485	1	111.2485
2	2023-01-29	112.5		112.5	110.0108	2	220.0217
3	2023-04-29	112.5		112.5	108.7870	3	326.3609
4	2023-07-29	112.5		112.5	107.5767	4	430.3070
5	2023-10-29	112.5		112.5	106.3800	5	531.8998
6	2024-01-29	112.5		112.5	105.1965	6	631.1790
7	2024-04-29	112.5		112.5	104.0262	7	728.1835
8	2024-07-29	112.5	10,000	10,112.5	9,246.77	8	73,974.19
					10,000		76,953.39

Macaulay D	1.92383
Modified D	1.90243

미래에셋증권 2년물의 1년 후 듀레이션

발행일	2022-07-29		
만기일	2024-07-29		
액면금액	10,000		
표면금리	4.50%	4	1.125%
매매일	2022-07-29		
매매수익률	4.50%		

이자지급회수	일자	이자	원금	CF	PV	t	PV*t
1	2022-10-29	112.5		112.5	111.2485	1	111.2485
2	2023-01-29	112.5		112.5	110.0108	2	220.0217

3	2023-04-29	112.5		112.5	108.7870	3	326.3609
4	2023-07-29	112.5	10,000	10,112.5	9,669.95	4	38,679.81
5	2023-10-29			0	0	5	0
6	2024-01-29			0	0	6	0
7	2024-04-29			0	0	7	0
8	2024-07-29			0	0	8	0
					10,000		39,337.45

Macaulay D	0.98344
Modified D	0.97250

미래에셋증권 2년물을 매입하고 1년 후 매도시점에서의 듀레이션은 0.97임을 알 수 있다. 잔존기간이 1년인데 듀레이션은 0.97로 잔존만기와 듀레이션이 크게 다르지 않다. 이 때문에 단기채권의 금리민감도분석에서는 일일이 매도시점의 듀레이션을 계산하지 않고 잔존만기를 듀레이션 대용으로 사용한다(간편법).

여기에서도 미래에셋증권 2년물의 1년 후 듀레이션을 0.97대신 1을 사용하기로 하자.

미래에셋증권 2년물을 매입해서 1년 후 매도하는 전략의 금리민감도분석표를 작성하면 다음과 같다.

단기채권의 금리민감도분석표

금리가정	매도수익률	이자수익	자본손익	연수익률
0.50% 인상	4.50%			
0.25% 인상	4.25%			
불변	4.00%			
0.25%인하	3.75%			

Duration Approach를 활용한 단기채권의 금리민감도분석표의 구성요소는 금리가정, 매도수익률, 이자수익, 자본손익, 연수익률로 장기채권에서와 동일하다. 그러나 금리가정에서 장기채권의 경우에는 해당채권의 매매수익률이 상승 또는 하락하는 것을 가정했지만 단기채권에서는 **정책금리의 조정**(인상 또는 인하)을 가정한다.

단기채권은 정책금리의 영향을 가장 크게 받기 때문이다. 3개월 CD금리의 경우 정책금리를 인상하면 같은 폭으로 상승하고, 정책금리를 인하하면 같은 폭으로 하락한다. 6개월, 1년 은행채 수익률도 마찬가지이다.

잔존만기가 길어질수록 정책금리의 영향력이 줄어들고 다른 변수(장기예측변수, 수급 등)가 중요해진다.

위의 금리민감도분석표에서 정책금리가 불변일 때 매도수익률을 살펴보자. 투자자는 잔존만기 2년의 미래에셋증권 회사채를 4.50%에 매입하는데 투자기간(1년) 동안 채권수익률이 변하지 않으면 매도하는 수익률은 4.0%이다.

1년동안 채권수익률이 변하지 않았으면 매입수익률인 4.50%에 매도하는 것이 맞지 않느냐?는 의문이 들 것이다. 우리가 투자하는 채권은 매입시점에는 잔존만기가 2년 남았다. 그러나 투자기간 1년이 경과하면 채권의 만기는 1년으로 줄어든다. 정책금리가 변하지 않았기 때문에 투자기간 종료시점의 채권수익률은 1년물이 4.0%, 2년물은 4.5%로 변하지 않는다.

미래에셋증권 채권수익률은 변하지 않았지만 우리가 투자한 채권의 만기가 줄어들어 1년물 채권이 되었다. 투자종료 시점에 채권을 매도할 때는 1년물 수익률인 4.0%로 매도할 수 있게 된다. 이것이 단기채권에서 나타나는 Shoulder Effect이다.

Duration Approach를 활용해서 금리민감도분석표를 완성하면 다음과 같다.

미래에셋증권 2년물 매입, 1년 후 매도 시의 금리민감도분석표

금리가정	매도수익률	이자수익	자본손익	연수익률
0.50% 인상	4.50%	4.50%	0.00%	4.50%
0.25% 인상	4.25%	4.50%	0.25%	4.75%
불변	4.00%	4.50%	0.50%	5.00%
0.25%인하	3.75%	4.50%	0.75%	5.25%

미래에셋증권 2년물을 4.5% 수익률로 매입하여 1년 후 매도하는 경우 1년동안 정책금리가 0.5% 인상된다면 투자수익률은 연4.5%이다.

향후 금리인상을 우려해서 만기보유목적으로 1년물을 매입한 것과 투자수익률을 비

교해보자. 1년물을 만기보유목적으로 투자하는 경우에는 연 4.0%의 수익인데 반해서 2년물을 매입하고 1년 후에 매도할 경우에는 1년간 정책금리가 0.5% 인상되어도 연 4.5%의 투자수익이 가능하다.

향후 금리가 인상될 것이 예상될 때 만기보유전략이 미스매치전략보다 항상 유리한 것이 아님을 알 수 있다. 채권수익률상승의 속도와 폭에 따라 만기보유가 유리한지 미스매치가 유리한지 달라진다.

Single A등급의 회사채는 만기보유보다 미스매치가 유리할 경우가 더 많기 때문에 금리민감도분석을 한 후 투자판단을 해야 한다. 특히, 기울기가 가파른 우상향하는 수익률곡선이면 미스매치전략이 만기보유전략을 압도한다.

두산인프라코어는 2021.2.5일 현대중공업지주에 매각되었고, 2021.8.19일 최대주주가 현대제뉴인(현대중공업지주와 KDB Investment의 합작사), 사명은 현대두산인프라코어로 변경되었다.

유동성이 풍부한 BBB등급 채권의 경우에도 미스매치투자가 가능하다. 2017.8.1일 5,000억원 규모로 발행한 두산인프라코어31회 분리형BW에서 분리된 회사채(ex-warrant)를 예로 들어보자. 두산인프라코어31회는 장내거래도 활발해서 미스매치투자가 가능하다.

잔존만기 2년의 두산인프라코어31회를 매입하여 1년간 보유 후 매도할 경우의 투자수익률을 계산해보자.

두산인프라코어31회 발행 및 매매 조건

- 발행일: 2017.8.1
- 만기일: 2022.8.1
- 풋옵션일: 2020.8.1
- 표면금리(만기보장수익률): 연 2.0%(연 4.75%)
- 만기상환율(풋옵션상환율): 115.4175%(108.8107%)
- 매매일: 2018.6.15
- 매매가격(장내): 9,940원

두산인프라코어31회는 풋옵션부채권이므로 풋옵션을 행사한다고 가정하고 투자수익률을 계산하는 것이 바람직하다. 풋옵션을 행사일에 풋옵션을 행사하지 않는 것이 유리할 경우에는 풋옵션을 행사하지 않으면 된다.

두산인프라코어31회 풋옵션수익률(Yield to Put)

두산인프라코어31회　　　　　　　　　　　　　　　　　　　　　　　BBB

발행일	2017-08-01	Put Schedule	
만기일	2022-08-01	2020-08-01	108.8107%
액면금액	10,000		
표면금리	2.00%	4	0.50%
매매일	2018-06-15	2018-05-01	92
매매수익률	6.18%	YTP	

이자지급회수	일자	이자	원금	CF	PV
47	2018-08-01	50		50	49.60847
1	2018-11-01	50		50	48.85372
2	2019-02-01	50		50	48.11046
...	...	...		...	...
7	2020-05-01	50		50	44.56036
8	2020-08-01	50	10,881.07	10,931.07	9,593.634
					9,970
					9,940 + 30

두산인프라코어의 수익률곡선

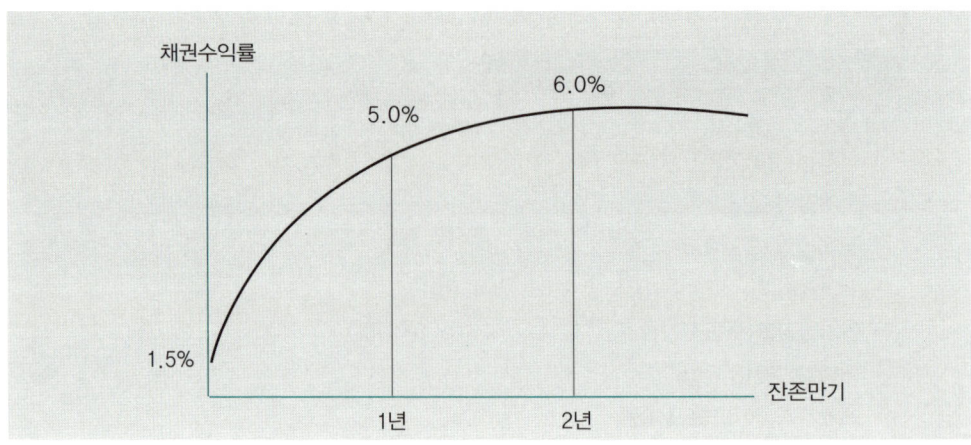

잔존만기 2년의 두산인프라코어31회 매매수익률은 6.18%, 잔존만기 1년의 두산인프라코어 회사채수익률은 5.0%로 두산인프라코어 수익률곡선의 기울기가 매우 가파르다(Steep Yield Curve). 매도시점의 매매수수료를 감안하면 1년 동안 채권수익률이 변하지 않는다면 두산인프라코어31회를 6.0%에 매입하고, 1년 후에 5.0%에 매도할 수 있다. 다음과 같이 금리민감도분석표를 작성할 수 있다.

금리민감도분석표

금리가정	매도수익률	이자수익	자본손익	연수익률
0.50% 인상	5.50%	6.00%	0.50%	6.50%
0.25% 인상	5.25%	6.00%	0.75%	6.75%
금리불변	5.00%	6.00%	1.00%	7.00%
0.25%인하	4.75%	6.00%	1.25%	7.25%

이자수익 = 매입수익률(6.18% → 매도시점 수수료 감안 6.00%)

자본손익 = (− 1) × 1(1년 후의 듀레이션, 간편법으로 잔존만기 사용) × (매도수익률 − 매입수익률)

4-2   Swap Fund

채권의 단기영역은 우상향 수익률곡선이 일반적이다. 우리나라 채권시장에서 수익률곡선 기울기가 가장 크게 나타났던 2002년 3월의 경우 정책금리는 5.0%, 잔존만기 1, 2년의 통안증권 수익률이 각각 5.5%, 6.7%이었다. 잔존만기 1, 2년의 기간스프레드가 120bps로 채권투자자라면 누구나 미스매치전략을 사용하고 싶을 것이다.

당시 1, 2년 기간스프레드가 크게 벌어진 것은 향후 경기회복세가 강하게 나타난다는 기대감 때문이었다. 경기가 회복되면 채권수익률이 상승한다는 논리에 영향을 받은 장기물 기피현상이 1, 2년 기간스프레드를 확대시킨 것이었다.

향후 경기가 회복되어 채권수익률이 상승할 것이라는 예상이 시장에 팽배했었고, 이에 대비한 상품으로 스왑펀드가 출시되어 인기를 끌었다.

스왑펀드는 2년물 통화안정증권을 매입하고 이자율스왑의 고정금리 매도계약을 체결함으로써 펀드의 포지션을 3개월물 CD로 만드는 전략을 사용했다.

[2002년 Swap Fund 운용전략]

   2년물 통화안정증권 매입 + IRS 2년물 고정금리지급 = +3개월 CD

당시 2년물 통화안정증권 수익률은 6.70%, IRS 2년물 호가는 6.40~6.50%, 3개월 CD 금리는 5.5% 수준이었다.

스왑펀드의 수익률은 다음과 같다.

   +6.70% + (-6.50% + 3M CD금리) = 3M CD금리 + 0.20%

스왑펀드의 경우 향후 금리(정책금리 또는 3개월물 CD금리)가 상승하면 수익이 증가하는 구조이다. 3개월 CD금리가 5.5% 수준에서 유지된다면 보수차감 전 연 5.7%의 수익을 기대할 수 있다.

향후 경기회복에 따라 정책금리가 인상된다고 가정할 경우, 투자기간 1년의 투자자는 통화안정증권 1년물을 ① **만기보유목적**으로 투자할 수 있고, 스왑펀드처럼 이자율스왑을 이용해서 ② 3개월물 CD에 투자하는 전략도 가능하다. 물론 통화안정증권 2년물을 매입해서 1년 후에 매도하는 ③ **미스매치전략**도 있다.

이들 세 가지 전략 중에서 어떤 것이 가장 유망할까?

만기 1년의 통화안정증권을 매입해서 만기까지 보유하는 전략은 연 5.5%로 투자수익을 확정시킬 수 있다. 스왑펀드처럼 3개월물 CD금리로 바꾸면 향후 CD금리가 상승하면 만기보유전략보다 유리하고, CD금리가 하락하면 만기보유전략보다 불리하다.

우리는 향후 정책금리인상을 가정했으므로 스왑펀드전략이 만기보유전략보다 유리하다고 판단할 수 있다. 그렇다면 ② 스왑펀드전략과 ③ 미스매치전략(2년물을 매입해서 1년 후 매도하는 전략) 중에서 어느 것이 유리할까? 이는 향후 1년간 정책금리인상폭에 달려있다.

Duration Approach를 사용해서 미스매치전략의 금리민감도분석표를 작성해보면 다음과 같다.

금리가정	매도수익률	이자수익	자본손익	연수익률
1.00% 인상	6.50%	6.70%	0.20%	6.90%
0.75% 인상	6.25%	6.70%	0.45%	7.15%
0.50% 인상	6.00%	6.70%	0.70%	7.40%
0.25% 인상	5.75%	6.70%	0.95%	7.65%
불변	5.50%	6.70%	1.20%	7.90%
0.25%인하	5.25%	6.70%	1.45%	8.15%

정책금리가 1년동안 1% 인상된다고 가정할 때 미스매치전략의 투자수익률은 연 6.90%이다. 정책금리 인상만큼 3개월물 CD금리도 1.0% 상승할 것이므로 스왑펀드는 약 0.5%의 수익증가를 추정할 수 있다.

[정책금리 1% 인상 시 스왑펀드의 투자수익률 추정]

3M CD금리(5.5%) + 0.2% + 0.5% = 6.20%

정책금리가 1년 중 일정한 수준으로 인상될 경우, 연간 1% 인상은 연평균 0.5% 영향을 미친다.

1년 동안 정책금리가 1% 인상된다는 가정은 정상적이지 않지만 그렇게 인상된다고 하더라도 스왑펀드에서는 연 6.2%의 수익이 기대된다. 이는 통화안정증권 미스매치전략의 6.9%에 한참 모자라는 (투자)수익률이다.

4-3 Shoulder Effect와 내재이자율

Single A등급 이상의 단기채권 투자전략은 Shoulder Effect를 이용하는 투자전략이라고 해도 과언이 아니다. 위의 잔존만기 1, 2년 미래에셋증권 회사채를 사용해서 Shoulder Effect를 정리해보자.

Shoulder Effect는 단기채권의 수익률곡선에서 만기가 줄어들면서 채권 매매금리(수익률)가 급격하게 떨어지는 현상이다. 수익률곡선의 단기영역이 어깨 아래 모양과 같다고 해서 붙여진 이름이다.

Shoulder Effect를 숫자로 나타낸 것이 내재이자율(Implied Forward Rate)이다.

매매수익률이 4.0%, 4.5%인 잔존만기 1, 2년의 미래에셋증권 회사채를 이용해서 계산한, 1년 후 1년만기의 내재이자율은 5.0%이다

$$5.0\% = 4.5\% + 4.5\% - 4.0\%$$

내재이자율 5.0%는 미래에셋증권 수익률곡선의 기울기를 의미한다. 잔존만기 1, 2년의 미래에셋증권 회사채 중에서 1년물을 매입해서 만기까지 보유하면 연4.0%의 투자수익을 실현할 수 있다.

잔존만기 2년물을 4.5%금리로 매입해서 1년 후에 매도할 때, 매도시점인 1년 후에 미래에셋증권 회사채 수익률이 얼마이면 만기보유목적으로 투자한 경우와 같은 지 계산해보자.

Duration Approach에서, 채권투자수익률 = 이자수익 + 자본손익이다. 채권투자수익률이 4.0%(1년물 만기보유 시)가 되어야 하고, 이자수익은 4.5%(2년물 매입수익률)이기 때문에 자본손익은 -0.5%가 되어야 한다.

자본손익은 (−1) × 매도시점 듀레이션(1) × (매도수익률 − 매입수익률)인데, 매입수익률이 4.5%이므로 다음의 등식이 성립해야 한다.

$$(-)0.5\% = (-) \times 1 \times (\text{매도수익률} - 4.5\%)$$

위의 식에서 매도수익률은 5.0%이다. 즉, 매도수익률이 5.0%일 경우 투자수익률이 연 4.0%가 된다는 것이다.

요약하면 1년후 1년만기 미래에셋증권 회사채의 내재이자율 5.0%에는 향후 1년 동안 1년만기 미래에셋증권 회사채 수익률이 현재의 4.0%에서 5.0%로 상승할 것이라는 것이 내재되어(Implied) 있다. 앞의 내재이자율에는 1년만기 미래에셋증권 회사채가 가파르게 상승한다는 것을 내포하고 있는 것이다.

잔존만기 1, 2년의 미래에셋증권 수익률곡선의 기울기를 내재이자율로 설명하면 1년 동안 미래에셋증권 1년물 수익률이 1.0% 상승(4.0%에서 5.0%로)한다는 것이다.

미래에셋증권 1년 후 1년물 수익률($_1f_1$)이 5.0%라고 해서 1년 후에 1년물 수익률이 반드시 5%가 되는 것은 아니다. 내재이자율은 단순히 현재 채권시장의 기대를 반영하는 수익률이다. 그래서 내재이자율을 Hedgeable Rate라고 하다.

투자기간이 2년인 투자자가 1년물을 4%에 매입하는 대신, 2년물을 4.5%에 매입하면, 1년물을 4%에 매입하고 1년 후에 1년물을 5%에 매입하는 것과 동일하다.

2년간 투자할 투자자는 1년 후에 채권수익률이 하락할 것으로 판단된다면 2년물을 매입함으로써 1년 후의 1년물에 대한 투자수익률을 5%(내재이자율)로 확정시킬 수 있다.

1년 후 실제로 채권수익률이 하락한다면 2년물을 매입함으로써 1년 후 1년물을 5%에 매입(Hedge)한 효과가 있다.

BOND INVESTMENT NOTE

채권투자노트

제**5**장

물가연동국고채의 가치평가

채권투자노트

BOND INVESTMENT NOTE _____

제5장
물가연동국고채의 가치평가

물가연동국고채는 소비자물가에 연동되어 원금이 증가하는 채권이다. 일반채권(SB, straight bond)의 경우 향후 지급하는 이자금액이 고정되어 있어서 물가가 크게 상승할 경우에는 명목금리에서 물가상승률을 차감한 실질수익률이 마이너스가 될 수도 있다.

물가연동국고채의 표면금리를 실질금리(real rate)라고 한다. 물가상승분은 원금에 반영되었고, 증가된 원금에 표면금리를 곱해서 이자를 계산하기 때문이다.

> 명목금리(nominal rate) = 물가상승률(inflation) + 실질금리(real rate)
> 물가채 투자수익 = 물가상승(원금증가) + 표면이자(실질이자)

또는, 실질금리를 다음과 같이 표시할 수 있다.

> 실질금리 = 명목금리 − 물가상승률

옵션이 없는 일반채권의 표면금리는 명목금리(발행 시에 확정)이다. 위의 식에서 명목금리가 고정되어 있다면 물가가 상승하면 할수록 실질금리가 하락한다.

물가연동국고채의 표면금리는 실질금리(발행 시에 확정)이기 때문에 물가가 상승하면 명목금리가 상승해서 실질금리가 보장된다(물가가 상승한 만큼 원금이 증가).

우리나라에서 발행되는 물가연동국고채는 10년만기 6개월이표채이다. 2022.8월말 현재 6종목의 물가연동국고채가 있고, 그 중에서 물가01125-3006(물가20-5)의 거래가 가장 활발하다. 그러나, 물가22-6(on the run issue)이 신규로 발행되어서 이후에는 이 종목 중심으로 매매가 이루어지게 된다.

2022년8월 현재 발행잔액이 있는 물가연동국고채

- 물가01125-2306(물가13-4) (634,312백만원)
- 물가01750-2506(물가15-5) (659,030백만원)
- 물가01000-2606(물가16-5) (1,683,020백만원)
- 물가01750-2806(물가18-5) (1,582,040백만원)
- 물가01125-3006(물가20-5) (2,307,090백만원)
- 물가01625-3206(물가22-6) (246,030백만원) *on-the-run issue

(출처: 한국예탁결제원 증권정보포털, http://seibro.or.kr)

물가연동국고채의 경우 소비자물가 등락에 따라 원금이 증가 또는 감소하는데 만기시점의 원금은 10,000원 이하로 하락하지 않는다. 물가가 하락하더라도 정부가 액면가액을 보장해주는 것이다. 2015년 이전에 발행된 물가연동국고채의 경우에는 원금 증가분이 과세대상소득에서 제외되어 절세효과가 있다. 대신 물가가 하락해도 만기에 원금을 보장해주지 않는다. (물가13-4의 발행일이 2013.6.10일이다)

물가01125-3006(물가20-5)의 경우 2020.6.10일에 발행하였고 2030.6.10일에 만기상환한다. 발행시점의 소비자물가지수(CPI, Consumer Price Index)를 1로 하여 매6개월마다 물가상승분을 액면금액에 더하기 때문에 물가가 상승하면 원금이 증가한다.

물가연동국채의 원금증가분을 계산할 때 사용하는 소비자물가지수는 계산시점을 기준으로 3개월 전의 물가지수(Index)를 사용한다. 따라서 물가연동국고채의 원금 증감은 소비자물가 증감을 3개월 후행하는 것이다.

소비자물가 증감은 물가연동계수(Index Ratio)로 표시하는데 발행일의 물가연동계수는 1이다. 물가01125-3006(물가20-5)의 물가연동계수가 1.07679이면, 발행일 이후 소비자물가가 7.679% 상승했다는 것이다.

또한 물가연동국고채의 원금이 발행일의 10,000원에서 10,767.9원이 되었다는 것을 의미한다.

물가연동국고채의 이자는 매 이자계산시점의 물가연동계수를 반영한 원금에 표면금리를 곱해서 계산한다. 물가01125-3006(물가20-5)의 물가연동계수가 1.07679라고 하면 원금은 10,767.9원이 되고 표면금리가 1.125%이므로 지급받는 1회 이자금액은 60.6997원이 된다. (액면금액 10,000원당 지급받는 6개월분 이자)

$$60.6997 = 10,767.9 \times \frac{0.01125}{2}$$

물가연동국고채는 일종의 FRN(Floating Rate Note)이므로 채권가격 계산방법과 저평가 / 고평가를 판단하는 방법이 일반채권과 다르다.

5-1 　 물가연동국고채의 결제가격 계산방법

향후 소비자물가 증감에 따라 원금이 증가 또는 감소(액면금액 10,000원까지는 보장)하고 이자금액도 변동하는 채권의 가격은 어떻게 계산하는 것이 좋을까?

3개월물 CD금리 연동 채권(변동금리부채권)의 경우에 현재의 3개월물 CD금리가 미래에도 유지된다고 가정하고 현금흐름을 생성한 후 민평금리로 할인하는 경우가 있다. 시장 참여자들 중에 상당수가 그렇게 하는 것이 맞다고 믿고 있는 것 같다.

잔존만기 10년의 3개월 CD금리 연동 변동금리부채권(FRN)을 가정해보자.

현재의 3개월 CD금리를 사용해서 10년 동안의 현금흐름을 생성하는 것이 맞을까? 이 방법이라면 오늘 하루 중에 3개월 CD금리가 0.1% 상승할 경우, 향후 10년간 현금흐름을 모두 0.1% 높게 조정해야 한다.

기본적으로 변동금리부채권의 가격은 액면가격 수준에서 형성되어야 한다. 이자지급주기마다 실세금리가 반영되기 때문이다. 신용위험이 확대되어 스프레드(quoted margin)의 확대가 요구된다면 변동금리부채권의 매매가격은 액면가격 이하에서 거래될 것이다.

변동금리부채권의 표면금리 : 기준금리(reference rate) + quoted margin

기준금리가 무위험채권(credit risk free bond)의 금리라면 quoted margin은 신용위험과 유동성위험을 반영하고 있다.

물가연동국고채는 발행일부터 만기일까지 물가가 전혀 변동하지 않는다고 가정한 현금흐름을 물가연동국고채의 매매금리(수익률)로 할인한 값에 물가연동계수를 곱하여 결제가격을 계산한다.

물가연동국고채의 결제가격 = PV(발행일부터 만기까지 물가가 변동하지 않을 경우의 원리금) × 물가연동계수

2022.8.7일 현재, 물가01125-3006(물가20-5)의 매매수익률은 1.12%이고 물가연동계수는 1.07679이다. 물가01125-3006(물가20-5)의 결제가격을 계산하면 다음과 같다.

물가01125-3006(물가20-5)

발행일	2020-06-10			
만기일	2030-06-10		물가연동계수	1.07679
액면금액	10,000			
표면금리	1.125%	2	0.5625%	
매매일	2022-08-07		2022-06-10	183
매매수익률	1.12%			

이자지급회수	일자	이자	원금	CF	PV
152	2022-12-10	56.25		56.25	56.04
1	2023-06-10	56.25		56.25	55.72
14	2029-12-10	56.25		56.25	51.82
15	2030-06-10	56.25	10,000	10,056.25	9,212.96
					10,021.50

결제가격	10,791.05

발행일부터 만기일까지 물가가 변동하지 않는다고 가정했으므로 원금은 액면금액으로 유지된다. 따라서 매6개월마다 지급되는 이자금액은 56.25원이다.

매매수익률 1.12%를 적용한 채권가격(매매가격)은 10,021.50이나 발행일 이후 물가가 7.679% 상승했으므로 계산된 채권가격(매매가격) 10,021.50에 1.07679를 곱하면 결제

가격 10,791.05원이 계산된다.

10,791.05(결제가격) = 10,021.50(매매가격)1.07679(물가연동계수)

물가연동국고채의 매매가격과 결제가격이 다르다는 점은 특이하다. 물가연동계수는 한국은행 홈페이지에서 조회할 수 있다.

5-2 물가연동국고채의 저평가 / 고평가 판단 방법

물가연동국고채의 투자성패는 향후 소비자물가가 얼마나 상승하느냐에 좌우된다고 할 수 있다. 소비자물가가 크게 상승하면 원금이 그 만큼 증가하고 이자 또한 늘어나게 된다.

물가연동국고채 매입을 고려하는 투자자는 물가연동국고채의 저평가 / 고평가를 알고 싶어한다. 물가연동국고채의 저평가 / 고평가를 판단할 때 BEI(break even inflation rate)를 사용하면 도움이 된다. BEI는 동일만기의 국고채권 매매수익률에서 물가연동국고채 매매수익률을 차감하여 계산한다.

BEI = 동일만기 국고채권 수익률(매매금리) – 물가연동국고채 수익률(매매금리)

2030년6월10일 만기 국고01375-3006(20-4)와 물가01125-3006(20-5) 중에서 저평가 채권에 투자하려고 하는 투자자를 가정해보자.

이 투자자는 물가01125-3006(물가20-5)와 국고01375-3006(국고20-4) 중에서 상대적인 저평가 종목을 매입하면 된다. 두 채권의 발행 및 매매정보는 다음과 같다.

구 분	물가01125-3006(물가20-5)	국고01375-3006(국고20-4)
발행일	2020-06-10	2020-06-10
만기일	2030-06-10	2030-06-10
액면금액	10,000	10,000
표면금리	1.125%	1.375%
매매수익률	1.120%	3.130%

위의 두 채권으로 BEI를 계산하면 2.01%이다.

2.01% = 3.13% − 1.12%

세금 등 비용을 감안하지 않는다면 물가20-5를 1.12% 수익률로 매입하고 만기까지 연간 물가상승률이 2.01%라면 국고20-4를 매입한 것과 동일한 투자수익률을 실현할 수 있다. 결국 BEI는 **향후 물가상승률(연)**이 되어야 한다.

현재의 매매수익률로 계산한 BEI는 2.01%인데 향후 물가상승률이 연2.01% 보다 높다면 어떤 채권이 유리할까?

물가20-5가 유리할 것이다. 향후 매년 물가상승률이 2.5%일 경우에 물가20-5에서는 연3.62% 수준의 투자수익률이 실현된다.

연3.62% = 연1.12% + 2.50%(매년 물가상승률)

물가연동국고채의 저평가/고평가를 판단하기 위해서는 먼저 BEI를 계산하고, BEI와 향후 물가상승예상치를 비교해서 저평가/고평가를 판단하면 논리적이고 합리적이다.

2012년 8~9월의 경우 물가11-4와 국고11-3의 매매수익률이 0.5%, 3.1%이었다. BEI 는 2.60%이고 예상물가상승률은 2.0% 이하이었다. BEI를 기준으로 평가한다면 국고 11-3이 저평가되어 있음에도 불구하고 많은 투자자들이 물가11-4를 매입했다.

3년이 경과한 2015년에 국고11-3의 수익률은 3.1%에서 2.12%로 약 1% 하락했다. 일반채권(Straight Bond)의 매매수익률이 하락했으므로 투자수익률은 매입수익률보다 높게 올라갔다. 듀레이션을 5로 가정할 경우 약 5%의 자본차익이 발생했다.

연간으로는 약 1.5%의 자본차익이 있었으므로 2012년에 국고11-3을 3.1% 수익률로 매입한 투자자는 연 4.6% 수준의 투자수익이 발생했다.

물가11-4를 매입한 투자자의 경우에 2012년에 0.50% 수익률로 매입해서 1.52%로 채권 수익률(할인율)이 상승했으므로 듀레이션 5를 가정하면 약 5%의 자본손실이 발생했다.

2012년에 물가연동국고채의 전망자료 중에서 미국의 물가연동국채(TIPS, Treasury Inflation Protection Securities) 수익률이 마이너스이므로 우리나라의 물가연동국고채 금리도 현재의 0.5% 수준에서 더 하락할 가능성이 있다는 것을 본 적이 있다.

당시 미국은 일반국채 매매수익률 1.0%, 물가연동국채(TIPS) 매매수익률 −0.5%, 소비자물가상승률 2.0% 수준이었다. BEI를 계산하면 1.5%이다.

   1.5% = 1.0% − (−0.5%)

BEI가 소비자물가상승률보다 낮기 때문에 물가연동국채를 −0.5%에 매입해도 일반국채를 매입하는 것보다 유리하다. 어떤 나라의 물가연동국채금리가 어느 수준이기 때문에 우리나라의 물가연동국고채가 저평가/고평가라는 주장은 맞지 않다.

물가연동국채의 저평가/고평가를 위해서는 ① **물가연동국고채 수익률**, 만기가 동일한 ② **국고채 수익률**, 그리고 향후 ③ **예상 물가상승률**이 필요하다.

BOND INVESTMENT NOTE

BOND INVESTMENT NOTE

채권투자노트

채권투자노트
BOND INVESTMENT NOTE _____

제6장

회사채

우리나라에서는 주식회사만 회사채를 발행할 수 있다. 회사채는 일반사채, 금융회사채, 주식관련사채로 분류한다.

일반사채는 금융기관이 아닌 주식회사가 발행한 SB(straight bond, 옵션이 없는 일반채권)를 의미한다. 일반사채는 AAA등급 삼성전자부터 부도기업의 회사채까지 신용위험이 다양하다.

금융회사채는 은행, 증권, 보험, 자산운용 등 금융기관이 발행하는 회사채이다. 금융기관은 당국의 일정한 감독을 받고 있어 일정수준의 안전성이 있다.

은행은 BIS자기자본비율, 증권사는 NCR(net capital ratio), 보험회사는 RBC(risk based capital)로 건전성을 평가받고 있으며, 당국은 주기적으로 그 내용(지표)을 발표한다.

주식관련사채는 회사채에 주식콜옵션이 부가된 채권으로 전환사채(CB), 신주인수권부사채(BW), 교환사채(EB)가 대표적이다. 상환전환우선주(RCPS, redeemable convertible preferred stock)는 전환사채와 성격이 유사하지만, 우선주이기 때문에 청구권순위에서 후순위이다.

2020.6.17일 발행된 **현대로템30회 전환사채**는 3년만기에 연3.7% 이자를 지급하고, 현대로템 주가가 9,750원 이상이면 주식으로 전환해서 차익을 얻을 수 있는 채권이다.

2020.6.12일과 15일 양일간 현대로템30회 전환사채 약1,650억원에 대한 공모청약이 있었는데, 경쟁률이 48대1로 인기가 있었다. 당시 현대로템 주가는 15,000원 수준이었기 때문에 배정만 되면 50%내외의 평가이익이 있기 때문이었다.

2020.7.3일 상장된 **한진칼3회 분리형BW**의 경우, 발행시점부터 한진칼3회 회사채와 한진칼3WR로 분리되었다. 한진칼3회 회사채는 3년만기 연3.75% 이자를 지급하는 순수 회사채인데, 풋옵션을 행사할 경우에 2년만에 연3.75% 수익을 시현할 수 있다.

공모청약한 투자자는 한진칼3회 회사채 외에 한진칼3WR을 추가로 받는데, 한진칼3WR은 상장ELW와 같은 신주인수권(주식콜옵션)이다.

한진칼3회 분리형BW를 청약해서 연3.75% 이자를 지급하는 회사채와 신주인수권인 3WR을 받은 후, 3WR을 매도해도 여전히 연3.75% 이자를 지급하는 회사채가 남아 있다.

회사채는 국공채와 달리 신용위험이 있는 채권으로, 회사채투자에서 신용위험분석이 가장 중요하다.

회사채의 신용위험은 **신용평가등급, 신용위험모형**(구조모형, 재무분석), **기업구조조정제도**의 3단계로 나누어서 분석할 수 있다.

6-1　회사채의 신용위험

국공채(국채, 지방채, 특수채)는 신용위험 없이 금리상승위험만 있고, 회사채는 금리상승위험에 추가해서 신용위험이 있다.

여기에서 신용위험이란 **부도위험** 뿐만 아니라 **신용등급이 하락**할 위험, **신용스프레드가 확대**될 위험을 포함하고 있다. 신용등급이 하락하면 채권가격이 하락하고, 신용스프레드가 확대되면 국채에 비해서 신용채권이 불리하기 때문에 신용등급하락과 신용스프레드확대도 신용위험에 포함된다.

신용위험 = 부도위험 + 신용등급하향조정위험 + 신용스프레드확대위험

회사채를 발행한 기업이 부도나면 채권가격이 상당 폭 하락하게 된다. 회사채 투자자에게는 가장 큰 위험이지만 자주 발생하지는 않는다. 해당 기업의 자산가치가 크게 하락할 경우에 부도위험이 높아지는데, 상장회사라면 매3개월마다 공시되는 재무상태표에서 파악할 수 있다.

회사가 자산가치를 고의로 부풀리는 경우를 분식회계라 한다. 이 경우에는 공시되는 장부의 숫자만으로 자산가치를 파악하기 어렵다. SK글로벌, KT E&S, 모뉴엘 등이 이 경우에 속한다. 2000년 초반부터 시행된 공시(경영공시, 공정공시) 제도로 분식회계 가능성은 상당 폭 낮아졌다.

주가와 채권가격에 영향을 미치는 중요한 정보(material information)는 즉시 공시하고, 재무제표는 매3개월마다 공시하도록 하는 것이 경영공시 제도이다.

공시할 내용을 기관투자자(애널리스트, 펀드매니저 등)에게 먼저 알려주지 못하도록 하는 것이 공정공시(fair disclosure) 제도이다.

분식회계는 아니라고 하더라도 느슨한 회계처리로 투자자들이 피해를 보는 경우도 있다. 2009년 12월 30일 워크아웃을 신청한 금호산업은 재무적투자자들(Financial Investors)과 함께 주당 26,200원에 대우건설 주식 72.19%를 인수했다(금호그룹 32.5%, 재무적투자자 39.6%, 기타 27.9%).

금호산업은 재무적투자자들에게 연 9%의 수익을 보장해주었는데, 배당을 감안하지 않을 경우 2009년 11월에 대우건설 1주당 주가가 34,000원이 되어야 손실이 발생하지 않는다. 풋옵션행사 시점의 대우건설 주가는 15,000원 수준이었다.

대우건설 인수 후 주가가 풋옵션행사가격 이하로 하락해서 손실가능성이 높아졌는데도 이를 장부에 반영하지 않고 있었다. 그 이유는 회사가 콜옵션을 보유하고 있다는 것인데, 회사가 보유한 콜옵션은 Deep OTM(out of the money)이고 재무적투자자들이 보유한 풋옵션은 Deep ITM(in the money) 이기 때문에 보수적으로 회계처리하는 경우라면 풋옵션 예상손실을 장부에 반영해야 했었다.

√ 회사의 콜옵션가치(본질가치, 1주당): Max(0, 15,000 − 31,500) = 0원
√ 재무적투자자의 풋옵션가치(본질가치, 1주당): Max(0, 31,500 − 15,000) = 20,000원
   (15,000원은 주가, 31,500원은 배당을 감안한 콜옵션행사가)

필자가 운용하던 펀드에서 금호산업 회사채 220억원을 보유하고 있었는데 '좀 더 시간을 내서 공시내용을 분석해 봤더라면 …'라는 후회를 많이 했다. 이후 펀드매니저(Fund Manager)는 영업을 위해서 뛰어다니지 말고 기업관련 자료를 읽는데 시간을

사용해야 한다는 생각을 확고히 했다.

주식투자자가 손익계산서를 중시한다면 회사채 투자자는 재무상태표(Balance Sheet) 분석에 집중해야 한다. 회사채는 부도나지 않으면 원리금을 보장받고, 회사의 이익이 급증해도 정해진 원리금만 받기 때문이다.

회사채에 투자할 때는 해당회사가 부도나도 괜찮을지 질문해봐야 한다. 그럴 경우에는 재무상태표에서 회사채의 청구권가치를 계산해야 하는데, 자산가치를 평가하는 것이 가장 중요하다.

해당회사의 자산가치를 평가하는 것은 쉬운 일이 아니다. 일반적으로는 회사에서 시가를 반영해서 작성한 재무상태표를 활용해서 자산가치를 평가하고 있다.

자산이 전부 현금으로 구성되어 있다면 재무상태표에 표시된 자산을 100% 인정해도 된다. 국채, 지방채, 특수채, A등급 이상 회사채 등의 우량채권만 보유한 증권사를 가정해보자.

이들 자산이 모두 시가평가(mark to market)되어 있기 때문에 공시된 자산가치를 인정해도 된다. Leverage비율을 체크하고, 채권수익률 변화에 따른 민감도분석으로 신용위험을 추정할 수 있다.

조선소처럼 대규모 장치산업의 경우 조선경기가 호황일 때는 조선소를 신설하는 금액만큼의 가치가 있을 것이고, 극심한 불황으로 가동이 중단될 때는 부지와 고철가격으로 평가될 것이다.

건설, 조선회사의 미청구공사는 공사를 했음에도 매출로 인식하지 못한 금액이다. 발주처와의 이견으로 공사대금을 청구하지 못했기 때문에 해당회사가 미청구공사에 대한 회수가능성을 가장 잘 알 것이다. 해당회사의 자산에서 미청구공사가 차지하는 비중이 높을수록 자산가치 변동성은 커진다.

건설회사의 PF(project financing)에 대한 지급보증도 무담보회사채 투자자의 청구권 가치를 감소시킬 수 있다. PF사업에서 결손이 발생하면 해당 건설회사가 손실을 보전해줘야 하기 때문이다. 보증채무 이행청구권은 무보증회사채의 Interest(이해, 利害)를 증가시켜 무담보회사채의 청구권가치를 감소시킨다.

매출채권 및 미래매출채권을 소구권(recourse, 遡求權)이 있는 형태로 유동화 하면 회사의 자산을 담보로 제공하는 것과 같다. 이 경우 무담보회사채의 청구권가치가 그 만큼 감소하게 된다.

2000년 초 카드회사들이 소구권 있는 자산유동화증권(신용카드 매출 및 대출채권 유동화증권) 발행으로 무담보회사채의 가치를 크게 떨어뜨린 것은 좋은 예이다. 2003년 카드사 유동성 사태 때 ABS투자자들은 담보에 추가하여 소구권까지 확보하여 큰 걱정이 없었지만 무담보 CP(또는 옵션 CP)등을 매입한 투자자들은 등에 식은 땀을 흘렸다.

당시 LG카드, 삼성카드 등의 카드사는 만기 3개월물 CP를 발행하면서 1년 또는 2년 동안 Rollover(CP만기 시 투자자가 동일한 조건으로 재매수)하는 조건으로 발행했는데, 이를 옵션 CP라고 한다.

Bio와 Tech의 개발비는 해당분야 비전문가가 판단하기 어려운 분야이다. 개발비는 신기술개발이나 신약개발을 위해서 지출한 비용을 자산으로 표시하고 있는데 이 분야의 비전문가가 해당 기술의 성공여부를 판단하는 것은 쉽지 않다.

6-2 신용평가등급

신용채권의 상환가능성(차환위험)은 신용평가등급으로 표시하고 있다.

한국신용평가(KIS)의 신용평가에 대한 정의는 "신용평가는 기업실체에 대한 Fundamental분석과 이에 기반한 미래 현금흐름 예측으로 원리금 상환능력을 판단하는 것"이다. 신용평가회사는 원리금을 적시에 상환할 수 있는지를 중요시하기 때문에 신용등급이 회사채투자자들이 주로 고려하는 청구권가치와는 다소 괴리가 있다.

미국에서는 B+등급 이하의 회사채에 대한 회수율(recovery rate) 등급이 있다. Fitch의 경우에 R1~R6로 회수율 등급을 분류하고 R1의 회수율이 가장 높다.

몇 가지 문제점에도 불구하고 신용평가등급은 회사채투자에서 가장 중요한 지표가 되어야 한다. 신용평가회사는 은행이나 증권사처럼 직접 회사채발행자와 비즈니스를 하고 있지 않아서 이해상충문제가 적다.

회사채를 발행하려는 기업이 신용평가회사를 선정하고 등급평정을 의뢰한 후 그 대가를 지급하기 때문에 신용평가회사는 을의 지위에 있다고 할 수 있다. 여기서 발생되는 이해상충 문제는 신용평가회사 자체의 철저한 윤리의식, 시장과 감독당국의 감시를 통해서 해결해야 한다.

2013년 STX, 동양그룹의 부도 이후 기업들의 신용평가등급이 하락하는 경우가 눈에 띄게 증가하기 시작했고, 2014~2015년에는 상당수 기업들의 신용등급이 떨어졌다.

회사채 신용평가등급은 회사채의 가격과 직접적으로 연결된다. 신용평가등급이 상향 조정되면 해당 채권의 채권수익률(매매수익률, 매매금리)이 하락하고 채권가격은 상승한다.
반대로 신용평가등급이 하향 조정되면 신용위험이 증가하기 때문에 채권수익률이 상승해서 채권가격이 하락한다.

신용평가등급은 투자가능 여부의 기준이 되기도 한다.
우리나라 은행과 보험사는 주로 AA- 이상 회사채에 투자한다. 은행은 BIS자기자본비율을 유지해야 하고, 보험사는 RBC(risk based capital)를 적용해서 건전성을 평가한다.

이들 기관이 자산에 회사채를 보유할 경우 신용등급으로 자산가치를 평가하는데, AA-등급은 액면금액의 80% 이상으로 평가할 수 있다. AA-등급 회사채 액면 100억원을 매입한다면 80억원의 가치로 평가할 수 있다는 의미이다.
그러나 A+등급 회사채의 경우에는 이보다 낮은 50억원에 평가해야 한다면 A+등급 회사채를 100억 매입함과 동시에 자본이 50억원 감소하게 된다.

은행과 보험회사가 AA- 이상 회사채에 주로 투자하는 것을 AA-등급벽이라고 한다. AA-등급과 A+등급은 1 notch 차이인 데도 불구하고 시장에서 형성되는 금리차이는 상당한데, 그 이유가 AA-등급벽 때문이다.

AA- 등급벽

회사채 무보증	민평수익률(3년)	Spread(1notch)
AA	4.010%	
AA-	4.057%	0.047%
A+	4.205%	0.147%

(자료: Check, 2022.8.8일 민평수익률)

연기금은 자체규정(Guide-line)으로 A- 이상 회사채에 투자할 수 있도록 하고 있다. 연기금 자금을 아웃소싱 받아 운용하는 자산운용사의 최저투자등급도 A-인 경우가 대부분이다. 이 때문에 A-등급과 BBB+등급 회사채의 수익률차이가 크게 난다. 이를 A- 등급벽이라고 한다.

A- 등급벽

회사채 무보증	민평수익률(3년)	Spread(1notch)
A	4.487%	
A-	4.928%	0.441%
BBB+	7.490%	2.562%

(자료: Check, 2022.8.8일 민평수익률)

A-와 BBB+는 한 notch 차이인 데도 채권수익률 차이는 무려 2.562%이다.

AA-와 A- 등급벽을 넘지 못한 기업들은 회사채발행으로 자금을 조달하기 어려운 상황이다. 이것이 회사채시장의 양극화인데 2014에 BBB+등급 이하 채권에 투자하면 분리과세혜택과 공모주가 우선배정되는 하이일드펀드 제도가 도입되었다. 세법 개정으로 분리과세혜택은 없어졌지만 공모주 우선배정 때문에 하이일드펀드의 인기는 여전하다.

하이일드펀드는 공사모펀드, 투자일임, 랩, 신탁의 형태로 설정이 가능하다. 하이일드펀드의 또다른 장점은 회사채 수요예측에 참여할 수 있다는 점이다.

공모로 회사채를 발행할 때는 수요예측(book building)을 통해서 물량을 배분한다. 회사채 수요예측은 투자기관(자산운용회사, 증권회사, 투자일임회사)이 참여하여 발행수익률과 발행수량을 결정하는 것이다.

하이일드펀드(공모, 사모), 하이일드투자일임, 하이일드랩, 하이일드신탁 등의 상품 (vehicle)을 이용하면 개인 및 일반법인도 회사채 수요예측에 참여할 수 있다.

회사채 수요예측에서는 발행가액(원가)에 회사채를 매입할 수 있기 때문에, 기존 증권 회사에서 리테일(retail)로 회사채를 매입할 때보다 유리하다고 할 수 있다.

회사채투자자는 신용평가등급을 가장 중요한 판단기준으로 하되 전적으로 신용평가 회사에만 의존해서는 안된다. 투자자가 보는 관점은 부도 등을 포함한 상환가능성이 어느 정도일까? 인데, 신용평가사는 채권만기 시에 상환자금을 조달(또는 차환발행) 할 능력에 초점을 맞추고 있기 때문이다. 따라서, 신용채권의 안전성을 분석하려고 하 는 경우에는 신용평가등급에 전적으로 의존해서는 안 된다.

▶ 디비메탈13회와 두산292-2회 사례

2015.3.6일 디비메탈(구 동부메탈)이 채권은행 등의 관리절차(워크아웃)에 들어갔다.

당시 디비메탈의 회사채는 10-2회, 11회, 14회, **13회(담보채)**, 15회(담보채)이었고, 채 권자관리 직전의 신용등급은 무담보채 B-(부정적검토), 담보채 B(부정적검토)이었다. 담보채와 무담보채의 신용평가등급은 1 notch차이 이다.

채권자관리로 무담보 회사채인 10-2회, 11회, 14회는 표면금리인하, 만기연장(최대 2026년까지) 등의 채무재조정이 있었으나, B(부정적검토)를 받은 담보채(13회, 15회) 는 만기일에 원리금을 정상적으로 상환 받았다.

신용평가등급 B(부정적검토) 회사채가 채권자관리(work-out)에도 불구하고 원리금 을 정상적으로 상환 받았다는 것은 이해하기 어려울 것이다.

두산292-2회의 경우 동대문 두타몰을 담보로 발행된 담보부 회사채이다. 2020년 초 두산그룹의 구조조정이 발표되고, 신용등급도 BBB+(부정적)으로 하락한 가운데, 두 타몰 매각이 진행되면서 발행회사인 두산에서 1.33%의 프리미엄을 지급하고 조기상 환 했다. (2020.7.8일 사채권자집회에서 조기상환(call) 결의)

신용등급만으로 판단하면, BBB+(부정적)인 회사채를 프리미엄까지 지불하고 조기 상환한다는 것을 이해하기 힘들다.

담보채의 신용등급은 동일 발행회사의 무담보채보다 1 notch 높게 결정되는 것이 global practice이다. 미국의 경우, 부도이후 회생절차(reorganization process)에 들어갈 경우 담보에 대한 권리를 100% 인정(absolute priority rule)해주지 않는 것이 일반적이다. 따라서 담보채권의 신용평가등급이 무담보채권의 등급보다 1 notch 높게 결정되는 것은 이해할 만하다.

그러나, 우리나라의 회생절차에서는 담보에 대해 완전한 권리(absolute priority)를 인정하고 있기 때문에 담보채권의 신용평가등급을 무담보채권의 등급보다 1notch 높게 평가한다면 담보채권이 상대적으로 저평가된다고 할 수 있다.

디비메탈 13회, 15회와 두산292-2회의 사례에서 보듯이 신용등급이 채권회수율을 설명해주지 못하는 경우가 있다. 신용평가등급이 회수율을 설명하고 있지 않은 점도 있지만, 회사채 투자자에게는 신용등급 외에 다른 요인(재무적, 법률적)을 고려해야 한다는 것을 알려주는 좋은 사례이다.

하이트진로 회사채 사례

2019.6.13일 한기평에서 하이트진로 회사채의 등급전망을 A-(안정적)에서 A-(부정적)으로 하향 조정했다. 2019.5.15일 공시된 2019년 1분기 재무제표에서 매출액이 감소했고, 영업손실과 당기손실이 발생해서 등급전망 조정은 정당한 것처럼 판단되었다.

2019.7.4일에 일본은 반도체 핵심부품의 대한(對韓) 수출을 제한한다고 발표했다. 국내에서는 일본제품 불매운동으로 일본의 아사이맥주 매출이 급감하고, 하이트진로의 테라맥주, 소주 판매가 크게 증가했다. 2019.9월에는 8월 매출액과 영업이익이 큰 폭으로 증가했다는 기사가 나왔다.

2019.11.14일 3분기 실적공시에서, 분기기준 **영업이익** 46,419백만원, **당기순이익** 23,362백만원을 발표했다. 애국마케팅이 실적으로 증명된 것이다. 2020.3.12일 4분기 실적공시에서는 **분기매출** 최초로 5,000억원을 달성했다. 그럼에도 하이트진로의 회사채등급에는 변화가 없었다.

2020.5.15일 공시된 2020년 1분기 실적공시에서 분기 영업이익이 51,076백만원으로 500억원을 달성했다.

한기평은 2020.5.29일 하이트진로의 등급전망을 A-(부정적)에서 A-(안정적)으로 조정했다.

매분기마다 공시되는 재무제표를 읽은 투자자라면 신용평가회사보다 먼저 등급전망이 상향 조정될 것을 알 수 있었을 것이다. 이처럼 신용등급은 공시되는 정보를 잘 활용하는 투자자보다 늦은 경우가 있다. 이를 "신용평가등급의 후행성"이라고 한다.

하이트진로 영업실적(백만원, 별도기준)

분기별	Q1 2019	Q2 2019	Q3 2019	Q4 2019	Q1 2020
공시일	2019.5.15	2019.8.14	2019.11.14	2020.3.12	2020.5.15
매출액	378,773	471,409	476,018	503,946	487,224
영업손익	−5,509	7,995	46,419	31,389	51,076
당기손익	−13,682	−31,417	23,362	−18,953	28,754

(금감원 전자공시)

등급하락 Trigger조건 회사채 사례

애큐온캐피탈(구, KT캐피탈, A등급)은 2016.4월부터 수 차례 A- 이하로 신용등급이 하락할 경우 투자자가 풋옵션을 행사할 수 있는 채권을 발행했다. 대주주가 KT에서 외국계PEF로 변경되면서 회사채 투자자의 안전성을 제고할 목적으로 등급하락 Trigger를 추가한 것으로 판단된다.

하지만, 등급하락 Trigger는 회사에 대한 신용위험 변동성을 증가시키고, 결국은 옵션이 부가된 해당 회사채투자자에게도 도움이 되지 못한다.

예를 들어, 회사채의 절반이 등급하락 시 조기상환조건으로 발행되었다고 하자. 신용등급이 A(당시 애큐온캐피탈 등급)에서 한단계(1notch) 하락하여 A-가 되면, 전체 회사채의 50%가 한꺼번에 만기 도래한다. 등급이 하락했기 때문에 차환발행 여건은 더 나빠졌을 것이다. 이럴 때 기존 회사채의 절반을 상환할 기업이 있을까?

계속해서 이런 조건으로 회사채를 발행한다면 결국은 모든 회사채가 등급하락 시 조기상환해야 하고, 등급이 하락하는 순간 부도위기에 처하게 될 것이다.

신용등급이 한 단계 하락하는 것은 얼마든지 가능하다. 신용등급이 하락한다고 해서 부도나는 기업은 거의 없다. 그러나, 등급하락 시 조기상환 조건부로 회사채를 발행하는 경우에는 등급이 하락하면 부도위험이 큰 폭으로 상승한다.

애큐온캐피탈 회사채 투자자에게 이런 위험을 알려주었고, 한기평의 김경무 연구위원이 "등급하락 조건 풋옵션부사채의 신용위험과 관련한 분석자료"를 발표했다. (http://www.rating.co.kr/등급하락 조건 풋옵션부 사채 발행, 신용도에 미치는 영향은? 김경무, 2016.9.19일)

2020년에도 일부 회사채에 등급하락 조건 풋옵션이 부가되어 발행되고 있다. 이 조건은 어떤 투자자에게도 도움이 되지 않으므로 주의해야 한다.

대우조선해양 사례

대우조선해양은 2016년 2분기와 3분기에 자본이 완전 잠식된 상태였다. 당시 대우조선해양 회사채는 액면 10,000원당 약 8,000원 수준에서 거래되고 있었다. 공시된 재무상태표 기준 자본이 완전 잠식되었기 때문에 동사의 실제 자본은 더 부족했을 것이다.

당시 대우조선해양 회사채는 주로 개인투자자가 매입, 기관투자자는 매도하고 있었고, 매매가격은 액면금액 10,000원당 8,000원 수준이었다. 자본이 완전 잠식된 기업의 회사채가 액면금액의 약 80%에 거래된다는 것이 적정한지에 대한 논란이 있었다.

결국 채권금융기관 관리절차(워크아웃)에 들어갔고, 비협약채권자(개인, 일반법인 등)는 사채권자집회를 통해서 보유채권의 50%를 출자전환 했다.

대우조선해양 요약재무정보

(백만원)

구분	Q3 2016	Q2 2016	2015
자산	15,211,665	17,285,810	19,055,817
부채	16,270,786	18,062,130	18,619,340
자본	−1,059,121	−776,320	436,477

부채비율			4,266%
매출액	9,973,237	6,920,118	15,007,090
영업손익	−591,216	−449,910	−2,937,195
당기손익	−1,427,667	−1,189,499	−3,306,676
공시일자	2016−11−14	2016−08−16	2016−3−29

(전자공시)

공시기준 동사의 자본이 완전 잠식된 시점은 2016.8.16일(2016년 2분기 실적공시일)이다. 2016.12.12일 산업은행 보유 채권 1,785,775백만원 출자전환을 공시하였고, 2017.3.24일에는 회사채 투자자의 채무재조정을 위한 사채권자집회 소집을 공고했다.

대우조선해양 6−1회의 사채권자집회 안건(요약)

- 만기연장: 기존 2017.4.21일에서 2023.4.21일 까지 6년 연장
- 원금분할상환: 2020.7.21일 부터 2023.4.21일 까지 12회(매3개월) 분할상환
- 이자감면: 표면금리 1%로 인하
- 원금의 50% 이상 출자전환: 주당 40,350원

대우조선해양의 신용등급은 다음과 같이 조정되었다.

등급	평정일자		비고
	한국신용평가	NICE신용평가	
BB+ (하향검토)	2016−05−11		
BB (하향검토)	2016−06−16	2016−05−27	
BB− (하향검토)		2016−08−18	
B+ (하향검토)	2016−08−31	2017−03−16	
B (하향검토)	2017−02−23		
B− (하향검토)	2017−03−23	2017−03−24	
CCC	2017−04−24	2017−06−15	

(출처: 한신평, NICE신용평가 홈페이지)

위의 표에서 보듯이, 완전 자본잠식이 공시된 2016.8.16일에는 BB−(하향검토)이었고, 회사채투자자의 만기연장과 출자전환 안건으로 사채권자집회가 소집된 2017.3.24일에

도 B-(하향검토)이었다. 사채권자집회에서 출자전환 안건이 통과될 경우 약 25%의 손실이 예상되는 시점에는 최소한 CCC등급으로 조정되었어야 하지 않을까 생각되었다.

필자는 2015년 감사보고서가 공시된 2016.3.29일 이후에, 강의와 언론인터뷰 등에서 대우조선해양 회사채 투자위험이 상당히 높다는 의견을 적극적으로 피력했다. 부채비율 4,266%인 회사를 정상화하려면 채무재조정이 필요하다고 판단했고, 투자자들께 그렇게 설명했다. 2016년 1분기와 2분기에는 자본이 완전잠식 되어서 필자의 우려가 현실화되고 있었다.

두산건설 신용등급분석 사례

건설업종에 속하는 두산건설(BBB, 2015.8월 말)과 롯데건설(A, 2015.8월 말)을 비교해보자.

두산건설은 두산메카텍을 흡수합병하고 두산중공업의 HRSG(Heat Recovery Steam Generator) 사업부를 양도받아서 제조업부분 매출이 약 28%이고, 롯데건설은 순수한 건설회사라서 직접적인 비교는 쉽지 않다.

두 회사의 매출구성은 다음과 같다.

롯데건설

매출구성	구분	금액(백만원)	비중
	건축	302,480	36.66%
	토목	99,130	12.02%
	플랜트	80,743	9.79%
	해외	42,909	5.20%
	주택(자체)	291,326	35.31%
	기타	8,396	1.02%
	합계	824,984	100.00%

(자료: 2015.3월 말 분기보고서, 금감원 전자공시)

두산건설

매출구성	구분	금액(백만원)	비중
	건축	157,100	36.04%
	토목	126,900	29.11%
	렉스콘	28,400	6.52%
	화공플랜트제작	75,600	17.34%
	발전플랜트제작	47,700	10.94%
	기타	200	0.05%
	합계	435,900	100.00%

(자료: 2015.3월 말 분기보고서, 금감원 전자공시)

롯데건설과 두산건설의 요약재무정보는 다음과 같다.

롯데건설

자산	구 분	금액(백만원)
	현금 등	583,363
	매출채권	153,075
	공사미수금	1,312,965
	분양미수금	209,589
	단기대여금	257,775
	미수금	185,551
	선급금	123,238
	선급공사비	275,237
	선급비용	60,711
	이연법인세자산	184,810
	장기대여금	331,210
	미완성건물	350,533
	유형자산	220,276
	기 타	981,088
	자산총계	5,229,421

부채		3,164,627
자본		2,064,793
우발채무	PF보증잔액	1,811,012

두산건설

자산	구 분	금액(백만원)
	현금 등	12,848
	매출채권	802,739
	미청구공사	592,748
	미수금	96,899
	선급금	66,464
	단기대여금	505,568
	무형자산	326,741
	이연법인세자산	208,349
	유형자산	813,575
	기 타	1,418,341
	자산총계	4,844,272

무형자산은 HRSG 영업권

부채		2,895,418
자본		1,948,854
우발채무	PF보증잔액	293,434

(자료: 2015.3월 말 분기보고서, 금감원 전자공시)

롯데건설과 두산건설의 자본구조는 유사하다. 자산의 상당부분이 매출채권 등으로 구성되어 있다는 점에는 큰 차이가 없다.

롯데건설은 현금등가물을 약 5,800억원 보유하고 있다는 장점이 있고, 우발채무로 PF 보증대출잔액이 약 1.8조원인 것이 약점이다.

두산건설은 현금등가물 비중이 낮고, 무형자산이 3,267억원 계상되어 있다는 단점이 있다. 무형자산의 대부분은 HRSG사업부분의 영업권이다. 두산건설의 유형자산 8,135억원은 대부분 제조업 공장인데, 이것은 자산의 안정성을 높이는 것이므로 두산건설의 상대적인 장점이다. PF보증대출잔액이 3,000억원에 불과한 것도 두산건설이 롯데건설보다 안정성 측면에서 유리하다.

두산건설의 **기타자산 1.4조원**(1,418,341백만원)은 일산제니스, 해운대제니스, 대구제니스 등 미분양물건에 대한 시행사 대출금이다. 대규모 미분양을 보유하고 있어, 향후 부동산 경기가 회복되지 않을 경우 큰 손실을 볼 수 있다. 2019년까지 주택가격이 회복되지 않아서 두산건설은 해당 미분양아파트를 매도하여 손실을 확정했다.

차입금 이자율은 재무상태표에서 알기 어려울 수 있다. 2015년 8월 현재 롯데건설은 Single A등급이므로 차입금에 대한 금리가 3.0% 수준일 것이다. 반면 두산건설은 BBB등급이므로 7~8% 수준의 금리를 부담하고 있다. 차입금에 대한 지급이자 차이는 손익계산서에 영향을 미쳐 장기적으로 기업의 재무구조(부채비율)에도 영향을 미친다.

두산건설과 롯데건설은 재무구조가 유사한데도 신용평가등급에 큰 차이가 있다. 이럴 경우에 어떤 변수들이 신용등급에 영향을 미쳤는지를 살펴보고 그 변수의 움직임을 추적하면 향후 등급전망이 가능하다.

두산건설은 현금등가물 규모가 적다는 것과 미분양 관련 대여금(1.4조원)이 가장 큰 약점으로 보인다. 2015.7.6일『자본시장과 금융투자업에 관한 법률』개정안이 국회본회의를 통과함에 따라 공모로 분리형BW 발행이 가능해졌다. 두산건설의 경우 대주주인 두산중공업 지분이 높으므로 IPO(Initial Public Offering)한다는 생각으로 3,000억 규모의 분리형BW를 발행하고 기존의 고금리 채무를 상환한다면 신용등급과 수익성제고에 도움이 될 것이다.

이후 두산건설은 92회분리형BW, 93회분리형BW를 각각 1,500억원씩 발행했다. 주가 부진으로 92회와 93회에서 분리된 2WR, 3WR 행사가 미미한 수준으로 있었는데, 2018.4월 남북화해무드가 조성되면서 주가가 단기적으로 상승하였고, 이에 따라 약 354억원의 신주인수권이 행사되었다. 354억원의 증자가 이루어진 것과 동일하다. 남북화해무드가 지속되어 건설업 주가가 상승할 경우에 미행사 신주인수권이 두산건설의 자본확충에 큰 기여를 할 것이다.

두산메카텍과 HRSG의 제조업 비중이 증가하고 있는 것은 두산건설 신용등급에 긍정적인 요소이다. 두산건설은 이후 신용평가등급이 BB+까지 하락하였다. 2018.5월에는 나이스신용평가에서 두산건설 등급을 BB+(부정적)에서 BB(안정적)으로 한 차례 더 하향조정했다.

기업어음(단기사채) 등급은 B-까지 하향 조정되었고, 2022년에 B등급으로 1 notch 상향조정되었다.

2018.12월 한기평은 BB(안정적), 한신평은 BB(부정적)으로 하향 조정했다. 이렇듯 신용등급은 회사의 Fundamental에 따라 변동하는데, 신용평가회사의 등급에 대한 입장은 Rating Summary에서 확인할 수 있다.

2018.12.7일 한기평의 두산건설 등급변동요인은 다음과 같다.

[등급하향조정]
- EBIT/매출액 비율이 0% 이하로 하락할 경우 등급하향
- 2018년 예상 EBIT/매출액 비율은 3.7%(한기평)
- 한기평의 2020년까지 예상치는 3% 이상

[등급상향조정]
- 순차입금/EBITDA 배율이 10배 이하로 하락 시 등급상향
- 2018년 예상 순차입금/EBITDA 배율은 13.2배
- 한기평의 2020년까지 예상치는 14.9배

Rating Summary의 등급조정기준(Triggering Point)로는 향후 6개월에서 2년 사이에 두산건설 신용평가등급은 현수준을 유지한다는 것을 알 수 있다.

이후 일산 위브더제니스 등의 미분양물건 매각이 지연되어 대규모 상각이 이어졌고, HRSG 등 제조업부문을 매각함으로써 두산건설의 Fundamental 약화가 지속되었다. 2019~2020년에는 두산건설의 상장폐지와 함께 지분 100%를 두산중공업이 매입하였다.

이후 두산건설의 신용등급은 BB-(부정적)으로 하향 조정되었고, 롯데건설은 한단계 상승하여 A+가 되었다.

필자는 1998년 12월 두산건설 회사채 400억원을 매입한 이래 두산건설의 신용위험을 관찰해왔다. BBB-등급에서 출발해서 2009년 ~ 2011년에 A-등급까지 상향 조정되었으나, 이후 지속적으로 등급이 하락했고, 필자가 예상한 것보다는 등급이 조금 더 낮게 평가되고 있다. 두산중공업이 지분 100%를 인수한 시점의 등급이 BB-(부정적)인데 두산중공업(대주주)의 지원가능성을 고려하면 조금 더 높아야 하지 않을까 생각했다.

신용평가회사의 Rating Summary를 이용할 때 신용등급(Rating), 등급전망(Outlook), 등급검토(Watch) 외에 등급변동요인(Triggering Point)을 꼼꼼히 읽어보면 신용평가사의 의견을 훨씬 정확하게 이해할 수 있다. 한신평의 경우 등급변동요인을 Key Monitoring Indicator이라고 한다.

금호타이어 사례

2017.9월 채권은행 자율협약에 들어간 금호타이어의 신용등급은 시사하는 바가 크다.

2009.12.31일 금호산업이 워크아웃에 들어가면서 2010.1월 금호타이어도 채권은행관리절차(워크아웃)에 들어갔다. 금호타이어는 2014년 12월 워크아웃 종료(채권단관리절차 해제) 직전에 회사채 발행을 위해서 신용등급 평정을 의뢰했고 신용평가 3사로부터 BBB등급을 받았다.

A-등급 이상이 아니면 기관투자자가 매입하지 않으므로 회사채 발행이 무산되었고,

2014년 결산실적을 바탕으로 나온 정기평정에서 한기평은 A-, 한신평은 BBB+, 나신평은 BBB등급이 부여되었다. 2016년 9월에 기관투자자를 대상으로 채권발행수요가 있었고, 한기평에 본평가를 의뢰해서 A-등급을 받아 12회(2016.10.5일 발행) 400억, 13회(2016.12.5일 발행) 500억, 14회(2017.5.19일 발행) 300억 총 1,200억원의 회사채를 발행했다. 14회의 경우 발행 1개월만에 신용등급이 BBB+로 하락하고, 4개월 후에는 채권은행 자율협약에 들어가게 되었다.

금호타이어 신용등급변동

일자	등급	평가구분	비고
2014.9월	BBB(한신평, 한기평, 나신평)	본평가	
2015.6월	A- (한기평), BBB+(한신평), BBB(나신평)	정기평가	
2016.9월	A-(한기평)	본평가	
2017.6월	BBB+(한기평)	정기평가	
2017.9월	BBB(한기평)	수시평가	자율협약

*본평가: 채권발행을 위해서 신용등급을 받는 경우
*정기평가: 결산실적을 바탕으로 매년 1회 평정이 이루어짐
*수시평가: 반기실적을 바탕으로 연 1회 및 Event 등 신용상태 변화가 있을 경우

금호타이어 회사채 발행내역

회차	발행금액	발행일	만기일	표면금리	비고
12회	400억원	2016-10-05	2018-04-05	4.50%	
13회	500억원	2016-12-05	2018-12-05	4.70%	
14회	300억원	2017-05-19	2018-11-19	4.50%	
소계	1,200억원				

(출처: Check)

금호타이어 회사채 등급의 경우 2015년 6월 정기평가 등급이 각 사별로 크게 차이가 난다는 점을 주목해볼 필요가 있다. 한기평은 A-등급으로 9개월만에 2 notch up했고, 나신평은 BBB등급으로 9개월 전의 본평가와 변화가 없었다.

후순위채의 신용등급

후순위채의 신용평가등급에 각별한 주의가 필요하다. 신용평가회사들은 선순위보다 청구권순위가 낮은 후순위채에 대해 선순위보다 한 notch 낮은 등급을 부여하고 있다. 후순위채권자는 선순위채권자가 100% 변제 받은 후 남은 재산에 한해 청구권이 있다.

AAA등급 은행의 경우 선순위채무를 이행하지 못할 가능성이 거의 없으므로 후순위 등급이 AA+인 것은 수긍할 수 있다. 하지만 선순위채 등급이 BB+인 기업의 후순위 채 등급이 BB라면 상황은 달라진다. BB+등급은 투기등급이다. BB+등급은 선순위채 의 원리금도 안전하다고 할 수 없는데, 선순위를 전액 변제한 후에 청구권이 있는 후 순위채의 등급이 BB라는 것은 설득력이 없다.

따라서 후순위채에 투자할 때는 후순위채의 신용등급 대신에 동일 발행사의 선순위 채 등급으로 후순위채의 상환가능성을 판단해야 한다. 이 경우에는 신용등급에만 의 존해서는 안된다.

담보채의 신용등급

담보채의 신용평가등급은 해당기업의 무담보채 등급보다 한 1 notch 높은 것이 일 반적이다. 담보의 가치와 상관없이 일률적으로 한 1 notch 높은 신용등급이 부여되 는 것은 문제가 있다. 우리나라의 기업회생절차에서는 담보자산의 가치를 100% 인정 (absolute priority rule) 해주기 때문에 담보가 있다는 것은 큰 장점이다.

무담보채권의 등급이 BBB+인 회사의 담보채(A-)가 있다면 적극적으로 투자를 고려 할 필요가 있다. 기업회생절차에서 담보자산으로 담보채권의 원리금이 100% 변제되 지 않더라도 담보가치만큼 우선변제 받을 수 있고, 기업회생절차가 아닐 경우에도 우 월적인 협상력을 가질 수 있기 때문이다.

담보부사채의 우월적인 지위는 앞의 디비메탈 13회, 15회와 두산292-2회의 사례로 확 인할 수 있다.

국내등급과 해외등급

신용평가등급은 국내등급과 해외등급에 차이가 있다. 우리나라 기업의 경우, 국내등급은 원화표시채에 대한 신용평가등급이고, 같은 기업이 달러로 채권을 발행한다면 달러표시채 신용평가등급을 부여 받는다.

2022.8월 현재, LG전자의 원화표시채 신용평가등급은 AA(stable, NICE rating)이고, 달러표시채 신용평가등급은 BBB(positive, S&P)이다.

원화표시채와 달러표시채의 신용평가등급이 다른 이유는 LG전자가 국내기업이기 때문에 원화를 조달할 수 있는 능력은 탁월하지만, 달러를 조달하는 능력은 상대적으로 열위하다고 보기 때문이다.

미국의 BBB등급 회사를 우리나라의 LG전자 수준의 신용위험을 가진 기업이라고 얘기한다면 맞는 말이 아니다. 전체적인 신용위험은 LG전자가 훨씬 낮을 것이다. LG전자의 달러차입 여력으로 표시하면 BBB등급이지만 원화차입 능력은 AA등급에 해당한다.

자국기업의 해외차입능력이 떨어지는 것은 LG전자뿐만 아니다. Emerging국채에 투자할 때 해당국 통화표시 국채와 달러표시 국채는 발행주체는 동일하지만 신용위험은 크게 차이가 난다.

Lehman Brothers 파산신청 영향으로 2008년 12월 Moratorium을 선언한 아이슬란드의 예를 살펴보자. 아이슬란드는 자국통화인 크로나표시 채무에 대해서는 Moratorium선언에도 불구하고 정상적으로 원리금을 지급하고 했다. 그러나 Euro화표시 채무에 대해서는 지급 거절해서 사실상의 부도상태가 되었다.

크로나표시 아이슬란드 국채의 경우에는 아이슬란드 정부가 새로운 국채를 발행하고 중앙은행이 이를 매입해주면 만기 도래하는 기존 국채의 상환재원이 확보된다.

Euro화표시 아이슬란드 국채의 경우에는 아이슬란드 정부가 Euro화를 구하지 못하면 상환할 수 없다. LG전자의 외화표시채의 신용평가등급이 원화표시채보다 낮은 것도 같은 이유이다.

6-3 기업공시제도

신용위험이 내재된 회사채는 주식회사가 발행한다. 주식회사는 주주와 채권자로 구성되어 있고 채권자는 회사의 재산에 한하여 주주에 우선하여 청구권을 갖는다.

주주는 회사의 실질적인 주인으로 회사경영에 참여하고 채권자의 채무를 상환하고 남은 자산은 모두 주주의 몫이다. 이런 특성 때문에 채권자를 선순위투자자(소극적투자자), 주주를 후순위투자자(적극적투자자)라고 하기도 한다.

주주 또는 주주의 대리인인 경영자는 회사내부의 상황을 잘 알고 있는 반면, 채권자와 소액주주는 회사의 상황을 알기 어렵다. 이런 정보비대칭(Information Asymmetry)을 해소하기 위해서 **기업공시제도**를 두고 있다.

미국에서는 2001년 Enron, WorldCom, Tyco 등 신생 대기업들의 분식회계에 이은 부도사태로 Sarbanes-Oxley Law(일명 Fair Disclosure Law, 공정공시법)를 제정했다.

미국의 공정공시법은 분식회계와 내부자거래를 차단하여 기업내부 정보에 취약한 채권투자자와 소액주주를 보호하는 것이 주 목적이다. 이 법에서 상장기업은 매3개월마다 재무제표를 공시하도록 하여 투자자들이 기업의 재무상황을 적시에 알 수 있도록 하고 있다.

미국에서 공정공시법이 제정될 당시 우리나라에서도 이의 필요성이 제기되었으나 법 제정으로 이어지지는 못했다. 2003년 2월 신용등급 Single A인 SK글로벌의 분식회계 사태는 SK그룹뿐만 아니라 자본시장 전체의 유동성위기를 초래했다.

금융당국은 2003년6월, 절차와 시간이 오래 걸리는 공정공시법 제정을 추진하는 대신에 기존의 경영공시에 추가해서 강화된 공정공시제도를 발표하고 2003년11월부터 시행했다.

경영공시의 주요내용은, ① 상장회사의 경우 매3개월마다 재무제표를 공시해야 하고, ② 재무제표에 대표이사의 확인(연대서명)이 있어야 한다는 것이다.

재무제표에 대표이사의 확인을 의무화함으로써 향후 분식회계로 밝혀질 경우에 대표이사와 공시담당이사에게 책임을 물을 수 있게 되었다.

경영공시를 할 때 투자자를 차별하지 못하도록 하는 것이 공정공시이다. 예를 들어 기관투자자 대상 IR(investor relations)에서 기업실적을 알려주고, 그 이후에 공시한다면 개인투자자들은 상대적으로 불리하게 된다. 이렇게 하지 못하도록 하는 것이 공정공시이다.

재무제표 앞부분에 있는 대표이사 등의 확인서 내용은 다음과 같다.

대표이사 등의 확인

확 인 서

우리는 당사의 대표이사 및 신고업무담당이사로서 이 (분기)보고서의 기재내용에 대해 적절한 주의를 다하여 직접 확인·검토한 결과, 기재사항 중 중요사항에 관하여 거짓의 기재 또는 표시가 없고 중요사항의 기재 또는 표시를 누락하고 있지 아니하며, 이 (분기)보고서에 기재 또는 표시사항을 이용하는 자로 하여금 중대한 오해를 유발하는 내용이 기재 또는 표시되지 아니하였음을 확인합니다.

대표이사 ○○○

신고업무담당이사 ○○○

2004년 1월 1일 이전에는 대표이사 등의 확인서가 없었고 외부감사인의 감사보고서만 투자자들에게 제공되었는데 그 내용은 다음과 같다.

외부감사인의 감사보고서

주주 및 이사회 귀중

… 이 재무제표를 적정하게 작성할 책임은 회사경영자에게 있으며 본 감사인의 책임은 동 재무제표에 대하여 감사를 실시하고 이를 근거로 이 재무제표에 대하여 의견을 표명하는데 있습니다.

그 동안 여러 차례 분식회계가 적발되었는데 외부감사인(회계법인)은 분식회계의 책임을 기업경영자에게 돌리고, 기업경영자는 회계법인의 확인을 받았다는 식으로 책임

을 회피했다.

공시된 재무제표에 대해 '대표이사 등의 확인 의무'를 부과함으로써 분식회계에 대한 책임소재를 분명히 할 수 있게 된 것이다.

6-3-1 금융감독원 전자공시

기업의 재무제표는 회사채투자에서 가장 중요한 서류이다. 필자는 1988년에 증권업계로 옮겨왔다. 당시에는 증권거래소 뒷편 증권업협회(현 한양증권 옆건물) 1층 자료실에서 상장회사의 감사보고서를 복사해서 사용했다.

감사보고서가 증권업협회에 도착하는데 시일이 걸리기 때문에 주주총회 당일에 감사보고서를 확보하려고 상당한 노력을 했다.

IMF 이후 금융감독원 전자공시제도가 도입되어 이런 불편을 덜 수 있게 되었고, 이제는 재무제표 외에도 중요한 정보(material information)는 모두 금융감독원 전자공시에서 조회할 수 있다.

   금융감독원 전자공시: http://dart.fss.or.kr

금융감독원 홈페이지 → 업무자료 → 공시, 회계 → DART전자공시로 들어갈 수 있다. 상장회사의 경우 주가나 채권가격에 영향을 미칠 수 있는 중요한 정보(material information)는 모두 금융감독원 전자공시에 공시되어야 한다.

주가나 채권가격에 영향을 미칠 수 있는 미공개 중요정보를 내부자정보(inside information)라고 한다. 이런 정보를 취득한 자가 그 정보를 이용해서 거래하면 내부자거래가 된다. 법에서는 내부자거래(insider trade)를 엄격하게 규제하고 있다.

공시제도가 완비되기 전 채권펀드매니저의 주요 일과는 이슈가 있는 기업을 탐방하고, 해당 종목의 애널리스트 리포트를 읽는 것이었다. 2000년 초 애널리스트의 리포트를 모아서 제공하는 FnGuide가 설립되었는데 참 좋은 비즈니스가 될 것으로 생각했었다.

이후 미공시 중요정보를 내부자정보로 규정하고 엄격히 통제하면서 필요한 정보는 금융감독원 전자공시(dart)를 통해 확인할 수 있게 되었다. 전자공시제도는 우리나라 자본시장을 훨씬 Fair(공정)한 시장으로 만드는데 기여하고 있는 것이다.

6-3-2 공시정보 알람 서비스(Really Simple Syndication Service)

2015.7.15일부터 관심기업 및 최근 공시된 50개 공시정보알람 확인 및 공시보고서 열람이 가능한 공시정보알람서비스(RSS)가 시행되었다.

RSS(Really Simple Syndication Service)는 특정 인터넷 사이트를 구독신청하면 해당 사이트를 매번 방문하지 않아도 자동으로 정보를 제공받는 서비스이다.

금융감독원의 RSS는 공시정보에 기반한 합리적인 투자문화 정착에 크게 기여할 것으로 생각된다. 스마트폰에서 가능한 서비스이므로 모든 투자자들이 RSS를 이용하기를 강추한다.

[Dart 공시정보알람 서비스 흐름도]

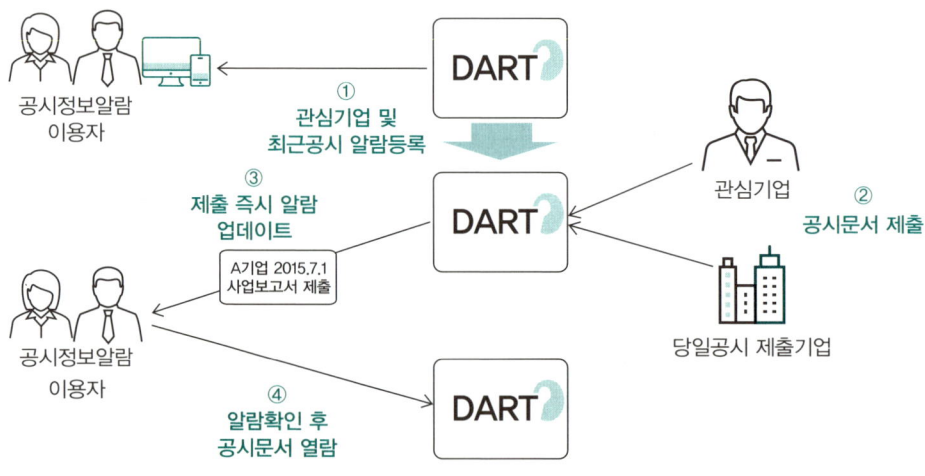

(금융감독원 보도자료, 2015.7.15일)

[이용방법]

Dart 홈페이지 접속(http://dart.fss.or.kr) → 공시정보알람 등록 → 공시정보알람 확인

6-4 자본구조모형(Structural Model, 부도모형)

회사채투자에서 신용평가등급을 확인하고 신용평가회사의 Rating Summary(또는 Full Report)를 읽어보는 것은 매우 중요하다. 하지만 투자전문가는 신용평가에만 전적으로 의존해서는 안된다. 투자자와 신용평가회사의 관점의 차이(현금흐름의 적시성 vs. 부도 시의 회수율) 외에도 신용평가회사가 놓치고 있는 부분도 있을 수 있다.

채권투자자가 해당채권의 부도위험을 분석할 때 사용하는 이론적 모형으로 구조모형(Structural Model)과 축약모형(Reduced-Form Model)이 있다. 구조모형은 Black-Scholes-Merton이 1974년에 발표한 회사채 부도모형(옵션모형)으로 발행회사의 자본구조(Capital Structure, Firm Value)로 부도여부를 판단하는 것이다.

축약모형의 경우, 부도는 회사 자체의 Fundamental에 의해서 발생하는 것이 아니고 외부에서 주어지는 **외생변수**라는 가정을 하고 있기 때문에 현실성이 떨어진다. 축약모형은 부도위험 예측보다는 신용파생상품 매매와 신용평가등급 추이(rating transaction matrix) 분석에 주로 사용되고 있다.

Black-Scholes는 1973년에 획기적인 연구논문(the pricing of options and corporate liabilities)을 발표했다. 앞부분은 주식콜옵션 가격결정 모형으로 개발되었고, 뒷부분은 구조모형(structural model, BSM Model)으로 개발되었다. 주식콜옵션 가격결정모형의 경우 시장의 주목을 받았지만 회사채 부도모형은 그렇지 못했다.

회사채의 부도는 발생빈도가 매우 낮다. 또한 회사별(채권별) 상황이 달라서 부도 후의 회수율도 다르다.

Black-Scholes-Merton이 개발한 회사채 부도모형을 구조모형(Structural Model)이라고 하는 이유는 회사의 자본구조를 분석해서 부도여부를 예측하기 때문이다. 구조모형에서는 채권자를 콜옵션매도자, 주주를 콜옵션매수자로 규정하고 있다. 콜옵션 대상 자산은 회사의 자산이고, 행사가액(X)은 부채규모이다.

- 콜옵션매도자: 채권자
- 콜옵션매수자: 주주

- 대상자산의 가치(S): 회사의 자산가치
- 행사가액(X): 회사의 부채규모

회사의 자산가치(주식콜옵션의 경우 주가)가 부채규모(주식콜옵션의 경우 행사가액) 이하로 하락하면 콜옵션보유자(주주)는 옵션을 행사하지 않을 것이다. 이 경우에는 부도가 발생한다는 것이다.

부도발생: 자산가치(S) 〈 부채규모(×)

반대로 회사의 자산가치(S)가 부채규모(X) 이상이면 주주는 콜옵션을 행사해서 자산을 소유하고 부채를 변제하기 때문에 부도가 발생하지 않는다.

부도발생하지 않음: 자산가치(S) 〉 부채규모(×)

여기에서, 회사의 자산가치는 공시된 장부가치가 아닌 실제가치(매각가치 또는 청산가치)를 의미한다.

이를 수식으로 표현하면 다음과 같다.

$$B(T) = A(T) - \max(A(T) - K, 0)$$

B(T): T시점의 채권가치
A(T): T시점의 자산가치
K: 부채의 원리금

구조모형을 옵션모형이라고 하는 이유는 $\max(A(T)-K, 0)$가 옵션이기 때문이다.

구조모형의 가장 큰 문제점은 자산가치를 어떻게 평가하느냐? 이다. 앞에서도 살펴보았듯이 자산가치를 평가하는 것은 쉬운 일이 아니다.

회사채와 CP의 교섭권

청산의 경우에는 청구권의 절대우선권(Absolute Priority)이 적용되므로 부채도 청구권 순위로 구분해서 분석해야 한다. 선순위 무담보회사채의 경우에, 담보대출과 담보회사채 등에 담보자산을 우선 배분하고 남는 금액에 대해 권리가 있다. 따라서 분석대상 회사채의 순위가 회수율에 결정적인 영향을 미친다.

무담보선순위 회사채와 기업어음(CP, 융통어음)은 법적으로는 동순위이지만, 결제방법 때문에 기업어음이 회사채보다 유리한 교섭권을 가지고 있다.

회사채는 한국예탁결제원에서 결제되는데, 만기일에 원금을 상환하지 못하면 **미상환사채**가 된다.

기업어음은 수표와 함께 금융결제원에서 결제되는데, 만기일에 원금을 상환하지 못하면 **부도어음**이 되고, 어음 발행회사의 당좌거래가 정지된다.

당좌거래가 정지되면 한국은행 금융망(BOK wire+)을 이용해서 자금거래를 하지 못하는 것이기 때문에 진정한 의미의 부도이다. 회사채의 미상환사채는 넓은 의미의 부도(EOD, event of default)에 해당되지만, 자동으로 당좌거래가 정지되지는 않는다. 이 때문에 자금이 부족한 기업은 CP를 우선적으로 상환하려고 한다.

이 외에도 공모회사채는 사채권자집회를 통해서 채무재조정이 가능하지만, CP의 경우에는 일대일로 채권자와 협의해야 하는 불편함이 있다.

대우조선해양의 경우, 회사채 투자자는 사채권자집회 결의로써 채무재조정(만기연장, 이자감면, 출자전환)을 결정했음에도 불구하고, CP투자자들과의 협의가 원만하게 진행되지 않아서 채무재조정에 어려움을 겪었다.

🔹 은행대출과 회사채의 부도가능성

주식회사의 차입금형태는 대출, 회사채, CP, 단기사채 등이다. 이 중에서 유가증권(회사채, CP, 단기사채)은 만기일에 결제하지 못하면 부도(넓은 의미, EOD)가 된다.

그러나, 은행은 대출의 건전성을 정상 → 요주의 → 고정 → 회수의문 → 추정손실로 구분하고, 원리금을 정상적으로 상환하지 못한다고 해서 곧바로 부도 처리하는 것이 아니다. 일정기간까지의 연체도 정상여신(대출, current loan)으로 분류하고, 일정기간이 지나도 상환하지 못하면 연체여신(delinquent loan, 요주의, 고정, 회수의문 등)으로 분류한다.

차입금의 구성이 은행대출 95% + 회사채 5%인 기업과 회사채가 100%인 기업의 신용위험(부도위험)은 다르게 봐야 한다. 같은 조건이면, 은행대출 비중이 높은 기업의 부도가능성이 더 낮다.

구조모형을 응용한 Moody's KMV Model에서는 주가와 재무상태표를 이용해서 EDF(expected default frequency)를 추정한다. EDF는 1년 내 부도확률은 2%라는 식으로 표시한다. 국내 기관 중에서도 EDF를 사용하는 곳이 있는데 주가가 하락하면 매입금지 List를 통보해오곤 했다. 그 기관은 EDF를 부도위험지표로 사용하고 있다는 것을 알 수 있었다.

[Moody's KMV Model]

EDF = Function(주가, 재무상태표)

Moody's KMV Model을 사용해서 부도위험을 측정한다면 매우 편리하다. 주가(또는 시가총액)는 시장에서 쉽게 구할 수 있는 변수이다. 하지만 주식시장의 가격이 합리적으로 결정되지 못하고 Overshooting 또는 Undershooting하는 경우에는 이 모델의 예측력이 현저하게 떨어질 것이다. 일반적으로 회사가치의 변동보다 주가의 변동성이 훨씬 크다.

Black-Scholes-Merton의 구조모형은 LTV로 개발되어 은행권에서 유용하게 사용하고 있다. LTV(loan to value)는 은행담보대출의 건전성을 측정하는 가장 좋은 지표이다.

고객 B의 아파트 시세는 5억원, 아파트담보대출 금액이 3억원이고, 또 다른 고객 C의 아파트 시세는 4억원, 아파트담보대출 금액이 2억원이라고 하자.

은행은 고객의 대출금액으로만 담보대출의 회수가능성을 관리하지 않는다. 이들을 LTV로 변환해서 사용한다. 고객 B의 LTV는 60%, 고객 C의 LTV는 50%이다.

$$고객\ B의\ LTV = \frac{3억원}{5억원} = 60\%$$

$$고객\ C의\ LTV = \frac{2억원}{4억원} = 50\%$$

은행의 집중관리 대상이 LTV 60% 이상이라면 고객 B는 해당되고, 고객 C는 안전한 대출로 분류될 것이다.

LTV를 회사채 방식으로 그려보면 다음과 같다.

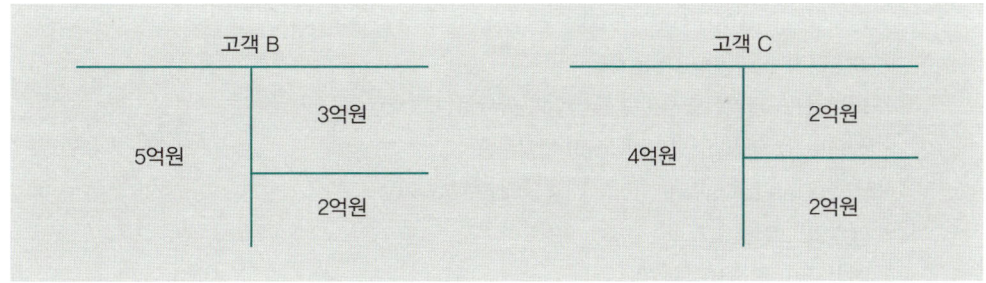

위의 그림에서 LTV가 Black-Scholes-Merton의 구조모형의 분석방법이 같다는 것을 알 수 있다.

포스코ICT 책임준공 PF ABS 사례

2018.8월 경기 용인시 처인구 역북동에 건립 중인 생활숙박시설 PF ABS에 대한 투자제안을 받았다.

자산가치가 부채규모보다 크면 부도나지 않는다는 것이 구조모형에서 주장하는 내용이다. PF ABS의 자산가치를 추정할 때는 필수적으로 **준공위험**도 검토해야 한다.

PF 사업개요

- 위치: 경기 용인시 처인구 역복동
- 용도: 생활숙박시설(Residence) 및 근린생활시설(상가)
- 세대수: 710실
- 분양률(2018.7월 기준): Residence(80.1%), 근린생활시설(54.3%)
- 공정률(2018.7월 기준): 46.93%
- 중도금대출: Residence(50%), 근린생활시설(40%)

ABS 발행 및 매입조건

- 발행일: 2018.9.7
- 만기일: 2019.10.7(1년 1개월)
- 표면금리: **연 7.4%**(3개월 후급)
- 담보자산: 관리형토지신탁 우선수익권(사업권 담보)
- 신용보강: 포스코ICT(A + 등급) 책임준공
- LTV(loan to value): 35% (대출금액 / 총분양가)
- 매입일: 2018.9.7
- 매입금리: **연 6.0%**(세전)

구조모형을 적용해서 다음과 같이 PF ABS(Project Financing ABS)의 매력도를 분석해보았다.

먼저 자산의 가치는 얼마일까?

건설 중인 자산이므로 준공되는 것이 매우 중요하다. 건설 중에 시공사가 부도나서 공사가 중단된다면 나대지(토지)로 있는 것보다 가치가 낮을 수 있기 때문이다. 최악의 경우 공사한 건축물을 철거해야 하는 경우도 있다. 준공위험은 시공사의 신용위험과 밀접한 관련이 있다.

동 건은 **포스코ICT**(A+등급)의 **책임준공** 확약이 되어 있으므로 포스코ICT가 부도나지 않으면 준공은 된다고 볼 수 있다.

다음으로 준공 후의 생활숙박시설의 가치는 얼마가 될 지 분석해야 한다. 단순히 자산의 가치를 추정하는 것보다 부채와 연계해서 회수가능성을 따져보는 것이 효율적인데, 이 방법이 LTV분석법이다.

동 건의 분양금액(= 세대수 × 분양가) 대비 대출금액은 35%이다. 전액 미분양이 되더라도, 준공된 건물을 분양가의 35%에 매도하면 대출금액을 회수할 수 있다.

$$35\% = \frac{\text{대출금액}}{\text{총 분양대금}} \text{ (LTV)}$$

준공 후의 자산가치가 총 분양대금의 35%가 되는지 추정해보면 ABS의 안전성을 판단할 수 있다. 동 건은 공정률이 46.93%이고, 분양률은 Residence 80.1%, 근린생활시설(상가) 54.3%이므로, ABS 투자자들이 원금을 상환 받지 못할 위험은 매우 낮다.

주거용 PF ABS의 경우에는 우리나라의 선분양제도를 고려할 필요가 있다.

선분양제의 경우 수분양자(분양계약자, 受分讓者)는 시행사의 부도 시 납입한 분양대금을 떼일 위험이 있다. 이 때문에 주택도시보증공사가 수분양자에게 분양보증을 제공한다.

주택도시보증공사는 분양보증을 제공함과 동시에 해당 PF사업의 1순위 담보권자가 된다.

수분양자는 본인 자금(또는 차입한 자금)으로 분양계약금을 납부하고, 은행으로부터 중도금대출을 받아서 중도금을 납부하는 것이 일반적이다. 준공 이전까지는 주택도시보증공사가 1순위, 중도금대출은행이 2순위, 시행사가 3순위권자가 된다.

준공되면 시행사 명의로 등기를 하고, 주택도시보증공사의 분양보증의무가 면제됨과 동시에 1순위권자 지위도 소멸된다. 중도금을 대출해준 은행이 해당 아파트의 1순위권자가 된다.

수분양자는 은행으로부터 대출받은 중도금을 상환하고, 시행사에 잔금을 납부하면 아파트 소유권을 갖게 된다(본인 명의로 등기).

아파트 건축사업은 2~3년 걸리고 대규모 자금이 투입되므로, 수분양자가 일방적으로 계약을 해지한다면 사업이 정상적으로 추진되기 어렵다. 일단 분양계약을 체결하면 계약서에서 정한 특별한 사유가 아니면 계약을 해지할 수 없다.

우리나라의 일반적인 경우라면 분양계약 당시에 중도금대출계약을 체결한다. 계약금이 10%, 중도금이 50%라고 한다면 분양대금의 60%는 확보되었다고 봐도 된다. 분양계약을 해지할 수 없고, 은행의 중도금대출은 수분양자를 거치지 않고 직접 시행사계좌로 입금되기 때문이다.

입주시점까지 미분양으로 남아 있는 물건과 잔금을 납부하지 않는 수분양자의 물건은 할인분양으로 처분해야 한다. 이런 점을 고려하여 자산의 가치를 계산한 후 대출금액보다 크다면 부도위험이 낮다는 결론을 내릴 수 있다.

동 건은 포스코 자회사인 포스코ICT가 책임준공을 확약했으므로 준공위험은 매우 낮고, 분양가 기준 LTV가 35%로 준공된 건물을 분양가의 $\frac{1}{3}$ 가격으로 처분해도 원금을 회수할 수 있어서 안전성이 매우 높다고 할 수 있다.

그렇다면 수익성은 어떤가? 1년 1개월물로 발행하고, 표면금리는 연 7.4%이지만 매입금리는 연 6%이다. 투자자는 세전 연 6%의 이자소득이 있고, 세금은 연 7.4% 기준으로 납부한다. 당시의 포스코ICT 1년물 금리는 3% 수준인데 비해 금리매력이 매우 크다. 이 물건은 시장에 나오는 즉시 매진되었고, 필자는 확보해둔 50억원 조차 어쩔 수 없이 양보해야 했다.

한진칼 신용위험 분석사례

2020.6.30일과 2020.7.1일 한진칼3회 분리형BW 공모청약이 있었다. 한진칼은 KCGI(주주연합)와 기존 대주주(조원태 외) 간에 경영권분쟁이 있다는 기사를 여러 번 봤고, 주주연합의 중심에 강성부 대표가 있어서 언젠가는 분석해 보겠다고 생각하고 있던 회사이다. 강성부 대표는 오랫동안 Credit 애널로 활동해서 필자와는 여러 차례 기업탐방을 다녀온 인연이 있다.

기업의 신용위험을 분석하는 첫 단계는 신용평가등급, 등급전망, 등급변동요인 등을 확인하는 것이다. 신용평가회사에서 무료로 제공하는 **Rating Summary**에 위의 내용이 잘 정리되어 있다.

다음으로 BSM의 구조모형(structural model)을 이론적 배경으로, 해당 기업의 재무정보를 활용해서 부도위험이 어느 정도인지를 분석해야 한다.

상장기업은 감사보고서, 반기보고서, 분기보고서, 사업보고서, 투자설명서 등에서 재무정보를 공시하고 있다.

감사보고서는 외부감사인(회계법인)의 감사의견이 있는 신뢰성이 높은 자료이지만 매 결산일로부터 90일 이내에 공시되기 때문에 최신 정보를 반영하지 못하고 있다는 단점이 있다.

반기보고서, 분기보고서는 기말로부터 45일 이내에 공시하여 최신정보를 파악할 수 있으나, 외부감사인의 감사는 받지 않는 경우가 대부분이다.

투자설명서는 공모로 채권이나 주식을 발행할 때 반드시 제공해야 하는 자료인데, 공모(公募, public offering)는 일반투자자들이 참여하는 것을 고려하여 비전문가도 이해할 수 있게 작성되었고, 투자위험도 자세하게 열거되어 있다. 일반투자자라면 최근에 공시된 투자설명서를 사용하면 좋겠다는 생각이다.

한진칼3회 분리형BW 공모계획을 발표할 당시 2020년 1분기 실적이 공시되어서 분기보고서를 기준으로 분석하되, 외부감사인의 감사의견은 감사보고서를 참고하였다.

구조모형은 재무정보를 활용하기 때문에 공시된 재무정보의 신뢰성부터 확인해야 한다.

외부감사인은 감사보고서에서 **적정, 한정, 의견거절** 등의 감사의견을 표시하는데, 한진칼의 외부감사인은 한영회계법인이고 2019년 감사보고서에 적정의견을 표명했다. 따라서, 공시된 감사보고서의 숫자를 신뢰하고 분석할 수 있다.

신용등급은 BBB(부정적)으로 Rating Summary에서 이미 확인했다. 등급전망(Outlook)이 부정적이므로 향후 6개월 ~ 2년 사이에 등급하락 위험이 있다는 정도로 이해했다.

한진칼은 2013.8.1일 대한항공으로부터 **인적분할** 방식으로 설립된 회사이다. 인적분할은 기존 주주들이 지분율대로 신설 법인의 주식을 나눠 갖는 방식으로 기업을 분할하는 것이다.

물적분할은 새로운 회사를 신설하고, 신설회사의 주식을 기존회사가 보유하는 것이다. 일부자산을 매각하거나 부채비율을 낮출 목적으로 물적분할을 하기도 한다. 물적분할의 경우 분할된 회사의 부채비율이 분할 전의 부채비율보다 낮게 나오기 때문에 반드시 **연결재무제표**를 사용해서 분석해야 한다.

주주는 조원태(6.52%), 조현아(6.49%), 조현민(6.47%), 이명희(5.31%) 등 일가의 지분 외에 KCGI, 국민연금 등이라는 것을 확인했다. 대주주 지분율이 높은 것과 낮은 것 중에서 어느 것이 신용위험이 낮을까? 다른 조건이 동일하다면, 대주주 지분율이 높으면 높을수록 신용위험이 낮다고 보는 것이 맞다.

주주는 채권자보다 후순위이고, 회사가 부도나면 주주부터 손해를 보기 때문에 지분율이 높은 주주(대주주)는 부도를 막기 위해서 최선을 다할 것이다.

2009년 이후 부도난 기업의 대주주 지분율을 조사해본 적이 있는데, 대주주 지분율이 10% 미만인 경우가 대부분이었다. 한진칼은 지분경쟁 중이므로 채권자에게 불리할 것은 없다.

한진칼의 사업내용을 살펴보자. 회사채를 매입하는 것은 그 회사에 돈을 빌려주는 것과 같다. 남에게 돈을 빌려줄 때 그 사람이 어떤 사람인지 파악하는 것처럼 회사를 분석해야 한다.

한진칼은 직접 사업을 하지 않고, 종속기업(진에어, 칼호텔네트워크, 정석기업, 제동레저 등)과 관계기업(대한항공, 한진 등)의 주식을 보유한 지주회사이다.

종속기업은 지분율이 50% 이상이거나, 지분율이 50% 이하이더라도 실질적인 지배력을 행사하는 기업이고, **관계기업**은 지분율이 50% 이하이면서 경영권을 행사하는 기업이다.

진에어는 저가항공사(LCC, low cost carrier)이고 총자산 7,044억원에 지분율은 60%이다.

칼호텔네트워크는 제주 칼호텔, 서귀포 칼호텔과 영종도의 그랜트 하얏트 호텔을 운영하고 있는 회사로 총자산은 5,774억원에 지분율은 100%이다.

정석기업은 소공동 KAL빌딩과 인천 정석빌딩을 보유한 부동산관리회사로 총 자산은 2,727억원이고 한진칼의 지분율은 48.27%이다. 지분율이 50% 미만임에도 불구하고 특수관계인 지분을 합치면 50% 이상이기 때문에 종속기업으로 분류했다.

제동레저는 제주도 골프장으로 총 자산 303억원, 지분율 100%이다. 대한항공의 지분율은 29.62%이고, 택배회사 한진의 지분율은 23.62%이다.

한진칼 요약재무정보

(백만원)

구 분	연 결			별 도		
	Q1 2020	2019	2018	Q1 2020	2019	2018
자 산	2,314,590	2,693,659	2,850,066	1,859,230	1,913,421	2,016,563
부 채	1,196,260	1,272,981	1,127,531	317,849	373,030	490,288
자 본	1,118,330	1,420,678	1,722,535	1,541,381	1,540,391	1,526,275
부채비율	106.97%	89.60%	65.46%	20.62%	24.22%	32.12%
매출액	193,751	1,203,497	1,304,892	23,716	65,099	61,814
영업손익	− 33,977	− 3,881	108,792	19,652	48,606	46,655
당기손익	− 280,659	− 259,177	− 10,379	16,231	32,069	37,868

(전자공시)

재무상태(자산, 부채)를 분석할 때 연결재무상태표와 별도재무상태표 중에서 어떤 것을 사용해야 할까? 자회사의 채무에 보증을 제공할 경우에는 **연결재무상태표**, 그렇지 않을 경우에는 **별도재무상태표**를 사용하는 것이 좋다.

다우기술(A등급)의 경우 별도재무상태상 부채비율은 50% 수준이고, 연결재무상태표상 부채비율은 1,100%이다. 연결재무상태표에는 자회사인 키움증권의 자산과 부채가 반영되어 부채비율이 높게 나온다. 다우기술은 키움증권에 아무런 보증을 제공하지 않기 때문에 별도재무상태표를 사용하는 것이 맞다. 연결재무상태표 기준으로 분석한다면 "투자불가"라는 결론이 나올 것이다.

한진칼의 경우 종속기업과 관계기업에 보증을 제공한 규모가 미미하므로 별도재무정보를 사용하는 것이 맞다.

자산의 실제가치와 부채규모를 비교해서 부도가능성을 추정하는 것이 구조모형이다. **별도기준 자산가치**는 다음과 같다.

(백만원)

계 정 과 목	Q1 2020	2019	비 고(Q1 2020 기준)
현금 및 현금성자산	24,800	52,268	예금 등(24,798)
단기금융상품	96,776	136,955	정기예금(31,600), MMT 등(65,176)
매출채권 및 기타유동채권	21,657	7,109	

종속기업투자	486,922	486,922	칼호텔네트워크(292,459), 정석기업(90,231), 토파스여행정보(53,654)
관계기업투자	1,127,124	1,127,124	대한항공(1,045,199), 한진(81,924)
투자부동산	83,668	83,806	토지(73,225), 건물(13,769)
유형자산	10,208	10,222	토지(8,966)
기 타	8,075	9,015	
자 산 총 계	1,859,230	1,913,421	

(금감원 전자공시)

2020년 1분기 말 현재, 한진칼의 공시된 자산가치는 약 1.8조원이다. 현금과 예금이 약 1,200억원, 투자부동산 약 900억원은 쉽게 분석할 수 있는 자산이다.

종속기업 및 관계기업은 (취득)원가법을 적용해서 평가하고 있다. 한국거래소 종가를 기준으로 계산한 공정가치는 대한항공 531,566백만원, 한진 86,690백만원이다.

제주도와 영종도의 호텔을 운영하고 있는 칼호텔네트워크의 건물 및 토지는 장부가 기준으로 약 5,318억원(토지 2,046억원, 건물 3,184억원)이고, 부채를 차감한 한진칼의 지분가치는 약 2,900억원이다.

제주 칼호텔은 휴가철 선호도가 상당히 높다는 점을 감안한다면 한진칼네트워크의 자산가치는 2,500억원은 될 것으로 추정되었다.

소공동 KAL빌딩과 인천의 정석빌딩의 장부가치는 약 900억원(48.27%의 가치)이다. 소공동 KAL빌딩은 서울의 요지에 있는 빌딩이다. 부채를 감안한 두 빌딩의 가치는 얼마나 될까? 자산의 가치가 총 부채를 훨씬 초과하기 때문에 더 깊이 따져보지는 않았지만, 장부가 수준의 가치는 있는 것으로 판단했다.

토파스여행정보는 설립 후 20년이 경과한 회사로 자기자본은 297억원이나, 최근 2년간 매년 120억원의 당기순이익을 시현했다. 한진칼이 제시한 장부가치 536억원은 적정한 수준으로 판단되었다.

관계기업인 대한항공의 장부가치는 약 1조원이지만, 대한항공이 부도난다고 가정하고 2,000억원 정도의 가치가 있다고 판단했다. 코로나바이러스 때문에 호황을 누리고 있는 택배회사 한진의 경우에는 장부가치 그대로 인정해주었다.

추정한 자산가치를 요약해보면, 현금과 투자부동산 약 2,000억원, 한진칼네트워크 약 2,500억원, 정석기업 900억원, 토파즈여행정보 500억원, 대한항공 2,000억원, 한진 800억원이다. 한진칼이 어려워져서 보유자산을 매각한다면 약 8,700억원을 회수할 수 있다는 결론을 내렸다.

다음으로 부채를 살펴보자.

(백만원)

계정과목	Q1 2020	2019	비 고(Q1 2020 기준)
매입채무 등	17,149	2,396	미지급배당금(15,236)
단기차입금	125,000	125,000	한국증권금융(54,000), 농협은행(30,000), KB증권(20,000), 하나금융투자(11,000), BNK증권(10,000)
유동성장기부채		69,970	
기타유동금융부채	4,644	4,631	임대보증금(4,644)
사 채	87,806	87,763	2회 회사채(88,000)
장기차입금	80,000	80,000	KEB하나은행(80,000)
기 타	2,669	3,270	
부채총계	317,268	373,030	

(금감원 전자공시)

부채는 총 3,172억원으로 대부분 차입금으로 구성되어 있다. 제조업의 경우 매입채무 비중이 높은데, Value Chain에서 경쟁력이 있는 기업의 경우 매입채무의 만기를 늘리는 방법으로 유동성위험에 대처할 수도 있다.

한진칼은 자산(추정가치 8,700억원)이 부채(3,172억원)를 훨씬 초과하므로 부도가능성은 거의 없다는 결론을 내릴 수 있다.

필자는 1993년 한일건설 전환사채 30억원을 매입하면서 회사채 투자를 시작했다. IMF 이전의 회사채는 보증채로 발행되어 발행회사가 부도나도 원리금상환을 걱정할 필요가 없었다. 당시의 지표금리는 3년 만기 은행보증 회사채 금리이었다. 지표로 사용할 만한 국채가 없었기 때문에 3년 만기 은행보증 회사채 금리를 사용하였는데 법원에서도 이 금리를 사용했다.

국고채는 1996년에 최초로 발행되었고, IMF당시 발행잔액은 4조원이었다. IMF 구제금융을 신청할 당시의 우리나라 국채는 국민주택채권(13조원), 양곡증권(33조원), 국고채(4조원)로 구성되어 있었고, 국채 발행잔액은 총50조원 수준이었다.

IMF 외환위기 이후에 무보증무담보 회사채가 발행되고 부도 또는 준부도를 겪게 되면서 신용위험에 관심을 갖게 되었다. 신용평가등급과 리포트가 큰 도움이 되었고, Black-Scholes-Merton의 구조모형으로 신용등급의 부족함을 메울 수 있었다.

투자하려는 회사가 어떤 회사인지? 회사의 자산가치는 얼마인지? 자산을 모두 매각하면 부채를 상환할 수 있는지? 등에 대한 답을 찾으면서 신용위험이 어느 정도인지를 파악했다.

또한 부채를 채권자의 Interest(이해), 자본을 주주의 이해(Interest)라고 정의하고, 구조조정이 진행될 때 채권자와 주주의 이해가 어떨지를 예측해보면 향후 전개과정이 뚜렷하게 보일 경우도 있었다.

이해관계인(채권자, 주주)은 각자 손해보지 않는 방향으로 행동하기 때문이다. 채권자 중에서도 협약채권자(은행 등)와 비협약채권자의 이해가 대립하는 경우가 있고, 주주의 경우에도 대주주와 소액주주의 이해가 일치하지 않을 경우가 있다.

6-5 워크아웃(Work-out)

회사채를 발행하는 주식회사는 『상법』에 근거해서 설립, 운용, 해산한다. 주식회사가 해산할 때는 부채를 전액 변제한 후 잔여재산을 주주가 공평하게 나눠 가지도록 되어 있다. 채무자에 대한 부채를 전액 변제하지 못하고 법원 감독하에 해산하는 것을 파산이라고 한다. 파산의 경우에는 채권자의 청구권 순위에 따라 회사의 재산을 배분한다.

어려움에 처한 회사(부실징후기업)가 청산이나 파산을 하지 않고 회생(reorganization)하는 방법으로는 워크아웃과 기업회생절차(rehabilitation)가 있다. 워크아웃은 다시 사적워크아웃과 공적워크아웃으로 나뉘는데 사적워크아웃의 대표적인 것이 채권금융기관 자율협약이다.

채권금융기관 **자율협약**은 해당 기업에 여신을 제공한 채권금융기관들이 협약을 체결한 후 회생을 지원해주는 것이다. 채권금융기관 자율협약에 들어갈 경우에는 해당기업의 무담보여신(회사채 포함)에 대해 약 10%의 충당금을 적립한다.

아시아나항공, 대한전선, STX조선해양, ㈜STX, 동부제철이 채권금융기관 자율협약을 적용한 대표적인 사례이다. 자율협약은 법적 강제성이 없기 때문에 참여하는 금융기관의 협조가 필수적이다. 동부제철의 경우 금리에 대한 이견으로 자율협약 대신에 법적 강제성이 가능한 워크아웃에 들어갔다.

『기업구조조정촉진법』을 적용한 워크아웃은 협약대상 채권자에게 법적구속력이 있다. 우리나라는 1998년부터 워크아웃 제도를 도입해서 현대건설, 하이닉스반도체, 금호산업, 현대상선 등 일시적인 유동성위험에 빠진 기업들의 회생을 도왔다.

『기업구조조정촉진법』은 『상법』의 특별법으로 채권금융기관이 중심이 되어 기업의 구조조정을 수행할 목적으로 제정되었다. 매3년마다 연장되어 오다가 2014년 말에는 2015년 말까지 1년 연장하고, 2016년에 다시 2018년 6월까지 연장되었다가 일몰되었다. 금융당국은 2018년 8월부터 기업구조조정업무 운영협약을 제정해서 운용하여 기촉법 부재에 대처하려고 했다. 운영협약 가입 대상은 387개 채권금융기관과 공제회이며, 협약대상자는 주채권은행의 제1차 협의회 소집통보 시 채권행사를 유예해야 한다. 이를 위반할 경우에는 위약금을 물어야 한다.

2018.9.20일 5년 한시법(限時法)인 새로운 『기업구조조정촉진법』이 국회 본회의를 통과하고, 2018.10.16일부터 시행되었다.

『기업구조조정촉진법』을 적용한 워크아웃의 특징은 **협약채권자**와 **비협약채권자**를 구분하고, 협약채권자가 중심이 되어 채무재조정(만기연장, 이자감면, 출자전환) 및 신규자금지원을 하는 것이다. 비협약채권자를 배제하는 것은 신속한 의사결정의 필요성 때문이다.

2018.10.16일 시행된 『기업구조조정촉진법』에서는 모든 금융채권이 협약채권으로 분류되었다. 기존의 비협약채권으로 분류되던 연기금과 일반투자자도 협약채권자로 분류되었으나, ① 금융기관이 아닌 채권자와 ② 총채권액의 1% 미만 채권자는 협약채권자에서 제외할 수 있도록 되어 있다. 실무에서는 예외 조항을 적용해서 비금융기관인 채권자와 소액투자자는 협약채권에서 제외하고 있다.

또한 상거래채권은 협약채권으로 분류되지 않기 때문에 전액 상환한다.

『상법』에 근거한 **사채권자집회**에서 채무재조정이 결의되는 경우에는 **비협약채권자**도 채무재조정에 참여해야 한다. STX97회, 디비메탈10-2, 11, 14회, 현대상선180, 186회, 포스코플랜텍5-2회 등이 그 사례이다.

㈜STX는 채권금융기관 자율협약을 추진하면서 회사채 97회의 사채권자집회를 소집해서 채권금액의 일부를 출자전환, 만기연장 및 표면금리 인하를 결의하였다. 사채권자집회의 결의내용은 STX97회의 모든 채권자(개인투자자 포함)에 적용된다.

2015년 2월 디비메탈(구, 동부메탈)은 주채권은행에 『기업구조조정촉진법』에 의거한 채권금융기관 관리절차(워크아웃)를 신청했다. 채권금융기관에서는 디비메탈 회사채를 보유한 비협약채권자들이 사채권자집회를 통해서 만기연장과 표면금리 인하를 결의하는 조건부로 워크아웃을 수용했다.

채권금융기관이 신규로 지원한 자금으로 비협약 회사채투자자들의 원리금 상환에 사용되는 것을 방지하겠다는 의도이다. 비협약채권자들이 사채의 만기연장에 동의하지 않으면 기업회생절차에 들어가겠다는 배수진을 쳤다. 채권금융기관들은 담보를 확보하고 있어서 기업회생절차에 들어가도 불리하지 않았을 것이다.

디비메탈은 무담보채권의 만기를 3년 연장하고, 표면금리를 2%로 낮추는 안으로 사채권자집회를 소집했고 큰 어려움 없이 통과되었다. 무담보회사채를 보유한 비협약채권자들은 만기를 연장하는 것이 기업회생절차에 들어가는 것보다 유리하다고 판단했을 것이다.

디비메탈의 워크아웃에서는 기존주주의 감자 없이 선순위 청구권자인 회사채투자자가 채무재조정(만기 3년 연장, 금리인하)을 했다. 채무재조정의 가장 큰 원칙은 주주가 먼저 책임을 지는 것이다. 기존주주의 감자 후에 채권자의 채무재조정이 이루어져야 했는데 그렇지 못했기 때문에 논란의 소지를 남기고 있다.

디비메탈은 이후 2번 더 사채권자 집회를 소집해서 기존 회사채의 만기를 최대 2026년까지 연장했다.

현대상선 제1회 신종자본증권(영구채) 사례

현대상선은 재무구조(부채비율)를 개선하기 위하여 제1회 채권형 신종자본증권을 발행했다. 사채의 만기는 30년이지만 발행회사의 판단으로 만기연장이 가능한 영구채이고, 자본으로 분류할 수 있다.

인수계약서에서 확인한 현대상선 제1회 신종자본증권의 발행조건은 아래와 같다. 사모로 발행되었기 때문에 **인수계약서**에서 발행조건을 확인해야 한다.

현대상선 제1회 신종자본증권 주요 발행조건

- 발행금액: 200억원 (한국예탁결제원 등록발행)
- 발행일: 2012.12.27
- 만기일: 2042.12.27 (만기연장 가능)
- 콜옵션: 2017.12.27일(이후 매년) 및 **본 사채를 부채로 분류해야 할 경우**
- 표면금리(최초 5년간): 연 7.05%
- 표면금리(5년 이후): 7.05% + (5년시점 국고채 5년물 금리 – 3.02%(발행시점 국고채 5년물 금리) + 3.5%(step-up)
- 청구권순위: 무담보선순위채와 동일
- **기한이익상실 사유:** 청산의 경우에만 기한이익이 상실

현대상선은 2016.3월 워크아웃(채권금융기관 공동관리절차)에 들어갔다.

금융기관은 협약에 따라 신규자금지원과 함께 채무재조정(만기연장, 이자감면, 출자전환)했고, 일반회사채를 보유한 **개인투자자**들도 사채권자집회 결의로 채무재조정(50% 출자전환, 나머지는 만기연장하고 표면금리 인하)을 했다.

워크아웃에도 불구하고 제1회 신종자본증권은 채무재조정 없이 2018.12.27일(2번째 콜옵션일)에 콜옵션을 행사해서 원리금 전액 상환했다.

선순위인 일반회사채는 최소한 50% 출자 전환하고, 만기가 연장되었는데, 실질적인 후순위인 신종자본증권의 원리금이 전액 상환된 것은 분석해볼 가치가 있다.

2016.3월 워크아웃에서 기존주주는 **감자**, 채권자(대출, 회사채 등)는 **출자전환, 만기**

연장, 금리인하를 했다. 그런데도 제1회 신종자본증권은 원리금을 전액 상환받을 수 있었을까?

현대상선은 제1회 신종자본증권을 **자본**으로 분류하고 있었다.

영구채는 주식이 아니기 때문에 감자대상이 아니었다. 이미 자본으로 분류하고 있었기 때문에 출자 전환할 필요도 없었다. 그리고, 영구채이므로 만기연장도 필요 없었다. 회사가 판단해서 영원히 상환하지 않아도 되기 때문이다.

그럼에도 불구하고 **금리인하**는 가능하지 않았을까?

제1회 신종자본증권의 표면금리는 2017.12.27일까지 연 7.05%, 2017.12.27일부터는 9.438%로 상향조정(step-up) 되었다. 다른 채권자들은 연 2%로 금리가 낮아진 것을 감안한다면 연 7.05%, 이후 연 9.438%는 상당히 높은 금리(표면금리)이다.

채권의 발행조건(만기일, 표면금리 등)은 발행시점에 확정되고(fixed), 이후 발행조건을 변경하려면 **워크아웃**, **기업회생절차**, **사채권자집회**, 그리고 **당사자간 합의**를 통해서 가능하다.

상법에 근거한 사채권자집회는 사채관리회사가 지정된 공모회사채의 경우에 해당하므로 사모로 발행된 현대상선제1회 신종자본증권은 당사자(발행자와 투자자)간 합의 외에는 채무재조정을 진행할 방법이 없다.

2016.3월 당시 제1회 신종자본증권을 보유하고 있던 기관과 현대상선(또는 주채권은행)이 어떤 협의를 했는지 알 수는 없지만, 결과적으로 채무재조정 없이 이자를 지급하고 있었다.

필자는 2017.5월에 동채권의 매입을 제안 받아서 액면 10,000원당 9,700원에 매입했고, 2018.12.27일 콜옵션으로 원리금 전액 상환 받았다.

6-6 기업회생절차

주식회사의 두 번째 구조조정방법은 『채무자회생 및 파산에 관한 법률』을 적용한 기업회생절차이다. 기업회생절차는 워크아웃을 추진하기 어려운 기업이 법원(서울회생법원)의 도움(심판)을 받아서 회생을 도모하는 것이다.

서울회생법원은 회생절차를 신청한 기업의 자율구조조정 기회를 부여하기 위하여 최장 3개월간 회생절차개시 결정을 보류하는 제도(ARS Program, autonomous restructuring support program)를 시행하고 있다. 해당기업은 이 기간동안 상거래채무를 상환할 수 있고, 채권금융기관과 채무재조정 계획을 수립하여 회생절차없이 구조조정을 추진할 수 있다. 이것은 회생절차로 당좌거래가 정지되어 상거래채권자가 연쇄부도 나는 것을 막는데 기여할 전망이다.

2021회계연도 감사의견 거절로 부도난 시스웍은 2022.6.3일 회생절차 개시 신청을 하면서 동시에 ARS Program을 신청했다. 회생법원은 2022.6.24일 회생절차 개시여부 결정 보류 결정을 내림으로써 ARS Program을 진행했다.

이후 담보자산을 처분해서 제5회 담보CB를 상환하고, 제7회 사채권자와 채무조정을 합의했다. 2022.9.14일 사채권자 집회에서 채무조정안이 통과되었고 법원의 인가를 받으면 회생절차 개시없이 정상화된다.

ARS Program은 법원 감독하에 이루어지는 Work-out(상거래채무를 상환하는 등 정상적으로 영업하기 때문)이다. 회생절차를 진행하는 것보다 기업가치에 미치는 악영향이 적기 때문에, 워크아웃 대상이 되지 않는 중소규모 회사들이 효율적으로 구조조정할 수 있는 좋은 제도이다.

부실징후 기업이 법원에 기업회생절차를 신청할 때는 회사재산에 대한 보전처분도 함께 신청한다.

일반적으로 기업회생절차를 신청하는 것은 기존 채무에 대한 기한이익상실 사유에 해당한다. 기한이익 상실사유를 Event of Default(EOD)라고 하며 대출계약서 또는 무보증사채 사채관리계약서(Indenture)에 명시되어 있다.

만기가 남은 채무의 기한이익이 상실되면 즉시 변제의무가 생기고, 해당 채권자들은 채권확보를 위한 조치를 해야 한다.

만기 3년의 회사채를 발행한 기업을 예로 들어보자. 회사채 만기 이전에 정상적으로 이자를 지급하면 만기까지 원금을 상환할 의무가 없다. 이 경우에 회사가 기한이익(期限利益)을 가지고 있다고 한다.

만약 만기 이전에 이자를 지급하지 못했다면 이는 일종의 부도에 해당되며 회사의 기한이익은 상실된다. 회사는 이자 뿐만 아니라 원금도 즉시 변제할 의무가 생기는 것이다(Acceleration).

'이자도 갚지 못하는 기업에 대해 원금을 상환하라고 청구하는 것이 의미가 있을까?'라는 의문을 가질 수 있다.

B기업의 채무는 회사채1회 뿐이고, 회사채 투자자는 C와 D밖에 없다고 가정해보자. B기업의 부도(회사채1회의 기한이익 상실) 후 투자자 C는 적극적인 채권보전조치를 취해서 B기업의 자산에 대해 압류를 하고, 투자자 D는 아무런 조치도 취하지 않을 경우 투자자 C는 압류한 재산의 소유권을 가지게 되어 투자금액의 상당부분을 회수하고, 투자자 D는 회사의 압류당한 자산을 투자자 C가 가져가도록 지켜봐야 할 것이다.

물론 현실에서는 위의 예처럼 되지는 않는다. 회사는 기한이익상실과 동시에 채권자들의 채권확보 조치로부터 회사(법인)를 지키기 위해서 법원으로부터 재산보전처분 결정을 받는다. 재산보전처분 결정이 없다면 채무자(기업)가 채권자의 채권확보에 대항할 수 없다.

회사가 회생절차를 신청하면 법원은 회생절차 개시 여부를 결정한다. 법원이 회생절차를 개시하기로 결정한 경우에는 법원 주도로 회생절차가 진행된다. 법원이 의사결정을 하는 것이 아니라 법원은 심판 역할을 하고 의사결정은 회사의 이해관계인(회생담보권자, 회생채권자, 주주 등)이 한다.

법원은 기업회생절차 개시결정에 이어 외부전문가(주로 회계법인)에게 회사의 재산상태를 조사하여 보고하게 한다. 외부전문가의 조사보고서는 제1회 관계인집회에서 보고된다.

제1회 관계인집회에서 재산상태와 채권금액에 이견이 없으면 회사와 채권자를 대상으로 회생계획을 수립해서 제출하도록 요구한다. 이 회생계획은 제2회 관계인집회에 보고되고 곧이어(당일) 제3회 관계인집회에서 표결에 붙여진다.

자본이 전액 잠식인 경우 주주의 의결권은 소멸되고 회생담보권자조와 회생채권자조로 나누어 찬성과 반대의 의사를 표시하고, 회생담보권자의 3/4, 회생채권자의 2/3 찬성으로 회생계획이 가결된다. 이해관계인이 회생계획을 반대하는 경우에도 법원이 강제로 인가할 수 있다.

기업회생절차에서 회생채권자들의 출자전환 이전에 주주의 감자가 선행되는데 회생채권자들은 충분한 수준의 주주감자를 요구한다. 부실경영에 대한 책임은 주주가 부담해야 한다는 것이다. 또한 회생채권자들은 현금변제비율을 최대한 높이고 출자전환비율을 최소화하기를 원한다.

회생담보권자들은 큰 반대없이 회생계획에 동의하는 경우가 대부분인데, 보통 2년 이내에 담보채권자의 원리금을 전액 현금으로 지급하기 때문이다. 우리나라의 기업회생절차(rehabilitation process)에서는 담보가치를 100% 인정해준다. 외국에서 회생(reorganization)의 경우에는 담보가치가 100% 인정되지 않는 것과 대비된다.

여기서 담보자산의 질(quality)이 매우 중요하다. 쓰레기를 담보로 잡고 있으면 쓰레기의 가치만큼 인정하고, 황금을 담보로 할 경우에는 황금의 가치를 인정해주기 때문이다. 물론 채권금액을 초과하는 담보는 회사에 귀속된다.

회생절차에서 담보가치를 100% 인정해주므로 담보채를 매입하는 것은 좋은 전략이다. 우리나라에는 담보채가 많지 않다는 것이 아쉬운 점이다.

그러나 형식상 담보채는 아니지만 담보를 넉넉하게 확보하고 있는 채권이 있다. 부동산담보 대출채권 또는 관급공사 매출채권을 유동화한 단기사채 등을 예로 들 수 있다. 관급공사 매출채권 및 미래매출채권을 담보로 발행한 단기사채는 매출발생이 확실하다면 해당 건설회사가 부도날 경우에도 안전하다고 할 수 있다.

관급공사 매출채권은 기성고(공사진척률)에 따라서 확실하게 대금이 지급되고, 미래매출채권도 마찬가지다. 건설회사가 부도나면 미래매출채권이 발생하지 않을 것을 우려하는 투자자가 있다. 관급공사의 경우에는 건설회사가 부도나서 회생절차에 들어가더라도 공사를 진행해야 한다. 그렇지 않으면 공기지연에 따른 지체보상금을 물게 되어 회사가 회생하는데 도움이 되지 않는다.

민간공사의 경우에는 건별로 공사를 중단하는 경우가 있지만, 관급공사는 공사를 제대로 이행하면 대금이 지급되기 때문에 해당회사의 부도에도 불구하고 공사를 계속한다.

부도발생으로 모든 채권과 채무가 동결되었는데 어떤 하청업체가 공사를 진행할까? 라는 의문이 들 수 있다. 이 문제를 해결하기 위해서 공익채권이라는 제도를 두고 있다. 부도 이후에 용역이나 Service를 제공하면 그 용역이나 Service는 공익채권으로 분류되어 담보채권보다 우선적으로 변제 받도록 하고 있다.

관급공사 매출채권을 담보로 발행된 단기사채는 숨어있는 보석이라고 할 수 있다.

기업회생절차에서 주로 회사가 회생계획을 수립하고 있다. 회사의 상황을 본인이 가장 잘 알기 때문인데 이 때문에 회생채권자들의 불만이 크다. 회사를 운영하는 대주주 또는 대주주의 대리인인 경영자가 회생계획을 수립하기 때문에 주주에 유리하게 회생계획을 수립한다는 것이다.

회생채권자(무담보채권자)들 입장에서는 부도를 낸 당사자가 회생계획을 수립하는 것이 맞지 않다. 이른바 Debtor in Possession(DIP)이 부당하다는 것이다.

앞에서 설명한 것처럼, 주주에게 유리하게 회생계획을 수립하는 대표적인 경우는 회생채권자들의 출자전환 전 기존주주의 감자비율을 낮게 결정하는 것이다. 기존주주의 주식에 대한 충분한 감자없이 채권자들이 출자전환하게 되면 회생채권자의 이익을 주주에게 넘겨주는 것과 같다.

어떤 기업이 회생절차에 들어간다는 것은 그 기업이 적기에 채무를 이행하지 않겠다는 의미이다. 즉, 부도를 낸 것이다. 이 경우 회사채투자자들은 '매입한 회사채가 휴지가 되었구나'라고 생각할 수 있다. 이는 사실과 다르다.

주식회사에는 자산이 있는데, 부도의 경우에 채권자는 그 자산에 대한 선순위청구권이 있다. 회사채에 투자하기 전(또는 부도채권을 매입하기 전)에 해당 채권의 청구권 가치를 계산해보는 것은 매우 중요하다.

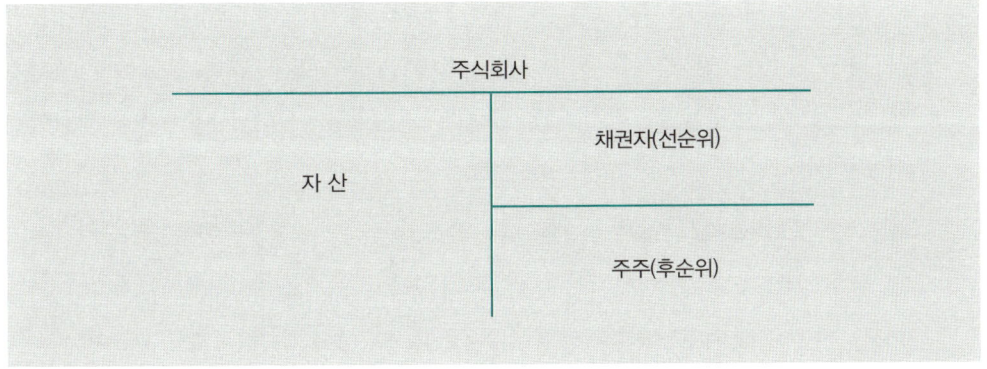

회생채권자의 청구권가치를 계산하기 위해서는 공시된 회사의 자산을 시가(매각가능한 가격)로 재평가해서 회사 전체의 청구권가치(시가)를 계산해야 한다. 이렇게 추정된 회사 전체의 청구권가치를 청구권 순위에 따라서 배분하면 된다.

이 절차를 요약하면 다음과 같다.

첫 번째, 회사 사업내용을 이해한 후 자산가치를 시가로 평가한다.

두 번째, 담보채권 규모를 확인하고, 시가로 계산된 금액을 담보채권자에게 우선 배분한다. 이 때 담보가 설정된 자산의 가치로만 담보채권자에게 배분하여야 한다.

세 번째, 담보채권자에게 배분하고 남은 잔여재산을 무담보선순위채권자에게 배분한다.

네 번째, 무담보선순위채권자에게 배분하고 남은 잔여재산을 후순위채권자에게 배분한다.

다섯 번째, 후순위채권자에게 배분하고 남은 재산을 우선주 주주에게 배분한다.

여섯 번째, 우선주 주주에게 배분하고 남은 재산 전액을 보통주 주주에게 배분한다.

이렇게 분배하는 것을 Absolute Priority Rule(또는 cash flow waterfall)이라고 한다.

포스코플랜텍 사례

2015.6.3일 채권은행관리절차(워크아웃)를 개시한 포스코플랜텍을 사례로 무담보회사채의 청구권가치를 계산해보자.

2015.8월 현재 포스코플랜텍은 5-1회(2015.9.13일만기) 520억원과 5-2회(2016.9.13일만기) 480억원이 미상환된 상태이다.

워크아웃은 개시결정 → 실사 → 경영개선협약체결의 세 단계가 있다. 포스코플랜텍의 경우 2015.6.3일 개시결정이 있었고, 2015.6.3~2015.9.2일에 실사를 하고 실사결과를 바탕으로 채권금융기관과 포스크플랜텍이 경영개선협약(MOU)을 체결하면 워크아웃이 확정된다.

금융감독원 전자공시에서 플랜트사업을 영위하는 포스코 계열사라는 것을 확인할 수 있다. 포스코와 포스코건설에 대한 매출액이 전체의 50~60%수준이다. 계열사(모회사) 매출을 Captive매출이라고 하는데, POSCO에 대한 매출채권은 받을 가능성이 높으므로 시가평가 시 감액비율을 낮출 수 있다.

Dart(금융감독원 전자공시)에 공시된 자료에 근거한 포스코플랜텍의 자산가치는 다음과 같이 추정할 수 있다.

포스코플랜텍

(단위. 백만원)

구 분	장부금액	감액비율	추정가치
현금등가물	53,678		53,678
단기금융자산	3,456		3,456
매출채권	140,841	30%	98,589
단기금융자산	45,152		45,152
미청구공사	194,601	50%	97,301
재고자산	19,306		19,306
기타유동자산	23,474		23,474
장기매출채권	25,369	50%	12,685
장기금융자산	4,903		4,903
유형자산	244,709	30%	171,296
무형자산	12,016	50%	6,008
기타	1,899		1,899
자산총계	769,404		537,746
부채총계	627,020		
자기자본	142,384		− 89,274

(자료: 2015.3월 말 기준, 금감원 전자공시)

2015.3월 말 기준으로 포스코플랜텍의 자산은 7,694억원, 부채는 6,270억원, 자본은 1,423억원이다. 장부 외로 태양광발전소 관련 지급보증이 1,869억원 있다.

회사의 사정을 감안해서 매출채권 30%, 미청구공사 50%, 장기매출채권 50%, 유형자산 30%, 무형자산 50% 감액한 후의 자산가치는 5,377억원이다. 태양광발전소는 자료가 부족해서 평가하지 않았다.

담보채권자가 없다고 가정하면 무담보채권자의 회수율은 85.7%이다.

$$85.7\% = \frac{5,377억원}{6,270억원}$$

분기보고서에는 담보로 제공된 자산명세서가 없기 때문에 담보채권자에게 우선 배분하지 않았다. 추후 담보제공 자산이 확인되면 무담보채권자의 회수율은 더 하락하게 된다.

기업을 분석할 때 주요주주가 누구인지 살펴보는 것도 중요하다. 포스코플랜텍의 주요주주는 다음과 같다. 든든한 주주가 있는 경우에는 주주가 손실을 떠 안기 때문에 점수를 높여줘야 한다.

주 주 명	지분율(%)	비 고
포스코	60.83	73.93%
포스코건설	13.10	
산업은행	3.86	
전정도	3.04	
삼성엔지니어링	2.88	
세화엠피	2.52	
우리사주조합	1.61	
기 타	12.16	
합 계	100	

(자료: 2015.3월 말, 금감원 전자공시)

2015.7~8월에 포스코플랜텍 회사채는 5-1회(2015.9.13일 만기)와 5-2회(2016.9.13일)가 있었고, 액면금액 10,000원당 5,000원 수준에서 거래되었다. 5-1회를 매입한 투자

자는 만기에 원리금을 전액 상환받았고, 5-2회를 매입한 투자자는 사채권자집회에서 만기가 1년 연장되어 2017.9.13일에 원리금을 상환 받았다. 포스코플랜텍 5-2회 사채 권자집회에서 만기만 1년 연장되고 표면금리는 조정하지 않았다.

디비메탈15회(담보채, B-) 사례

디비메탈15회는 디비메탈(구, 동부메탈)의 동해공장에 2순위 근저당권을 설정하고 발행된 담보채권이다. 동해공장의 감정가액은 3,190억원이고, 1순위 근저당권자의 대출 금액은 726억원이다.

디비메탈15회의 발행금액은 320억원이므로 동해공장의 가치가 1,046억원 이상이면 원금을 회수할 수 있다. 디비메탈이 기업회생절차에 들어가면 담보채권자는 담보가치 범위 내에서 우선 변제권을 갖는다.

[동해공장 근저당권자에 대한 대출잔액]

1,046억원 = 726억원(1순위근저당권자 대출잔액) + 320억원(15회 회사채)

담보가치를 계산할 때 비핵심자산(또는 비업무용자산)인 경우에는 실제 매도가격, 핵심자산인 경우에는 과거 **경매낙찰률을 적용**해서 평가한 가격을 사용한다.

디비메탈은 동해공장이 유일한 생산시설이므로 이것이 회사의 핵심자산이고 이 경우에는 과거 경매낙찰률로 평가한 가격이 담보가치이다. 디비메탈의 동해공장에 대해 NICE 신용평가에서는 1,492억원으로 평가하고 있고, 한신평은 1,289억원으로 평가했다.

보수적인 관점에서 한신평의 평가가격을 사용하더라도 담보가치가 대출금액을 243억원 초과한다.

243억원 = 1,289억원(담보가치) - 1,046억원(대출금액)

일반적인 기업회생절차는 약 13개월 소요되고, Fast Track을 적용할 경우 6개월만에 회생절차가 종결된다. 디비메탈15회의 경우 담보가치 잉여분으로 회생절차 기간 중에 발생한 이자까지 모두 변제할 수 있다.

채권시장에서 이 채권을 황금채권이라고 불렀다. 디비메탈은 제철소에 꼭 필요한 합

금철을 생산하는 회사이어서 회생절차에 들어갈 가능성이 낮고, 회생절차에 들어가 더라도 원리금전액 변제가 가능한 채권이기 때문이다.

이 채권의 신용평가등급이 B-이라는 점은 분석해볼 가치가 있다. 무담보채의 신용등 급이 CCC+(워크아웃 등급)이어서 이보다 1 notch높은 등급을 받고 있었는데, 든든 한 담보가 있어서 원리금상환 걱정은 하지 않았다. 담보채의 신용평가등급이 매우 저 평가되어 있는 좋은 사례이다.

2014년 말 동부건설이 부도나서 기업회생절차에 들어간 이후 시장에서는 동부그룹 제조업 계열사의 워크아웃설이 돌았다. 2015.2월 말에는 황금채권이라고 불리던 디비 메탈15회의 채권가격이 9,200원까지 하락했다. 담보가치가 높다는 사실이 알려지면서 3일만에 10,000원 이상으로 회복되었다.

◆ 범양건영 부도 회사채 사례

필자가 회생절차에 들어간 채권을 본격적으로 매입한 것은 범양건영 회사채부터이다. 범양건영이 회생절차에 들어간 후 장내에서 평균 2,000원(액면가 10,000원)에 회생채 권을 매입했다. 2015년 회생채권에 대한 변제가 완료되어 손익을 계산해보니 원금의 약 50% 손실이 발생했다. 액면가 10,000원 대비 1,000원 정도 회수한 것이다.

범양건영은 보유부동산을 신탁회사에 신탁하고 그 수익권을 은행 등에 담보로 제공 했었다. 은행대출을 받으면서 부동산신탁 수익권에 질권을 설정해 준 것이었다. 회생 계획에서는 이를 신탁대출이라고 하고 회생채권(무담보채권)자로 분류하고 있었는데 실제로는 회생담보권자 이었다.

신탁대출은 부동산에 근저당을 설정한 것과 동일한 효력이 있었기 때문에 회생담보 권으로 분류하고 회수율을 계산했어야 했다. 범양건영의 자산가치를 추정하고 회생 담보권을 제외한 잔여재산을 일률적으로 회생채권에 분배할 경우의 회수율은 최소한 30~40% 수준이었다. 그러나 회생채권 중에서 신탁대출을 회생담보권으로 재분류한 후 회수율을 계산해보면 현저하게 낮게 나온다.

뒤늦게 신탁대출이 회생채권자조로 분류되는 것은 부당하다고 재판부에 이의를 제기 했지만 받아들여지지 않았다.

범양건영 회생채권 투자에서 실패한 이유는 회생채권자로 분류된 채권자 중에도 권리의 차이가 상당하다는 것을 간과했기 때문이다. 이는 『채무자회생 및 파산에 관한 법률』의 문제이기도 하다. 부동산에 직접 근저당을 설정하면 회생담보권자가 되고, 해당부동산을 신탁회사에 신탁하고 그 수익권에 질권을 설정하면 회생채권자가 된다는 것은 맞지 않다.

부동산에 근저당을 설정하는 것이나 동일물을 유동화(신탁 후 수익권)해서 질권을 설정하는 것은 경제적인 관점에서 전혀 차이가 없다. 필자는 이 점을 고려하지 못한 점을 뼈저리게 후회했다.

◗ 남광토건 워크아웃 회사채 사례

남광토건77회는 워크아웃이 진행될 때부터 투자했었다. 매입단가는 5,000원 수준이었다. 워크아웃 도중에 회사채를 1주당 7,500원에 출자전환할 기회가 있었다. 어려운 회사를 도와준다는 생각에서 보유 채권 전부 출자전환해서 주당 6,000원대에 매도했다. 회사채 기준으로 5,000원에 매입해서 8,000원에 매도한 것이다.

$$8,000원 = \frac{6,000}{7,500} \times 10,000원 \text{ (회사채로 환산하기 위해서 액면금액을 곱했음)}$$

남광토건의 경우 토목에 강점이 있고 채권금융기관이 약 1,700억원 신규자금을 지원했기 때문에 정상화가 가능할 것으로 판단했다. 약 1조원에 달하는 PF로 워크아웃이 어렵게 되었고 결국 기업회생절차를 신청했다.

기업회생절차 신청 전후에 4,000~5,000원 대에서 77회 회사채를 재매입했다.

남광토건은 몇 년간 살펴본 회사라서 어느 정도 자신이 있었고, 그 때문에 회생채권으로는 다소 높은 가격에도 매입했다.

기업회생절차에서 두 번의 출자전환 주식을 매도해서 약 50%를 회수했다. 현금변제분이 일부 남아있기 때문에 남광토건77회 투자에서는 성과가 있었다. 남광토건77회의 최종회수율은 액면금액 대비 약 60%이었다. 40~50% 수준에서 매입했으므로 투자수익률은 20~50% 수준이었다.

동양증권(현 유안타증권) 82회(후순위CB), 83회(후순위) 사례

동양그룹이 회생절차에 들어갔을 때는 동양증권 후순위채를 매입하느라 회생채권은 매입하지 않았다. ㈜동양의 경우에 회수율이 100% 수준이기 때문에 2,000~3,000원에 매입한 투자자는 4~5배의 수익을 올렸다.

당시 동양증권82회 후순위CB를 6,000원~7,000원에 매입했는데 매우 저평가된 채권이었다. 자산이 다양한 제조업과 비교하면 증권회사의 자산가치 추정은 어렵지 않다.

동양증권은 종합금융업을 영위하고 있었기 때문에 국채, 지방채, 특수채, 우량채권 외에 약6,000억원의 대출채권이 있었다. 큰 오차없이 자산가치를 추정할 수 있었고 계열사 CP의 부당판매 배상금을 고려해도 후순위채권의 손실가능성은 없었다.

82회와 83회는 둘 다 후순위이고, 만기가 비슷했고, YTM도 연 15% 수준(단가는 6,000원~7,000원)으로 매입조건이 비슷했다. 차이점은 82회는 CB라는 것이었다. 당시는 동양그룹 부도로 동양증권의 주가상승을 기대하는 투자자는 거의 없었다. 전환권이 있는 82회와 전환권이 없는 83회가 같은 가격으로 거래된 것만 봐도 알 수 있다.

필자는 82회 위주로 매입했는데, 고객 중에서 그 이유를 궁금해하는 분이 계셨다. 같은 조건이라면 주식콜옵션(신주인수권)이 있는 채권이 유리하지 않느냐고 했더니 웃으셨다. 부도나지 않으면 다행인 회사의 주가상승 가능성은 없다는 것이었다. 당시 동양증권이 주가는 2,300원대이고, 전환가는 5,000원 중반이었다.

동양증권 후순위채를 매입한 후 1년쯤 지나서 동양증권 주가가 7,000원 이상으로 상승했고, 82회는 14,000원까지 상승했다. 유안타증권이 동양증권을 매입한다는 소문이 퍼지면서 주가가 급등했고, 전환권가치 때문에 82회CB의 가격이 급등한 것이다. 반면, 83회는 채권가치 수준에서 매매되고 있었다.

STX팬오션 부도회사채 사례

STX그룹의 경우 워크아웃 또는 기업회생절차 중에서 어떤 방법을 선택할 지 주시하고 있었다. 지주사인 STX의 경우 회생절차를 예상했었는데 의외로 자율협약에 들어갔다.

상대적으로 재무구조가 좋았던 STX팬오션이 회생절차에 들어가서 액면금액 10만원을 26,000원에 매입했다. 해운업체가 회생절차에 들어갔을 경우 기존의 장부와 회계법인의 실사보고서의 차이를 공부하려고 최소단위를 매입했다.

액면금액 10만원에 대해 채권신고 후 출자전환 주식을 매도해서 약 24,000원을 회수했고, 하림에 인수된 후 26,000원을 조기변제 받았다. 따라서 일반투자자의 STX팬오션 회생채권의 회수율은 50~60% 수준이다.

2012년 회생절차에 들어간 **웅진홀딩스** 회생채권의 회수율은 약80%, 2011년 회생절차에 들어간 임광토건의 회수율은 약90%수준이다.

임광토건의 경우에는 출자전환 없이 원리금을 전액변제했는데 3년에 걸쳐서 지급했기 때문에 현재가로 계산한 회수율이 91% 수준이다.

임광토건 회생절차

2011.11.18일 회생절차개시 신청

2011.11.24일 회생절차개시 결정

2012.3.22일 회생계획 인가

2012.5.24일 회생절차 종결

사모사채 100억

엔포트그대가(ABS) 1,000억

회수율계산

기준일	2011-11-24
액면금액	10,000

5%

변제일자	변제비율	변제금액	할인기간	PV
2012-12-31	45%	4,500	1.10411	4,264.00
2013-12-31	40%	4,000	2.10411	3,609.74
2014-12-31	15%	1,500	3.10411	1,289.19
		10,000		9,162.93

삼환기업의 경우에는 임광토건처럼 출자전환이 없었지만 6년에 걸쳐 분할변제하기 때문에 현가기준 회수율은 77% 수준이다.

삼환기업 회생절차

2012.7.21 회생절차 개시결정

2012.12.21 변경회생계획 가결

2013.1.14 회생절차 종결 신청

2014.1.17 회생절차 종결 결정

삼환기업127-2회(무보증사채)

발행일	2010-10-27		
만기일	2012-10-27		
액면금액	10,000		
표면금리	8.60%	4	2.150%
회생절차개시일	2012-07-21		

회생채권 회사채 변제계획

5%

일자	변제비율	변제금액	할인기간	PV
2015-12-31	35%	3,500	3.45	2,958.27
2016-12-31	10%	1,000	4.45	804.86
2017-12-31	23%	2,300	5.45	1,763.03
2018-12-31	12%	1,200	6.45	876.04
2019-12-31	10%	1,000	7.45	695.27
2020-12-31	10%	1,000	8.45	662.07
	100%	10,000		7,759.55

기업의 부채는 크게 **은행담보대출(차입금), 매입채무, 회사채**(기업어음 포함)로 구분된다. 매입채무는 상거래에서 발생한 외상매입금이다. 주로 Value Chain의 하청업체에 대한 미지급금인데 일반적으로 상거래채무에는 담보를 제공하지 않는다.

따라서 상거래채무(매입채무)는 회생채권자로 분류되고 회수율은 무담보회사채와 비

숫하다. 대부분 회생계획에서 상거래채권자의 회수율이 무담보회사채 투자자보다 약간 높다.

삼환기업의 회생채권 상거래채권의 회수율은 다음과 같다.

삼환기업 회생채권 상거래채무 변제계획

기준일	2012-07-21
원금	10,000

				5%
변제일자	변제비율	변제금액	할인기간	PV
2013-12-31	5%	500	1.44657534	465.93
2014-12-31	5%	500	2.44657534	443.74
2015-12-31	35%	3,500	3.44657534	2,958.27
2016-12-31	10%	1,000	4.44931507	804.86
2017-12-31	20%	2,000	5.44931507	1,533.07
2018-12-31	10%	1,000	6.44931507	730.03
2019-12-31	10%	1,000	7.44931507	695.27
2020-12-31	5%	500	8.45205479	331.04
	100%	10,000		7,962.22

무담보 회사채와 상거래채권은 똑같이 회생채권으로 분류되지만 상거래채권자의 회수율은 79%로 무담보회사채 투자자의 회수율보다 2% 높다.

🔹 동부건설 부도회사채 사례

2014년 12월 31일에 회생절차를 신청한 동부건설의 경우 채권금액의 53%를 출자전환하고, 47%는 10년에 걸쳐서 현금변제한다. 주당 5,000원에 출자전환한 후 5대 1로 감자를 하기 때문에 회생채권자의 원가는 1주당 25,000원이다.

동부건설 회생채권자의 경우 감자 후 주식이 100주 미만인 경우에는 2015.9.4일에 매도할 수 있고 100주 이상의 경우에는 6개월간 보호예수 후에 처분할 수 있다. 출자전환이 있는 경우는 항상 그렇듯이 출자전환 주식을 얼마에 매도하는지가 투자수익률에 결정적인 영향을 미친다.

동부건설의 회생계획에 의거 동부건설257회 회생채권자의 회수율을 계산해보자.

동부건설257회의 회생채권금액은 10,037원(액면금액 10,000원 + 이자 37원)이다. 현금 변제분 47%에 대한 변제스케줄과 할인율 5%로 할인한 현재가는 3,695원이다.

현금변제 Schedule

5%

변제일	비율	금액	잔존기간	PV
2015-12-31	5.00%	236	0.99	224.73
2016-12-31	38.00%	1,793	1.99	1,626.38
2017-12-31	2.00%	94	2.99	81.52
2018-12-31	1.00%	47	3.99	38.82
2019-12-31	1.00%	47	4.99	36.97
2020-12-31	10.00%	472	6.00	352.06
2021-12-31	10.00%	472	7.00	335.30
2022-12-31	10.00%	472	8.00	319.33
2023-12-31	10.00%	472	9.00	304.13
2024-12-31	13.00%	613	10.00	376.49
	100%	4,717		3,695.73

53% 출자전환주식의 감자 후 주가별 회수금액은 다음과 같다.

감자 후 주가별 회수금액

주가	회수금액	비고
25,000	5,320	
20,000	4,256	
18,000	3,830	
16,000	3,405	
14,000	2,979	
12,000	2,553	
10,000	2,128	
8,000	1,702	
7,000	1,489	

6,000	1,277	
5,000	1,064	액면가액
4,000	851	
3,000	638	

회생채권의 53%를 주당 5,000원에 출자전환 후 5대 1 감자를 하기 때문에 채권 액면 금액 기준 회생채권자의 취득원가는 25,000원이다.

현금변제분(현재가로 할인한 금액)과 출자전환 주식을 더한 회수율은 다음과 같다.

회생채권자의 주식 + 현금 회수율

주가	전체 회수금액	회수율	비고
25,000	9,015.32	89.82%	
20,000	7,951.41	79.22%	
18,000	7,525.84	74.98%	
16,000	7,100.27	70.74%	
14,000	6,674.70	66.50%	
12,000	6,249.14	62.26%	
10,000	5,823.57	58.02%	
8,000	5,398.00	53.78%	
7,000	5,185.22	51.66%	
6,000	4,972.43	49.54%	
5,000	4,759.65	47.42%	
4,000	4,546.87	45.30%	
3,000	4,334.08	43.18%	

출자전환 후 동부건설 주식을 주당 16,000원에 매도한다면 약 70%의 회수가 가능하다. 이 경우 회생절차 신청 후 4,000원 수준에서 매입한 투자자는 약 75%의 세후 수익을 기대할 수 있다. 액면가 10,000원인 채권을 4,000원에 매입해서 7,000원 회수할 경우에 3,000원은 자본손익이므로 비과세소득이다.

$$75\%(투자수익률) = \frac{3,000}{4,000}$$

2016.3.20일 출자전환한 동부건설 주식을 매도하고, 미래현금흐름을 할인하여 회수율을 추정해본 결과 60%의 수익이 예상되었다. 출자전환 주식을 모두 매도했기 때문에 투자수익은 60% 수준에서 크게 변하지 않을 것이다.

우리나라의 기업회생절차는 담보를 확보하고 있는지가 매우 중요하다. 다른 나라의 청산 또는 파산에서 볼 수 있는 Absolute Priority Rule이 적용된다는 것이 특이한 점이다.

[Absolute Priority Rule의 청구권 순위]
담보채권자 〉 무담보채권자 〉 후순위채권자 〉 우선주 주주 〉 보통주 주주

기업회생절차에서 **채권신고**는 매우 중요하다. 회사채의 경우에 회생채권금액(담보채의 경우에는 회생담보권금액)이 확정되어 있다. 그럼에도 불구하고 투자자 스스로 신고하지 않으면 채권으로 인정해주지 않는다.

필자는 지인에게 워크아웃 중인 남광토건77회 회사채를 5,000원에 매입하라고 조언해주었다. 당시 필자도 남광토건77회 회사채를 매입하고 있었다. 이후 출자전환으로 채권가격기준 약 8,000원에 매도할 기회가 있었고, 그 기회를 놓쳤으면 회생절차에 들어간 이후 채권신고를 했어야 했다.

남광토건이 제2, 3회 관계인집회를 마치고 한참 후에 필자에게 전화를 해서 남광토건 전망이 어떤지? 를 물어봤다. 매입 이후 증권회사 위탁계좌에 그냥 두었고, 회생채권 신고를 하지 않았다는 얘기를 했다.

액면가액의 절반가격에 매입해서 회생절차에서도 원금회수가 가능했었는데 채권신고를 하지 않아서 전액 실권되었다. 회사채의 경우에는 발행회사가 채권금액을 알고 있기 때문에 투자자가 무지(또는 실수)로 채권신고를 하지 않았다고 해서 실효시키는 것은 부당하다고 법원에 얘기했지만 채권자가 채권을 신고하고 회사에서 시인하는 금액만 인정된다는 답변을 받았다. 필자의 지인이 매입한 남광토건77회는 투자금액 전부 손실을 입었다.

채권신고기한은 회생절차 개시일 이후 제1회 관계인집회 이전으로 정해지지만, 통상적으로 제2회 관계인집회 이전까지 신고하면 인정해준다.

동부건설 회사채의 경우에는 신고유무와 관계없이 발행잔액 전부 회사가 시인하여 미신고 채권자가 피해를 입지 않도록 했다. 회사에서는 발행잔액을 알고 있으므로 이에 대한 권리를 살려 두고(시인하고) 기한을 넘겨서 신고하는 채권자가 있으면 그 때 출자전환주식과 현금변제분을 지급하겠다고 했다. 회생절차에 들어가서 회사채투자자에게 손해를 끼친 것과는 별개로 참 잘했다고 담당자를 칭찬해주었다.

한진해운 부도회사채 사례

2016년 9월 한진해운이 부도나고 2017년2월에 파산절차에 들어갔다. 영업을 하고 있는 회사에 파산결정이 내려진 것은 극히 이례적인 일이었다. 한진해운의 부도는 동사에 화물운송을 맡긴 화주에게 극심한 물류대란을 야기시켰다. 현금부족으로 밀린 연료비, 하역비 등을 지급하지 못하게 되었고, 화물이 항구에 들어가면 압류당하는 사태에 이르렀다.

압류를 피하기 위해서 하역비 등의 필요 경비를 마련할 때까지 화물선이 공해상에 머물렀고 이 때문에 공익채권(부도 이후에 발생한 의무)이 큰 폭으로 증가했다. 당시 법원에서 산업은행과 한진그룹에 공익채권(DIP금융) 2,000억원을 지원해줄 것을 요청했다. 한진해운이 보유한 매출채권으로 법원이 상환 우선권을 보장해주겠다고 하는데도 DIP(debtor in possession)금융이 정상적으로 이루어지지 못했다.

한진해운의 부도시점 무보증회사채 회수율은 약 15%로 추정되었는데, 화물배송이 지연되면서 부도 이후에 발생한 채무가 공익채권으로 인정되어 무보증회사채 추정 회수율은 크게 하락하였다.

2017년2월 파산이 결정되었는데 회생절차에서 파산으로 이어진 견련파산(牽連破産)으로 회생절차에서의 공익채권이 파산재단채권으로 인정되었다.

필자는 한진해운 부도채권을 액면가의 5%(10,000원당 500원) 수준에서 매입하였다. 화물지연운송에 따른 책임이 공익채권으로 분류될 지에 따라서 부도채권의 가치가 달라지겠지만 7.5% 내외의 회수율을 기대하고 매입하였다.

2017.2월 회생절차를 중단하고 파산절차로 넘어가면서 견련파산으로 결정되었고, 부도 이후 발생한 화물운송관련비용이 파산재단채권으로 최종 결정되면 한진해운 부

도회사채는 회수가 불가능할 것이라는 것이 파산법원의 판단이다. 부도 이후 신속한 DIP금융이 이루어지지 않아서 한진해운 회사채에 투자한 기관 및 개인투자자는 큰 손실을 입게 된 것이다.

6-7 회사채신속인수제도

우리나라 채권시장에 AA-등급벽과 A-등급벽이 있다는 것은 이미 설명하였다. 2013년 9월부터는 분리형BW의 발행이 전면 중단됨에 따라 BBB+등급 이하 기업들은 이미 발행한 채권의 차환발행마저 어렵게 되었다.

2013년 7월 8일 금융위원회는 BBB+등급 이하 기업들의 차환발행을 지원하고 회사채시장을 정상화시키기 위한 방안을 발표했다. 주요 내용은 회사채신속인수제도를 부활시켜 원활하게 차환이 이루어지도록 하는 것과 하이일드펀드제도를 도입하는 것이었다.

2000년 초 현대그룹의 유동성사태로 회사채시장이 경색을 보이자 당국에서는 회사채신속인수제도를 시행해서 유동성위험이 커지는 것을 방지하였다. 이 때의 조치를 제1차 회사채신속인수제도라고 한다.

만기 도래하는 액면금액(원금)의 20%는 해당 기업에서 자체자금으로 마련하고 나머지 80%는 채권금융기관에서 매입해주는 것이 회사채신속인수제도이다.

2015년 8월 기준 회사채 신속인수제도를 이용해서 차환발행하는 기업은 동부제철, 현대상선, 한진해운, 대성산업이다. 7월까지 이 제도를 활용하던 ㈜한라는 2015년 8월에 신속인수제도를 졸업했다.

신속인수가 진행되면 협약채권자의 Interest(이해)가 증가하고 비협약채권자의 이해가 감소한다. 협약채권자의 이해가 증가하는 것은 회사의 안정성이 높아진다는 의미가 된다.

모든 채권이 신속인수로 차환발행되었다면 그 기업의 채권자는 협약채권자만 남아 있을 것이고, 이후 어려움이 닥칠 경우에는 기업회생절차보다는 워크아웃으로 회생할 것이기 때문이다.

총 4회 4,000억원의 회사채를 발행한 기업이 신속인수제도로 차환발행한다고 가정해 보자. 매 회차의 발행금액이 1,000억원이면 200억원은 자체자금으로 상환하고 나머지 800억원은 채권금융기관이 신규채권(차환물량)을 매입하는 자금으로 상환하게 된다. 신속인수 전에 협약채권자와 비협약채권자의 비중이 50%일 경우 신속인수 전후의 채권자구성은 아래의 표와 같다.

기존채권(신속인수 전)			신규발행채권(신속인수 후)		
전체금액	협약채권자	비협약채권자	전체금액	협약채권자	비협약채권자
1,000	500	500	800	800	0
1,000	500	500	800	800	0
1,000	500	500	800	800	0
1,000	500	500	800	800	0

이처럼 신속인수제도의 시행으로 BBB+등급 이하 기업의 차환발행이 가능하게 되고, 채권금융기관 위주로 채권단이 바뀌면서 기업의 안정성은 한층 제고되었다.

6-8 고위험고수익투자신탁(일명 하이일드펀드)

2013년 7월 8일 발표된 회사채시장 정상화방안에 고위험고수익투자신탁의 도입이 포함되었다.

『조세특례제한법』 제91조의15(고위험고수익투자신탁)을 신설해서 원금기준 1인당 5,000만원을 한도로 가입한 하이일드펀드에서 발생하는 이자 및 배당소득에 대해서는 15.4%의 원천징수세금을 징구하고, 금융소득종합과세소득에는 포함시키지 않도록 했다. 이 제도는 2014.1.1일부터 시행되었고, 시행령 개정을 거쳐 2014.3.17일부터 하이일드펀드가 설정되었다.

하이일드펀드의 분리과세혜택에 추가하여 금융투자협회의 "증권 인수업무 등에 관한 규정"을 개정하여 공모주식의 10%를 하이일드펀드에 우선배정하도록 했다(제9조(주식의 배정)제1항제4호).

2015.12.15일 『조세특례제한법』을 개정하여, 1인당 가입한도를 기존의 5,000만원에서

3,000만원으로 낮추고, 비우량채권 또는 코넥스 주식 편입비율을 30%에서 45%로 상향조정했다.

시행 초기에는 하이일드펀드의 유동성부족 우려로 시장의 관심이 크지 않았으나 공모주 우선배정제도 때문에 2014년 말에는 설정규모가 3조원, 2015년 말에는 4조원 수준으로 증가하였다.

1999.11월에도 하이일드펀드 제도가 시행되었으나, 이번에는 기존의 공모펀드, 사모펀드 외에 **특정금전신탁**과 **투자일임(Wrap포함)**까지 펀드로 인정되었다.

하이일드투자일임은 투자일임을 영위하는 **투자자문회사와 투자자가** 하이일드 투자일임계약을 맺으면 하이일드펀드로 인정되는 것이다. 기존의 펀드는 자산운용회사의 전유물이었는데 2014년 하이일드펀드가 투자자문사에 허용된 것은 획기적인 일이었다. 이에 호응하여 투자일임 하이일드펀드 규모가 1조 원 수준으로 증가했다.

하이일드펀드는 **BBB+등급** 회사채를 펀드규모의 30% 이상(2014년 말 이후부터 45% 이상) 편입해야 분리과세와 공모주우선배정 혜택이 있다. 하이일드펀드는 STX그룹(2013.6월)과 동양그룹(2013.9월)의 부도 이후 시장에 나온 급매물을 상당부분 소화했다.

2014년 12월 초 제일모직이 상장되어 하이일드펀드 수익에 큰 기여를 했다. 필자가 운용하는 하이일드펀드(투자일임)의 경우에도 연 30%의 수익이 발생했는데, 제일모직 한 종목에서만 10%의 이익이 발생했다.

하이일드펀드의 가입시한은 2014년 말까지인데 『조세특례제한법』을 개정해서 2015년 말까지 1년 연장했고, 다시 2017년 말까지로 연장되었다. 가입일로부터 3년간 유효하기 때문에 2020년 말에 분리과세혜택은 종료되었다.

앞에서 설명한 것처럼 우리나라 채권시장의 강력한 등급벽(AA-, A-)으로 인하여 BBB+ 이하 기업들은 자금조달창구가 막혀 있었고 하이일드펀드가 BBB+등급 이하 회사채의 주 수요처가 되었다.

하이일드펀드가 회사채시장에서 차지하는 역할이 크고, 하이일드펀드의 세제혜택(1인당 투자금액기준 3,000만원에서 발생하는 이자 및 배당소득에 대해 15.4%의 원천징수로 납세의무 종료)은 개인별 최대 연 30만원 수준이어서 국가재정에 미치는 악영향은 미미하다. 2022년 현재 분리과세혜택은 폐지되고, 공모주식 5% 우선배정은 남아 있다.

❯ 회사채 수요예측(Book Building)

2011년11월부터 공모로 회사채를 발행할 경우에는 수요예측을 통해서 발행금리와 발행물량(금액)을 정하도록 하고 있다.

수요예측은 자산운용회사, 투자일임회사, 증권회사가 참여하여 가격과 수량을 결정하는 것으로 공모주 수요예측, 회사채 수요예측이 대표적이다.

2020년말부터 하이일드 투자일임(랩)에서 회사채 수요예측에 적극 참여하고 있다. 이전에 일반투자자(개인 및 법인)는 증권회사의 리테일채권팀을 통해서 장외로 회사채를 매입하거나, 상장 이후 장내에서 매입할 수 있었다. 이 경우에 일정 비용(10,000원당 50원에서 100원 정도)이 발생했다.

하이일드 투자일임(또는 랩)이라는 vehicle을 통해서 수요예측에 참여하면 신규로 발행하는 회사채를 원가(발행가, 10,000원)에 매입할 수 있다. 이 때문에 2021년1월 실시한 두산인프라코어(현 현대두산인프라코어)73회(2021.2.3일 발행)의 수요예측에 투자일임을 통한 일반인 참여금액이 1,500억원 몰렸다.

6-9 모회사와 자회사의 신용위험 비교

회사채 투자자로부터 '왜 모기업의 신용등급이 자회사의 신용등급보다 낮은가?' 라는 질문을 많이 받는다. 한국투자금융지주의 신용등급은 AA-이고, 100% 자회사인 한국투자증권의 신용등급이 AA인 것을 이해할 수 없다는 것이다.

한국투자금융지주의 회사채 청구권가치와 자회사인 한국투자증권의 그것을 비교해 보면 의문에 대한 해답을 얻을 수 있다.

쉽게 설명하기 위해서 한국투자금융지주는 한국투자증권만 100% 소유한 모회사(Holding Company)라고 가정하자. 한국투자금융지주의 자산은 한국투자증권 주식으로만 구성되었다고 가정한 것이다. 그럴 경우 한국투자금융지주의 자본구조는 다음과 같다.

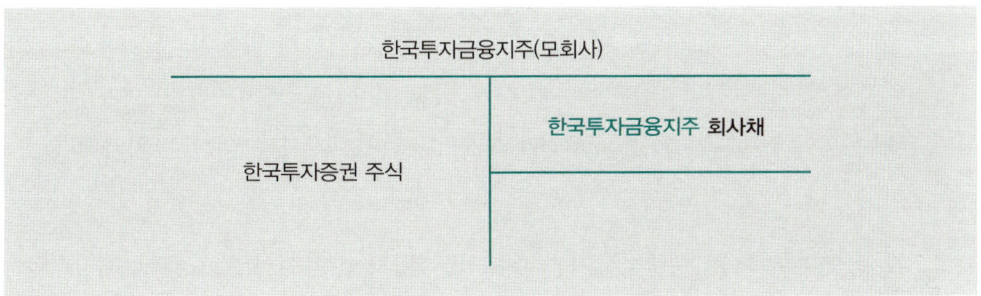

한국투자금융지주는 자산으로 한국투자증권지분(주식)만 가지고 있다. 한국투자증권의 주식가치가 하락하면 한국투자금융지주 회사채 가치가 영향을 받는다.

자회사인 한국투자증권의 자본구조는 다음과 같다.

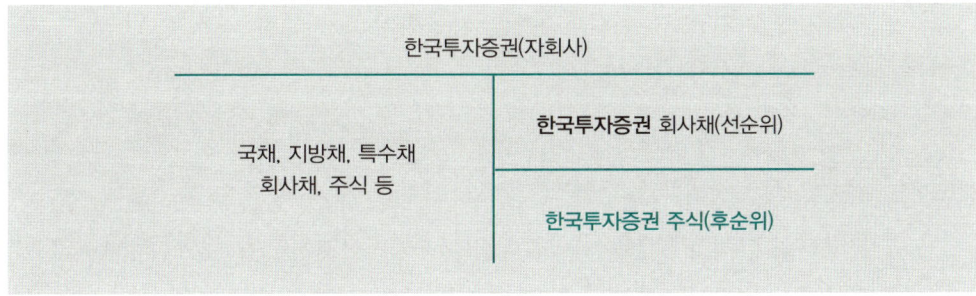

한국투자증권 회사채는 한국투자증권의 부도 시에 국채, 지방채, 특수채, 회사채, 주식 등에 우선권이 있다. 한국투자증권 주식은 선순위 회사채에 대한 원리금을 전액 변제한 후 청구권이 있다.

한국투자금융지주는 한국투자증권 주식을 보유하고 있으므로 사실상 한국투자증권의 후순위 청구권임을 알 수 있다. 선순위 권리가 있는 한국투자증권(자회사) 회사채의 신용평가등급이 후순위 권리자(모회사)의 그것보다 높아야 하는 것은 당연하다.

6-10 단기사채

2013.1월 『전자단기사채 등의 발행 및 유통에 관한 법률』이 시행되어 기존의 기업어음 (Commercial Paper)을 대체할 수 있는 전자단기사채 발행이 가능해졌다. 2019.9.16 일 『주식·사채 등의 전자등록에 관한 법률』이 시행되면서 『전자단기사채 등의 발행 및 유통에 관한 법률』을 대체하게 되었고, 전자단기사채 대신 단기사채라는 용어를 사용한다.

그 동안 기업어음 발행정보가 제대로 공시되지 않아서 투자자들이 해당기업의 재무 상황을 정확하게 파악하는데 애로가 있었다. 단기사채는 금융감독원에 증권신고서를 제출하고 수리된 후에 한국예탁원에서 등록발행하기 때문에 발행규모와 발행잔액을 쉽게 파악할 수 있다.

단기사채의 특성은 잔존만기 1년 이하, 최소발행금액은 1억원 이상이고 신용평가등 급은 단기등급(기업어음등급) 기호를 사용한다. 단기등급 기호는 A1, A2+, A2, A2-, A3+, A3, A3-, B+, B, B-이다.

2013.2.5일 "증권의 발행 및 공시 등에 관한 규정"(일명 증발공 규정) 제2-2조(증권의 모집으로 보는 전매기준)제2항제7호에서, 『주식·사채 등의 전자등록에 관한 법률』에 따라 발행된 **만기가 3개월** 이내인 단기사채는 **"전매기준에 해당하지 않는다"**는 조항 을 신설하여 증권신고서 제출을 면제하고 있다.

발행기업(또는 주간회사) 입장에서 증권신고서 제출은 여간 힘든 일이 아니다. 따라 서, 대부분의 단기사채는 만기3개월 이하로 발행되고 있다.

주식회사가 CP대용으로 발행하는 단기사채는 **EP**(electronic paper)라고 하 고, SPC(special purpose company, 페이퍼컴퍼니)가 발행하는 단기사채는 **ABSTB**(asset backed short term bond, AB단기사채)라고 한다.

단기사채에는 물상담보를 붙일 수 없으나 ABSTB의 경우에 담보가 붙어있는 대출채 권을 근거자산으로 발행할 경우 ABSTB에 담보가 자동으로 따라온다.

앞에서 건설회사의 관급공사매출채권 유동화증권의 가치에 대해 설명했다. 도로나 철도 등 정부로부터 공사를 수주하고 받지 못한 공사대금(매출채권 또는 미래매출채권)을 담보로 잡고 있다면 매우 안전한 담보가 있는 것이다.

관급공사는 공사진척률에 따라 공사대금을 순차적으로 지급하는데 보통 공사 2~3개월 후에 입금된다. 공사대금이 입금되는 은행계좌를 담보로 잡고 있으므로 공사가 중단되지 않으면 원리금손실 위험이 없다.

부도 이후 기업회생절차에서 이미 수주해서 공사하고 있는 관급공사를 중단시키지 않을 것이다. 관급공사는 공사만 하면 대금이 지급되는 반면, 회사의 사정으로 공사를 중단하면 상당한 지체배상금을 물어야 한다. 그렇게 되면 회사의 가치가 감소하므로 회생에 도움이 되지 않는다.

관급공사 미래매출채권을 담보로 발행된 단기사채(ABSTB)는 해당 건설회사가 부도나더라도 안전한 이유는 그 때문이다. 건설회사 부도에도 관급공사는 계속 진행하고, 공사가 진행되면 정부로부터 공사대금이 은행계좌로 들어오는데 이 은행계좌는 이미 해당회사의 장부에서 제외(book-off)되어 있으므로 기업회생절차와무관하다.

2020년 옵티머스자산운용이 관급공사 미래매출채권에 투자한다고 자금을 모은 후 비상장기업의 사모사채에 투자해서 대규모 손실이 발생한 금융사고가 있었다. 필자는 사고가 발생하기 전 동사가 작성한 투자제안서를 읽어봤다. 그 제안서에는 관급공사 미래매출채권의 양도자(공사를 수주한 업체), 담보자산을 맡아서 관리할 신탁회사가 누구인지 나와있지 않았다. 발주한 업체(공사, 공단)도 구체적으로 제시하지 않았다.

미래매출채권유동화(ABSTB)의 경우, ① 양도자(자금을 조달하는 업체)가 채무자(용역을 발주한 업체, 관급의 경우 공사 또는 공단)로부터 받을 채권을 은행 등에 신탁해야 하고, ② 양도자가 부도나더라도 매출이 발생해야 안전성이 높다고 할 수 있다.

2015년부터는 A3+등급 이하의 단기사채(EP, ABSTB)는 하이일드채권으로 인정되어 공모주우선배정 요건에 해당하게 되었다. 매력적인 공모주가 있을 경우 잔존만기가 짧은 단기사채를 매입하고 공모주를 배정받는 전략이 인기를 끌었다.

6-11 CDS, CLN, CDX

CDS(credit default swap)는 신용사건(event of default)이 발생하면 일정금액을 보장받고, 보장해주는 파생금융상품이다.

CDS에는 보장매도자(protection seller)와 보장매입자(protection buyer)가 있다. 신용사건이 발생했을 때 사전에 정해진 금액을 보장해주는 쪽은 보장매도자이고, 신용사건이 발생하기 전까지 수수료(CDS Premium)를 지급하고 신용사건이 발생하면 사전에 정해진 금액을 보장받는 쪽이 보장매입자이다.

투자자 B가 회사채 C를 매입한 경우를 예로 들어보자.

회사채 C를 매입한 후 회사의 실적이 악화되어 신용위험이 증가하고 있다고 판단한 투자자 B는 회사채 C를 매도하려고 할 것이다. 이럴 경우 채권 장외시장에서 매수자를 찾아야 하는데 실적이 악화된 채권을 매입할 상대방을 찾는 일이 쉽지 않을 수 있다.

채권을 실물로 매도하는 대신에 CDS를 활용해서 신용위험을 줄이는 방법이 있다. 회사채 C를 발행한 기업의 주거래은행 A와 회사채 C의 신용위험을 대상으로 스왑계약(CDS)을 체결할 수 있다.

주거래은행 A는 회사채 C 발행기업의 실적악화가 신용사건으로 이어지지 않을 것으로 예상한다면 CDS계약으로 받는 Premium은 추가수익이 될 것이다.

투자자 B와 주거래은행 A가 회사채 C의 신용위험을 대상으로 체결하는 CDS를 도식화하면 다음과 같다. 투자자 B는 Protection Buyer이고 은행 A는 Protection Seller이다.

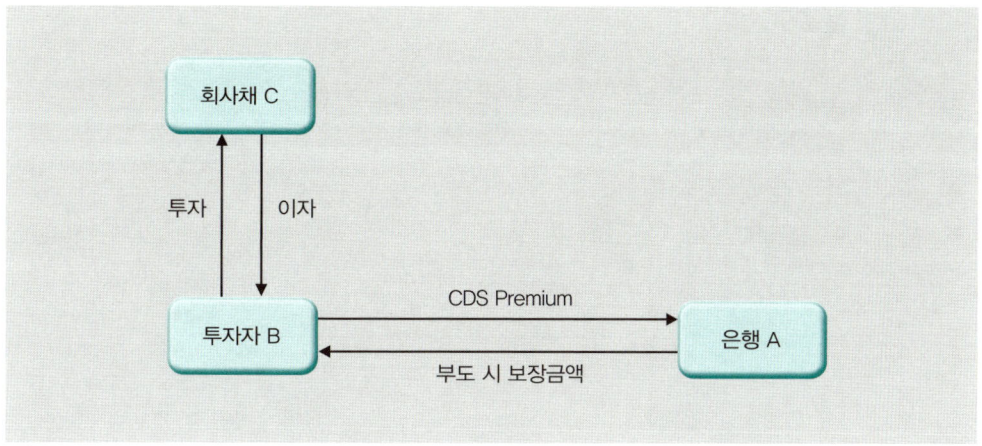

투자자 B는 투자한 회사채 C의 부도위험을 주거래은행 A에 넘기는 대신 프리미엄을 지급한다. 투자자 B는 프리미엄을 주고 Protection을 매입한 것이다.

회사채 C의 매매금리가 4%이고 은행 A의 은행채금리가 1.75%라면 CDS Premium 은 2.25% 수준에서 형성될 것이다.

CDS거래로 투자자 B는 회사채 C를 주거래은행 A의 은행채로 바꾼 결과가 된다.

회사채 C 매매금리 – CDS Premium = 주거래은행 A의 은행채금리

CDS거래로 회사채 C의 신용위험을 보유하게 된 주거래은행 A는 CLN을 발행해서 회사채 C의 신용위험을 제3자에게 전가시킬 수 있다.

주거래은행 A는 투자자 B와 맺은 CDS(Protection Seller)계약을 SPC(Special Purpose Company)에 매도하고, SPC는 CLN(Credit Linked Note)을 발행하는 것이다.

CLN 발행 구조도

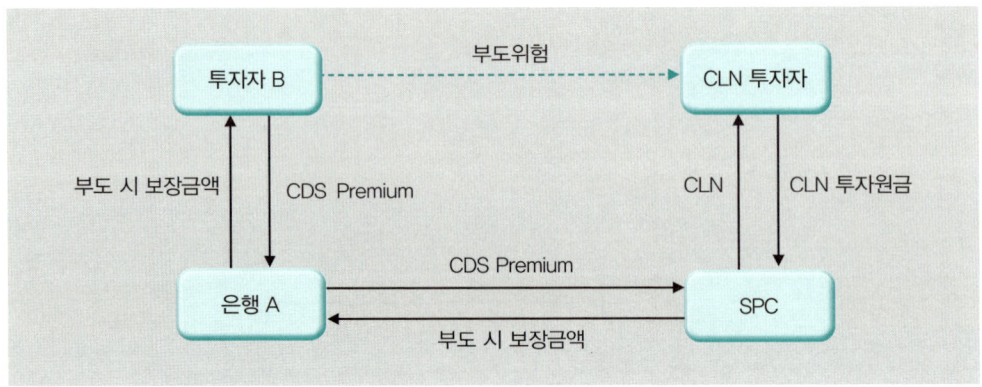

CLN = 원금 + 이자(CDS Premium)

신용사건(event of default)이 없을 경우, 투자자 B가 지급한 CDS Premium은 은행 A를 거쳐서 CLN 투자자의 이자로 지급된다.

❯ 신용사건(부도, 워크아웃)이 CDS와 회사채에 미치는 영향

CDS에서는 신용사건(failure to pay, bankruptcy, repudiation, default, acceleration, restructuring etc.)이 발생하면 일률적으로 trigger가 발동된다.

회사채의 경우에는 부도와 워크아웃이 투자자에게 미치는 영향이 다른 것이 일반적이지만, CDS의 Cash Settlement(% recovery)에서는 default와 restructuring이 미치는 영향은 동일하다는 점을 각별히 주의해야 한다.

현물인도(Physical Delivery)의 경우

신용사건이 발생할 경우, 투자자 B는 보유하고 있는 회사채 C를 은행 A에 제시(인도)하고 사전에 정해진 보장금액(일반적으로 원금)을 지급받는다. 은행 A는 **회사채 C를 SPC에** 제시(인도)하고 사전에 정해진 보장금액(원금)을 지급받게 되어 회사채 C의 부도에도 불구하고 은행 A는 손실을 입지 않는다. SPC는 **회사채 C(부도채권)를** CLN 투자자에게 지급한다.

회사채 C의 부도위험은 CLN 투자자에게 전가되었다. 회사채 C의 신용위험을 근거로 발행된 CLN의 금리가 회사채 C의 금리보다 높다면 회사채 C에 투자하려던 투자자는 CLN을 매입하는 것이 유리할 것이다. 유동성 측면에서는 회사채가 CLN보다 유리하다.

현금정산(Cash Settlement)의 경우

현금정산 조건의 CDS의 경우 부도채권의 가치를 평가해서 액면가액과 잔존가치의 차액을 보장해준다. 이 때 부도채권의 가치평가 과정에서 보장매도자와 보장매입자의 이해가 상충하는 문제가 있다. 양 당사자에게 가치평가를 맡기면, 보장매도자는 부도채권의 가치가 높다고 주장할 것이고, 보장매입자는 부도채권의 가치가 낮다고 주장할 가능성이 있다. 이 때문에 계산대리인을 지정하지만 양 당사자의 이해가 걸린 문제라서 분쟁가능성이 높다.

이런 문제를 해결하기 위해서 CDS 계약을 체결하는 시점에 회수율을 정하는 경우도 있다. 신용사건이 발생한 시점의 실제가치가 얼마이든 간에 고정된 회수율(Fixed Recovery)을 적용해서 정산하는 것이다. 고정회수율은 50% Recovery, 20% Recovery, Zero Recovery 등이다.

Zero Recovery 사례

2019.9월 발행된 하이트레디션제19차ABS는 LG Display의 CDS를 기초자산으로 발행된 자산유동화증권이다. CDS의 정산방법은 Cash Settlement이었고, 고정회수율을 적용하는데 Zero Recovery이다. 보장매도자는 LG Display에 신용사건이 발생하면 원리금 전액 손실이 발생한다.

하이트레디션제19차의 신용등급은 LG Display와 동일하고, Sales Memo에 Zero Recovery라는 내용이 없어서 LG Display의 회사채와 같은 채권이라고 생각하고 매입했다면 큰 실수를 한 것이다. CDS의 신용사건은 부도 뿐만 아니라 만기연장, 이자 감면 등 워크아웃의 채무재조정도 신용사건에 포함되기 때문이다.

기업이 어려워지면 만기연장은 얼마든지 가능한데, 이 경우에도 원금 전액 손실이라면 투자자들이 감당하기 못할 조건이다.

후순위채, 우선주, 보통주보다 불리한 조건인데도 불구하고 신용평가등급이 LG Display의 선순위채와 동일하다는 것은 문제가 있다. 신용등급이 회수율을 나타내는 것은 아니지만, 최소한 후순위채보다는 등급이 낮아야 한다. 워크아웃에 들어갔다고 해서 후순위채에서 원금 전액 손실이 발생하는 것은 아니기 때문이다.

IB는 Zero Recovery 같은 중요한 내용은 반드시 Sales memo에 명시해야 한다.

CDS를 기초자산으로 발행한 유동화증권에 투자할 때는 sales memo 외에 ISDA confirmation letter, 신용평가 Rating Summary 등에서 정산방법을 확인해야 한다.

단일종목(single name)을 준거자산(reference obligation)으로 체결된 CDS의 경우에는 현물인도(physical delivery)가 Global Practice이다.

CLN의 경우에는 준거회사(reference entity) 뿐만 아니라 CLN 발행자의 신용위험에도 노출된다는 점을 주의해야 한다.

🔹 트루프렌드4차ABS 사례

필자는 2007년에 금호산업 회사채를 준거자산(reference obligation)으로 Lehman Brothers가 발행한 CLN을 유동화한 트루프렌드4차ABS에 투자했다. 2008년 9월 15일 Lehman Brothers가 파산보호를 신청하여 트루프렌드4차ABS는 부도채권이 되었다.

트루프렌드4차ABS 발행 당시 Lehman Brothers의 신용등급은 AA-이었기 때문에 CLN 발행회사의 부도가능성은 크게 고려하지 않았는데 예상치 못한 사고가 발생한 것이다. 준거기업인 금호산업에 문제가 없어도 CLN 발행회사가 부도나서 금호산업

CLN이 부도채권이 된 것이다. 이 경우에는 Lehman Brothers의 무담보채권에 투자한 것과 동일하다.

금호산업CLN은 총 3,000억원이 발행되었는데 한국투자증권이 1,670억원, 신한금융투자가 1,000억원, 필자가 운용하던 펀드에서 330억원을 보유하고 있었다. Lehman Brothers의 파산보호신청 이후 3사가 머리를 맞대고 채권회수를 협의했고, Lehman 측에서 원금의 60%를 지급하는 타협안을 제시해왔다.

3사의 대책반은 주로 변호사와 준법감시실 인력으로 구성되어서 그런지 Lehman측의 그런 제안을 받아들이자는 사람은 필자밖에 없었다. 결국 소송이 더 진행되었고 약 2년 후에 액면금액의 57% 수준에서 합의로 마무리되었다.

우리나라에서는 CDS거래가 활발하지 않은 편이다. CDS거래에서 Protection Seller는 해당채권에 대해 프리미엄을 받고 원금을 보장해주기 때문에 **해당채권을 매입**한 것과 유사한 경제적 효과가 있다.

어떤 기업의 신용이 개선될 것으로 예상되면 해당기업의 회사채를 매입해야 하는데 회사채의 낮은 유동성 때문에 투자전략을 수행할 수 없는 경우가 있다. 이 경우에 CDS Protection Seller가 되면 회사채를 매입한 것과 같은 효과가 있다.

CDS거래 당사자인 기관투자자는 AA-등급 회사채에 대해서 매수우위 포지션이다. 매수 수요가 초과한 종목에 Protection Buyer를 찾기가 어려워서 CDS거래가 활성화되지 못하는 측면이 있다.

금융투자협회와 한국자산평가(KAP, Korea Asset Pricing)가 공동으로 CDX(CDS Index)를 개발하여 발표하고 있는데 이의 활용도 활발하지 않다.

주로 AAA등급 채권으로 Index를 구성했기 때문에 신용사건이 발생할 가능성이 매우 낮다. AAA등급 채권을 매입하고 신용위험을 회피하려는 투자자가 없기 때문에 CDX거래가 형성되지 못하고 있는 것이다. AAA등급 채권에 대해서는 모든 기관투자자가 Protection Seller가 되고 싶어한다.

CDX를 신용위험Hedge 목적으로만 사용한다면 AAA등급 채권으로 구성된 CDX

의 활용도는 낮을 것이다. AAA등급 채권으로 구성된 CDX의 가격(credit spread)이 시시각각으로 변동하기 때문에 이를 활용하여 상품을 만들면, 투자자는 본인의 View 를 투자전략에 반영할 수 있다.

CDX의 Credit Spread 변동을 활용한 필자의 상품 아이디어는 다음과 같다.

CDX의 국고채 대비 신용스프레드가 15bps이고, 투자자 A와 투자자 B는 향후 AAA 등급 채권의 신용스프레드에 대한 전망이 다르다고 가정해보자. 투자자 A와 투자자 B 는 6개월 후의 AAA등급 신용스프레드가 각각 10bps, 20bps가 될 것으로 예상하고 있다면, 투자자 A는 신용스프레드가 축소될 것으로 예상하고 있고 투자자 B는 신용 스프레드가 확대될 것으로 예상하고 있다.

투자자 A와 투자자 B는 신용스프레드에 대한 View를 다음과 같이 표현할 수 있다.

계약기간을 6개월로 하고 투자자 A는 CDX 신용스프레드가 확대되면 차액을 지급하고, 반대로 CDX 신용스프레드가 축소되면 차액을 지급받는 계약을 체결할 수 있다.

투자자 B는 투자자 A의 거래상대방이므로 투자자 A의 경제적 이익과 정반대의 결과가 될 것이다.

> ### CDX Spread거래 요약
>
> - 계약기간: 6개월 (다양하게 확장 가능)
> - 기준 CDX Spread: 15bps (계약체결일)
> - 투자자 A의 Pay-off: 계약금액 × (15bps − 6개월 후 CDX Spread) × 0.5(6개월)
> - 투자자 B의 Pay-off: 계약금액 × (6개월 후 CDX Spread − 15bps) × 0.5(6개월)

AAA등급 채권의 부도위험을 매입 또는 매도하는 것은 현실적이지 못하기 때문에 향후에도 AAA등급 채권으로 구성된 CDX가 신용위험 Hedge목적으로 거래되는 것은 기대하기 어렵다.

신용등급이 높은 채권으로 구성된 CDX는 신용Spread 변동에 대한 투자자의 View 를 표현하는 상품으로 만든다면 CDX를 유용하게 활용할 수 있을 것으로 생각된다.

향후에는 신용평가등급이 낮은 채권의 CDX가 개발되고 신용위험Hedge에 활용되어야 신용채권의 유동성제고에 도움이 될 것이다.

6-12 채권분산투자의 유효성

채권에 투자할 때 주식처럼 여러 종목으로 구성한 Portfolio투자가 좋을까?

Harry Markowitz의 Portfolio Theory는 위험 – 수익이 다른 여러 종목의 주식에 분산투자할 경우에 개별종목에서 발생하는 고유의 위험을 낮출 수 있다는 이론이다. 잘 분산된 포트폴리오는 시스템위험(거시경제변수로 인한 위험)에만 노출된다는 것이다. 셀 수 없을 정도로 많은 변수가 주가에 영향을 미치기 때문에 주식의 경우 분산투자 효과가 있다는 것이 대체적인 의견이다.

채권은 주식과 다르다. 국채에는 신용위험이 없기 때문에 오직 금리변동위험만 고려하면 된다. 국채에 적용되는 금리는 물가, 성장률, 실업률, 환율 등 거시경제변수에 영향을 받는다.

중장기적으로 국채금리가 상승할 것이냐 하락할 것이냐를 예측하는 것과 삼성전자의 주가가 상승할 것인지 하락할 것인지 예측하는 것을 비교한다면 삼성전자의 주가를 예측하는 것이 훨씬 어려울 것이다.

회사채의 경우에는 Duration과 Credit이 채권가격에 영향을 미치는데, Duration부분은 국채에서와 같고 Credit Risk는 Credit Spread로 측정할 수 있다.

2014년~2015년의 금리하락기에 국고채3년물과 남동발전(AAA)3년물의 금리가 같은 경우가 있었고, 2년물은행채금리가 2년물통안증권 금리보다 낮게 거래되기도 했다.

3년물국고채와 남동발전채권의 금리가 같다면 두 채권에 분산투자할 이유는 없다. 국고채 한 종목에만 투자하는 것이 위험 – 수익 측면에서 유리하다.

신용채권의 경우에 적정 신용스프레드를 알 수 있다면 유망종목의 순서를 매길 수 있다. 신용채권의 투자대상 종목이 50개이고 이를 유망종목 순서대로 분류했다고 하자. 분산투자이론을 적용해서 1번부터 50번까지 골고루 분산투자하는 것이 좋은지? 상위 5개 종목위주로 투자하는 것이 좋은지? 질문한다면 상위 5개 종목에 투자하는 것이 좋다고 답변하고 싶다.

신용채권의 경우 신용사건이 발생하지 않으면 원리금이 지급되고, 신용사건이 발생하면 상당부분 손실이 발생한다. 회사채 A와 회사채 B의 신용위험 발생가능성이 각각 2%라고 가정해보자. 회사채 A에만 투자할 경우에 신용위험이 발생할 가능성은 2%이지만, 회사채 A와 회사채 B를 50%씩 매입할 경우에는 신용위험이 발생할 가능성은 4%일 것이다.

두 종목에 분산투자할 경우 신용사건 발생에 따른 손실규모는 한 종목에 집중 투자한 것과 동일할 수 있지만 신용사건이 발생할 확률은 높아진다.

2 Name(2종목) CDS와 3 Name(3종목) CDS의 신용위험을 비교하면 3 Name의 경우가 신용위험이 훨씬 더 큰 것과 유사하다.

   2 Name CDS: 2개 중에 한 개라도 신용사건이 발생하면 손실
   3 Name CDS: 3개 중에 한 개라도 신용사건이 발생하면 손실

신용사건이 발생하지 않으면 원리금이 지급되기 때문에 여러 종목에 분산투자해서 신용사건이 발생할 위험을 증가시킬 필요가 없다.

신용평가등급이 BB+ 이하인 채권에 주로 투자하면서, 이들 종목의 신용위험 – 기대수익의 순서를 추정하기가 곤란한 경우에는 분산투자가 대안일 수 있다.

채권의 분산투자 유효성은 해당채권의 위험 – 수익을 정확하게 예측할 수 있는지에 달려있다. 위험 – 수익을 정확하게 예측할 수 있다면 분산투자보다 집중투자가 유리하고 그렇지 않다면 분산투자가 유리할 것이다.

주식과는 달리 회사채(특히 BBB등급 회사채)를 집중투자하는 것이 유리한 또다른 이유는 채권의 위험 – 수익 비대칭(Asymmetry) 때문이다.

주식은 Upside potential과 Downside risk가 가능한 반면 회사채는 Upside potential은 제한적이다. Maximum yield가 원금 + 이자이기 때문이다. 그러나 BBB등급의 경우 Downside risk가 상당하다. 2015년 12월 31일에 부도난 동부건설(BBB-등급)의 경우 선순위 회사채 투자자의 회수율이 70% 수준이었다.

Upside potential이 10% 수준이었다면, Downside risk는 30%로 비대칭이다. 범양건영의 경우 회수율은 10% 수준으로 매우 낮았다.

여러 종목에 분산투자할 경우 Upside potential로 Downside risk를 Cover할 수 없게 된다. 주식의 경우에는 다양한 종목의 Portfolio 중에서 몇 종목은 큰 수익이 발생하고 몇 종목은 부도가 발생해도 전체 수익은 평균 이상일 수 있다. 채권과는 달리 Downside risk과 Upside Potential이 **대칭적**(Symmetric)이기 때문에 가능하다.

어떤 책에서 "주식투자는 Winner를 찾는 것이고, 채권투자는 Loser를 피하는 것이다"라는 것을 본 적이 있다. 채권의 분산투자와 관련해서 꼭 기억할 만한 내용이다. **Equity investment is to identify winners, bond investment is to avoid losers.**

6-13 미래매출채권 유동화증권

자산유동화증권의 기초자산은 정기예금, 매출채권, 대출채권, PF Loan, 부동산 등 다양하다. 권리가 확정된 매출채권 외에 미래에 용역이나 서비스를 제공하고 받을 권리가 생기는 미래매출채권도 자산유동화증권의 기초자산이 될 수 있다.

1997년 Prudential증권은 David Bowie의 음원저작권을 담보로 5,500만달러 규모의 채권을 발행했다. 이것이 미래매출채권 유동화증권의 시초이다. 이후 James Brown, Ashford & Simpson, Bob Dylan 등 유명 연예인들이 잇따라 미래에 받을 Loyalty를 담보로 채권을 발행하여 이런 채권을 Bowie Bond라고 부른다.

우리나라는 2000년 초에 대한항공과 아시아나항공에서 칼유동화, 색동이유동화증권을 발행했고, 2008년에는 경남기업이 관급공사대금 유동화증권을 발행했다.

장래에 매출이 발생하면 원리금을 상환 받을 수 있는 미래매출채권 유동화증권을 발행하려면 2가지 전제조건이 충족되어야 한다. 첫번째는 미래에 매출발생이 확실해야 한다. 해당회사가 부도날 경우 매출발생이 불확실하다면 담보로 제공된 미래매출채권의 가치는 크지 않게 된다. 이 때문에 부도발생 이후에도 회생절차를 통해서 영업을 지속하는 독과점업체 또는 관급공사를 수주한 기업들이 주로 발행하고 있다.

두번째는 대금지급 경로를 통제할 수 있어야 한다. 매출에 따른 결제 계좌를 양도받아야 안전하게 원리금을 확보할 수 있기 때문이다.

➔ 색동이 제23차 사례

2018년 11월 발행된 색동이 제23차 유동화증권의 사례를 살펴보자.

색동이 제23차 유동화증권 개요

- 국내에서 비씨카드㈜의 신용카드를 이용하여 항공권을 구입하는 경우 발생하는 원화 장래신용카드 매출채권
- 신탁기간: 2018.11월 부터 2022.11월 까지
- 발행일: 2018.11.9
- 만기일: 2022.11.9 (1~16회의 만기일)
- 발행금액: 2,570억원
- 신탁원본: 1조 5,993억원(초과담보: 6.22배)

향후 4년간 국내에서 비씨카드를 사용해서 아시아나항공의 여객권을 구매하는 경우, BC카드는 카드 결제대금을 색동이 제23차 유동화증권에 우선 지급한다. 색동이유동화(신탁은행)는 아시아나항공으로부터 카드결제대금 수취권을 양도받음으로써 결제 계좌를 통제할 수 있다.

발행금액 대비 약 6배의 담보를 설정했음에도 불구하고 실제 매출이 급격히 감소할 수 있다. 이 경우를 대비해서 색동이유동화는 **가지급중단**, **추가신탁**, **조기상환**의 3단계 Trigger(기준)를 정했다.

정상적인 경우에는 매출액으로 색동이유동화의 이자와 만기도래하는 회차의 원금을 상환하고 남는 자금은 아시아나항공에 **가지급**된다. 그러나, 매출액이 일정금액에 미달할 경우에는 가지급이 중단되고 매출액 전부 신탁계정에 적립해야 하는데 여기에서 일정금액을 가지급 Trigger라고 한다.

매출 감소가 계속될 경우에는 추가신탁을 해야 하는데, 추가신탁 기준이 되는 금액을 추가신탁 Trigger라고 한다.

추가신탁으로 일정수준의 담보비율을 맞추지 못하거나, 아시아나항공의 부도 등의 경우에는 색동이유동화를 조기상환해야 하는데, 이러한 조건을 조기상환 Trigger라고 한다.

그렇다면 첫번째 전제조건인 아시아나항공이 부도날 경우에 운항(영업)할 것인가? 우리나라의 항공산업은 독과점형태로서 아시아나항공이 부도나도 영업할 가능성은 매우 높다.

항공사의 경우 부도와 함께 회생절차에 들어갈 것이고, 회생절차는 해당기업의 채무를 재조정해서 회생시키는 것이므로 영업력 유지는 필수이다. 만약 부도났다고 운항을 하지 않는다면 회생이 더 어려워질 것이다. 일본의 JAL(Japan Airline)은 2010년에 부도났고, 정상영업을 통해서 회생했다.

색동이 제23차 유동화의 상환가능성(현금흐름)을 살펴보자. 발행금액 총 2,570억원 중에서 1,000억원은 기업은행 보증(AAA)이고, 무보증은 1-1회부터 1-16회까지 총 1,570억원이다. 2019.2.9일부터 매3개월간 100억원씩 상환하는 Schedule이다.

발행조건

회차별	만기일	표면금리	발행금액	비고
1-1회	2019-02-09	2.810%	100	상환
1-2회	2019-05-09	3.187%	100	상환
1-3회	2019-08-09	3.428%	100	상환
1-4회	2019-11-09	3.726%	100	상환
1-5회	2020-02-09	3.906%	100	상환
1-6회	2020-05-09	4.105%	100	상환
1-7회	2020-08-09	4.401%	100	상환
1-8회	2020-11-09	4.736%	100	상환
1-9회	2021-02-09	5.041%	100	상환
1-10회	2021-05-09	5.346%	100	상환
1-11회	2021-08-09	5.617%	100	상환
1-12회	2021-11-09	5.947%	70	상환
1-13회	2022-02-09	6.280%	100	상환

1-14회	2022-05-09	6.493%	100	상환
1-15회	2022-08-09	6.706%	100	상환
1-16회	2022-11-09	6.919%	100	상환

아시아나항공의 BC카드 국내매출은 아래의 표와 같다. 4년간 월평균 250억원의 매출이 발생했고, 향후에도 비슷한 수준을 유지한다면 매3개월간 100억원을 상환하는데 무리가 없을 것이라는 것을 알 수 있다. 3개월간 750억원의 매출이 발생하고, 이중 100억원이 색동이 제23차 상환에 사용된다(IBK보증분 포함 150억원).

BC카드 매출(2014~2018년, 4년 평균)

(단위, 백만원)

월별	BC카드	전체운송매출	BC카드 비중	비고
1월	28,140	323,107	8.71%	
2월	24,701	294,681	8.38%	
3월	29,590	271,096	10.91%	
4월	28,648	282,351	10.15%	
5월	27,372	295,361	9.27%	
6월	27,722	283,969	9.76%	
7월	30,408	324,321	9.38%	
8월	26,771	365,538	7.32%	
9월	26,149	287,478	9.10%	
10월	28,077	314,663	8.92%	
11월	27,591	264,309	10.44%	
12월	26,767	287,844	9.30%	
합계	331,935	3,594,717	9.23%	

(출처: 금감원 전자공시)

색동이 제23차의 경우 아시아나항공의 신용등급이 BB+ 이하로 하락하면 풋옵션이 행사되어 아시아나항공의 채무불이행(부도) 가능성이 높다. 하지만, 미래매출채권은 담보신탁되어 있어서 아시아나항공이 정상 영업을 하는 한 영향을 받지 않는다. 신탁재산은 『채무자회생 및 파산에 관한 법률』을 적용 받지 않기 때문이다(신탁법 적용).

색동이 제23차의 신용등급은 BBB+이다. 아시아나항공의 신용등급이 BBB-이므로 미래매출채권 담보로 2 notch up 되었다.

2019.12월 발생한 Covid-19의 Global Pandemic으로 전세계가 봉쇄(Lockdown)정책을 시행했고, 항공회사의 매출도 큰 타격을 받았다.

색동이 제23차유동화의 경우 2020.4.29일 가지급중단(2019.12.9~2020.8.8)을 결정하였고, 매출감소가 지속되어 2020.7.30일 가지급중단 기간을 2020.11.8일까지 연장하였다(금감원 전자공시).

➔ 분당두산타워 공사대금채권(미래매출채권) 유동화증권 사례

2020.9월 두산중공업 100% 자회사인 두산건설이 분당두산타워 미래매출채권을 유동화해서 300억원을 조달하는 PF ABSTB(Asset Backed Short Term Bond, AB단기사채)를 제안 받았다.

유동화 구조도

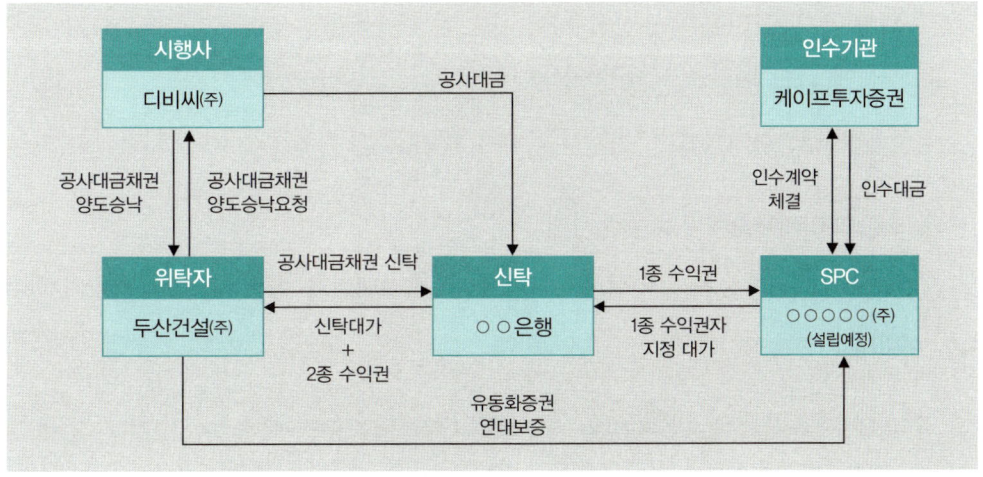

(source: sales memo)

- 공사대금채권 753억원, 증권발행금액 300억원
- 신용등급: B-(기업어음 등급, 두산건설 연대보증으로 두산건설 신용등급)

디비씨 주주구성

주 주 명	보유주식수	지분율	비 고
㈜두 산	975,200	46.00%	
두산인프라코어㈜	572,658	27.01%	
두산밥캣코리아㈜	485,222	22.89%	
㈜한 컴	86,920	4.10%	
합 계	2,120,000	100.00%	

(source: sales memo)

미래매출채권 유동화증권의 경우에는 ① 자산양도자의 부도 시에도 매출이 발생할 것인가? ② 매출대금을 통제할 수 있는가? 에 대해 만족할 만한 답을 얻어야 한다.

시행사가 두산그룹에서 출자한 디비씨이고, 공사대금채권을 신탁했기 때문에 공사만 진행하면 대금을 못 받을 위험은 매우 낮다. 두산건설이 부도나서 회생절차에 들어가면 공사를 진행할 것인가? 에 대해서도 공사진행 가능성이 매우 높다는 결론을 내릴 수 있다. 두산건설은 두산의 자회사인 두산중공업이 100% 지분을 보유한 회사이기 때문에 다른 대안을 모색할 이유가 없다.

이 채권(AB단기사채)의 안전성은 매우 높다고 볼 수 있다.

화승의 미래매출채권 유동화 사례

2018.1.18일 화승은 가맹점으로부터 받을 판매대금을 신탁하고 400억원의 자금을 조달했다.

[화승의 미래매출채권 유동화(ABL, Asset Backed Loan)의 주요 조건]
- 발행일: 2018.1.18
- 만기일: 2020.1.18일(2년)
- 표면금리: 연 6.4%(매1개월 후취)
- 담보자산: 화승이 가맹점계약을 맺은 백화점 등으로부터 받을 판매대금(신탁 1순위 수익권)

유동화 구조도

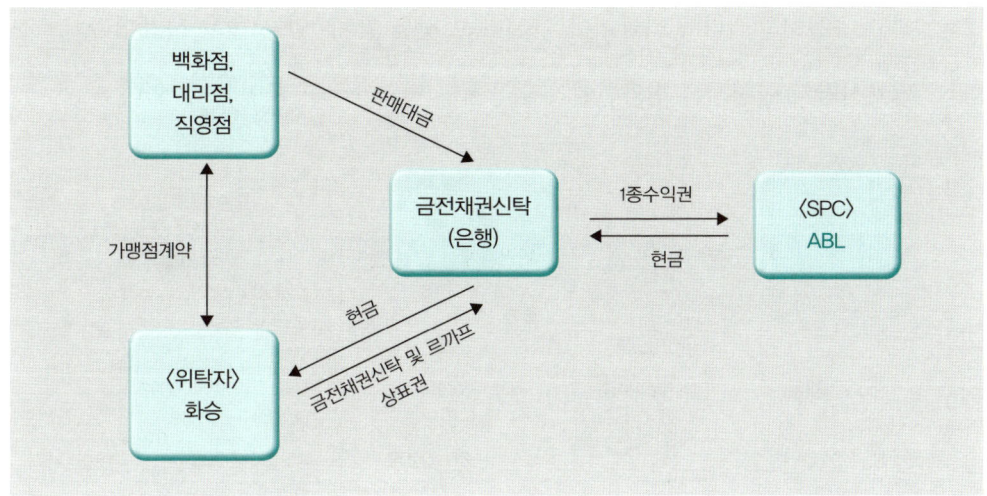

(source: sales memo)

거래 Flow는 다음과 같다.

① 화승이 미래에 받을 판매대금(2년간 3,855억원 추정) 및 르까프 상표권을 은행에 신탁: ABL 상환원리금은 총 438억원으로 담보비율은 약 8.8배

② 은행은 1종수익권, 2종수익권을 발행

③ 화승이 1종수익권을 SPC에 매각 & SPC는 1종수익권을 담보로 ABL을 발행하여 화승에 대금(400억원) 지급

화승이 르까프 상표권을 추가로 신탁한 것은 판매대금이 부족할 경우를 대비하기 위해서이다. ABL 투자자는 백화점 등으로부터 화승의 신발(르까프 등)을 매도한 대금을 확보하고, 부족할 경우에는 르까프 상표권을 매각하여 충당할 수 있다. 그렇게 하고도 채무상환액에 미달하면 미달분은 화승에 대한 무담보선순위 채권이 된다.

화승은 **2019.1.13일에 부도**났고, 2019.2.13일 법원으로부터 회생절차 개시결정을 받았다. 화승의 채권자(대출, 회사채, CP투자자)라면 회생절차에 따른 채무재조정으로 상당한 손실을 입었을 것이다.

화승의 미래매출채권 ABL에 투자한 투자자는 **2019.3.19일** 원리금 전액 상환받았다. 부도시점부터 약 2개월간의 판매대금(기존 미지급금 포함)이 주요 상환재원이었다.

유동화 구조가 확실하고(신탁구조), 담보가 충분하다면 자산양도자의 부도에도 불구하고 유동화증권의 원리금이 상환된다는 것을 알 수 있는 좋은 사례이다.

담보신탁의 안전성은 범양건영의 회생계획 변제안에서 확인할 수 있다.

범양건영 변제계획

(단위. 백만원)

구 분		채권총계	출자전환	현금변제	비 고
회 생 담 보 권					
대여채무	국민은행	265	− 23	287	
	대한주택보증	638	− 55	692	
	신한은행	384	− 33	417	
확정구상채무		2,959	− 253	3,212	
미확정구상채무	건설공제조합	1,612	− 138	1,750	
	원신보안	500	− 43	543	
회생담보권 소계		6,358	− 545	6,901	

회 생 채 권					
신탁대여채무		75,632		75,632	담보신탁
신탁대여채무 현실화예상액		54,056	2,447	51,609	
대여채무		65,741	41,417	24,324	무담보회사채 등
우선변제대여채무		15,416	6,516	8,900	
상거래채무		35,939	22,282	13,657	진성어음
조세등채무		1,334		1,334	
기 타		10,066	6,115	3,951	
회생채권 소계		258,184	78,777	179,407	

(출처: 2012.8.16일 범양건영 제1회 관계인집회 자료 조사보고서 P.21 변제계획표)

신탁대여채무는 출자전환없이 전액 현금변제된다.

6-14 (상호)저축은행 회사채

상호저축은행은『상호저축은행법』의 적용을 받는다. 2000년대 중후반 저축은행의 대규모 부도사태로 금융시장에 큰 충격을 주었다. 필자도 펀드에서 한국투자저축은행채를 200억원 보유하고 있었는데, 투자자(기관)로부터 빨리 들어오라는 호출을 받았다.

당시 한국투자저축은행(선순위)의 신용등급은 A-이었고, 해당펀드는 A-등급 이상 투자할 수 있었기 때문에 투자자의 제약요인(constraints)을 위반하지 않았지만, 저축은행이 줄줄이 부도나는데 저축은행 채권을 매입하는 사람이 어디 있느냐?고 야단이었다. 급히 해당기관을 찾아가서 한국투자저축은행이 왜 매력 있는 채권인지 설명했고, 돌아올 때는 그렇게 좋은 채권을 더 많이 편입하지 않았다고 원망을 들었다.

『상호저축은행법』 제37조의3(임원 등의 연대책임)

① 상호저축은행의 임원은 그 직무를 수행하면서 고의나 과실로 상호저축은행 또는 타인에게 손해를 입힌 경우에는 상호저축은행의 예금 등과 관련된 채무에 대하여 상호저축은행과 연대하여 변제할 책임을 진다.
② 상호저축은행의 과점주주(국세기본법 제39조제2항에 규정된 과점주주에 해당하는 자를 말한다)는 상호저축은행의 경영에 영향력을 행사하여 부실을 초래한 경우에는 상호저축은행의 예금 등과 관련된 채무에 대하여 상호저축은행과 연대하여 변제할 책임을 진다.

『국세기본법』 제39조(출자자의 제2차 납세의무)

2. 주주 또는 유한책임사원 1명과 그의 특수관계인 중 대통령령으로 정하는 자로서 그들의 소유주식 합계 또는 출자액 합계가 해당 법인의 발행주식 총수 또는 출자총액의 100분의 50을 초과하면서 그에 관한 권리를 실질적으로 행사하는 자들(이하 "과점주주"라 한다.)

한국투자저축은행(A-)은 한국투자금융지주(AA-)가 100% 지분을 소유하고 있고, 한국투자저축은행의 경영진은 한국투자금융지주에서 임명하고 있으므로 한국투자금융지주는 자회사인 저축은행 경영에 영향력을 행사하고 있다.

한국투자저축은행이 부도날 경우 한국투자금융지주가 변제할 의무가 있으므로, 한국투자저축은행 회사채는 A-등급 금리에 AA-등급 신용이라고 할 수 있다. 2007년 **한국투자저축은행** 회사채 3년물을 5.7% 수준에 매입했었는데, **한국투자금융지주** 회사채 3년물은 5% 수준이었다. 만기보유목적으로 투자하는 투자자라면 AA- 신용으로 연 0.7%의 초과수익이 가능했다.

저축은행의 부도사태로 은행, 증권사들이 부도 저축은행을 인수했다. 은행 자회사인 저축은행이 후순위채를 발행할 경우, 은행의 신용에 저축은행 후순위 금리이기 때문에 상당히 매력적인 채권이 될 것이다.

6-15 군인공제회

군인공제회는 『군인공제회법』에 따른 현역 군인 및 군무원의 복리증진을 위한 공제회이다. 그리고 정부가 군인공제회의 자본금을 보조하도록 명시하고 있고, 국방부에서 군인공제회 임원을 임명하고 있다. 군인공제회는 자회사로 한국캐피탈(A)과 대한토지신탁(BBB+)을 보유하고 있다.

한국캐피탈의 경우 지분의 약 80%를 보유하고 있으므로, 자기자본 2,500억 중에서 2,000억원이 군인공제회 자산이다. 또한 한국캐피탈이 발행하는 회사채에 대해 3,000억원의 Credit line(보증)을 제공하고 있어서 한국캐피탈에 대한 군인공제회의 Exposure는 약 5,000억원에 이른다.

대한토지신탁은 군인공제회가 100% 지분을 보유하고 있다. 은행의 자회사들이 시장의 신뢰를 받는 이유는 모기업이 튼튼하기 때문일 것이다. 든든한 백이 있어서 유사시에 백업(backup)이 가능하다는 믿음이 있다.

군인공제회의 자회사인 한국캐피탈과 대한토지신탁에 대해서도 같은 논리를 적용할 수 있다. 한국캐피탈이 부도난다면 군인공제회에 치명적이고, 결국 국고에 손실을 끼치게 된다. 군인공제회가 2006년에 한국캐피탈(구 중부리스)을 인수한 지 10년이 넘었다. 2008년 금융위기 때에 한국캐피탈에 대한 유동성 우려가 있었지만 10년이 지나도록 군인공제회의 자회사에 대한 대처를 지켜본 결과 그런 우려는 기우였다.

BOND INVESTMENT NOTE ▶ ▶

BOND INVESTMENT NOTE
채권투자노트

제**7**장

주식관련사채

채권투자노트

BOND INVESTMENT NOTE _____

제7장
주식관련사채

전환사채(CB, Convertible Bond), **신주인수권부사채**(BW, Bond with Warrant), **교환사채**(EB, Exchangeable Bond)를 주식관련사채라고 한다. 도입초기에는 신종채권으로 불렸었는데 기존의 주식과 회사채를 혼합해서 만든 새로운 채권이기 때문이다.

전환사채의 전환권을 행사하면 채권이 소멸되고 주식(신주)이 발행된다. 따라서 전환권을 행사할 때 추가 자금은 필요 없다(CB → 새로운 주식).

신주인수권부사채의 신주인수권을 행사하면 회사채는 남아 있는 상태에서 주식(신주)이 발행된다. 이 경우에는 신주를 매입할 금액을 납부해야 한다(BW → 회사채 + 새로운 주식).

교환사채의 교환권을 행사하면 채권이 소멸되고 이미 발행되어 있는 주식으로 교환해준다. 이 경우 신주가 발행되지 않기 때문에 자본금 증자가 이루어지지 않는다. 발행회사 입장에서는 투자자의 교환권행사로 자산(보유하고 있는 주식)과 부채(교환사채)가 동시에 없어지기 때문에 자산을 매각해서 부채를 상환한 것과 같다. 교환권 행사로 부채비율은 개선된다(EB → 이미 발행된 주식).

주식관련사채는 채권의 장점(downside protection)과 주식의 장점(upside potential)을 모두 갖고 있다. 주가가 하락할 경우에는 회사채로서 이자와 원금을 상환 받고, 주가가 행사가격(X, exercise price)보다 상승할 경우에는 주식으로 전환해서 차익을 얻을 수 있다.

주식으로의 전환권은 투자자가 결정할 수 있기 때문에 이 권리를 주식콜옵션이라고 한다. 콜옵션은 매입할 수 있는 권리이고, 풋옵션은 매도할 수 있는 권리이다.

주식관련사채 = 회사채(corporate bond) + 주식콜옵션(call option on the stock)

주식콜옵션은 신주인수권(warrant)이라고도 하고, 분리형BW의 경우에는 WR로 표기한다. 2020.7.3일 발행한 한진칼3회 분리형BW의 신주인수권은 **한진칼3WR**이다.

분리형BW는 신주인수권(주식콜옵션)이 분리되어 매매되기 때문에 동일한 조건의 전환사채나 비분리형BW에 비해 인기가 높다.

우리나라는 2013년 9월부터 분리형BW 발행이 금지되었다가, 2015년 7월 6일 『자본시장과 금융투자업에 관한 법률』 개정안이 국회 본회의를 통과함에 따라 공모 분리BW의 발행이 재개되었다.

주식관련사채와 유사한 **상환전환우선주**(RCPS, redeemable convertible preferred stock)는 우선주이므로 전환사채보다 후순위의 청구권이 있다. 상환전환우선주에 투자할 경우에는 발행회사의 **신용위험**에 더 주의해야 한다.

7-1 주식관련사채의 손익(pay-off)

주식관련사채는 회사채(straight bond)와 주식콜옵션으로 구성되어 있다. 회사채는 선순위 청구권을 가지고 있고, 주식콜옵션 가치는 주가가 상승할 경우에는 +(이익)이고 주가가 하락할 경우에는 0이다.

주식관련사채 가치 = 회사채 가치 + 주식콜옵션 가치(본질가치 + 시간가치)

회사채의 pay-off

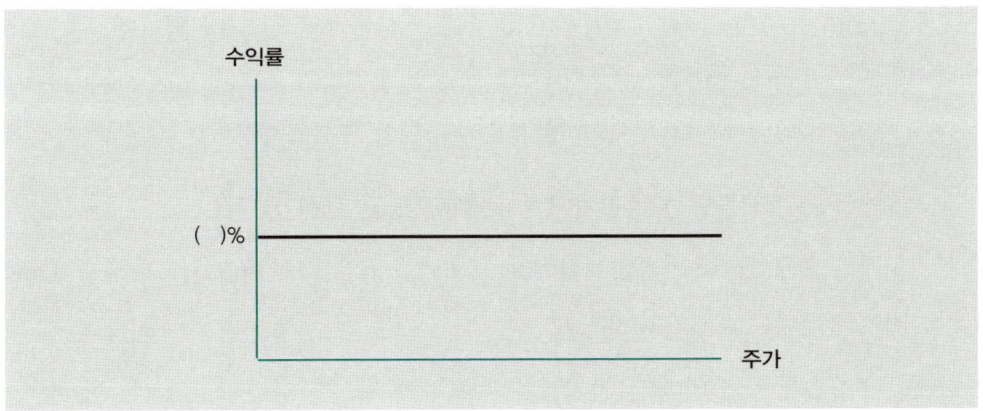

회사채 투자수익은 해당기업의 주가와 무관하다. 부도만 나지 않으면 주가가 하락하더라도 회사채를 매입하고 만기까지 보유할 경우 원리금이 지급된다. 주가가 크게 상승하더라도 미리 정해진 이자 외에 1원도 더 지급되지 않는다.

주식콜옵션 pay-off

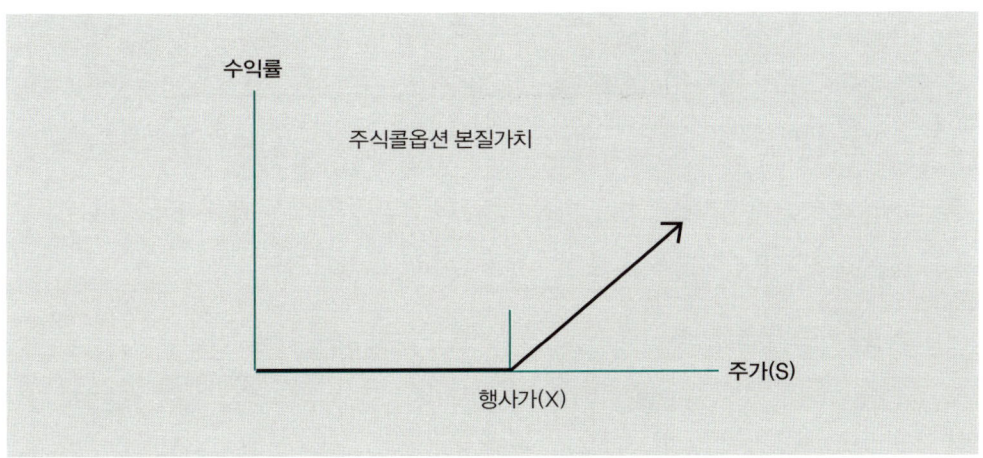

주가(S)가 행사가(X)보다 높으면 콜옵션의 본질가치는 [주가 - 행사가]이고 주가가 행사가와 같을 경우 콜옵션 본질가치는 0이다. 주가가 행사가 이하로 하락할 경우에도 콜옵션 본질가치는 0이다. 그 경우 콜옵션보유자가 옵션을 포기하면 되기 때문이다.

[주가별 콜옵션 본질가치]

In the money(주가 > 행사가) → 콜옵션 본질가치 = 주가 − 행사가

At the money(주가 = 행사가) → 콜옵션 본질가치 = 0

Out of the money(주가 < 행사가) → 콜옵션 본질가치 = 0

요약하면, **주식콜옵션 본질가치 = max(0, 주가 − 행사가)이다.**

실제로 거래되는 주식콜옵션가격은 본질가치보다 높다. 거래되는 콜옵션가격과 본질가치의 차이는 시간가치이다.

주식콜옵션 거래가격 = 본질가치 + 시간가치

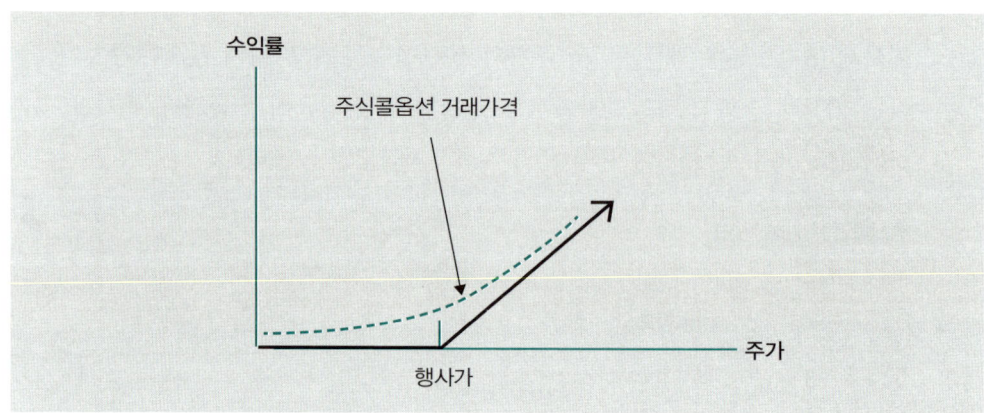

이론적으로는 주식콜옵션이 본질가치보다 높은 가격에 거래되어야 한다.

회사채가치와 주식콜옵션 본질가치를 합치면 다음과 같다.

회사채 + 주식콜옵션 pay-off

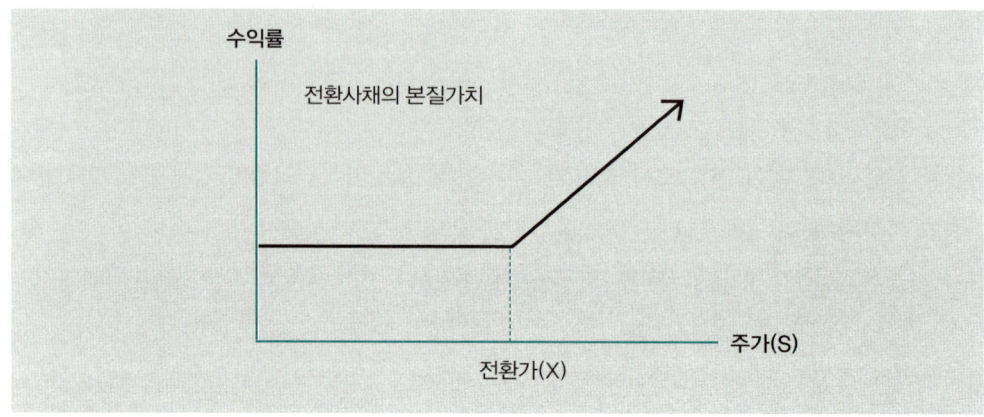

위의 그림은 매입 당일에 전환권을 행사할 경우이다. 이표채인 경우, 전환사채의 행사가는 고정되어 있지만 투자자의 행사가는 기간이 경과함에 따라서 높아져야(위의 그림에서 우측으로 이동) 하고, 이자를 지급받으면 이자락(利子落) 만큼 낮아져야(위의 그림에서 좌측으로 이동) 한다.

만기상환율이 100% 보다 큰 경우에는 만기상환금액과 액면가액의 차이만큼 원금이 증가하므로 지속적으로 전환가가 상승한다. 이 경우 상환율 차이에 따른 일별 전환가 상승분은 아래와 같이 계산할 수 있다.

$$\text{전환가 상승분(per day)} = \frac{(\text{만기상환금액} - \text{액면금액})}{\text{발행일부터 만기일까지의 총 일수}}$$

전환사채에서 전환가는 전환권가치가 채권가치를 초과하는 분기점이라고 이해해야 한다. 만기상환율이 100% 보다 큰 경우, 전환사채를 매입하고 기간이 경과하면 위의 그래프에서 전환가가 우측으로 이동한다.

주가가 전환가보다 높은 ITM(in the money)상태의 CB의 경우 주식콜옵션의 본질가치보다 낮은 가격에 매매되는 경우가 자주 목격된다. 이는 전환사채의 전환권을 행사하고 신주를 받는데 약 2주의 시간이 소요되는 단점 때문이다.

전환권을 행사한 투자자는 실물(주권)이 계좌에 입고될 때까지 약 2주간 주가하락 위험을 부담해야 한다. 이런 위험을 회피하기 위해서 전환권 본질가치보다 낮은 가격으로 전환사채를 매도한다.

7-2 전환사채의 최소가치와 전환사채 차익거래

전환사채는 주가가 하락할 때는 채권가치, 주가가 전환가보다 상승할 때는 주식가치(전환권 본질가치)가 있다. 이를 다음과 같이 표시할 수 있다.

전환사채의 최소가치 = Max(회사채가치, 전환권 본질가치)

회사채가치는 쉽게 계산할 수 있다. 향후 지급되는 현금흐름을 적절한 할인율로 할인하면 회사채가치를 구할 수 있다.

$$\text{회사채가치: } PV(CF), \quad PV = \frac{CF}{(1 + r)^n}$$

전환사채의 전환권가치(본질가치)는 다음과 같이 나타낼 수 있다.

$$\text{전환권 본질가치} = \frac{\text{주가}}{\text{전환가}} \times 10,000$$

채권의 액면가액이 10,000원이기 때문에 10,000원을 곱해주었다.

실무에서는 전환권 본질가치를 **Parity가격**이라고 한다. 전환사채는 최소한 전환권 본질가치(Parity가격)로 거래되어야 한다. 만약, 전환사채가 전환권 본질가치보다 낮은 가격으로 매매된다면 전환사채 차익거래(Convertible Bond Arbitrage)가 가능하다.

두산건설85회(CB)를 활용한 전환사채 매수차익거래를 알아보자.
두산건설85회(CB)의 발행조건은 다음과 같다.

- 발행일: 2015.6.11
- 만기일: 2018.6.11
- 표면금리: 연 3.2%
- 만기보장수익률: 연 6.5%
- 전환가액: 8,570원

주가가 9,200원이고, 두산건설85회(CB)의 매매가격이 **10,350원**이라고 가정하자. 이 경우 전환권 본질가치는 **10,735원**이다.

$$\text{전환권 본질가치} = \frac{9,200}{8,570} \times 10,000 = 10,735$$

전환사채의 매매가격이 전환권가치보다 낮으므로 매수차익거래가 가능하다.

두산건설 1,000주 차입이 가능한 투자자라면 다음과 같이 무위험 차익거래가 가능하다.

1. 두산건설 주식을 1,000주 차입한다.
2. 차입한 주식을 매도하고 동시에 두산건설85회(CB)를 857만원(액면금액) 매입한다.
3. 매입한 전환사채의 전환권을 행사하여 차입주식 1,000주를 상환한다.

두산건설85회CB 액면금액 857만원을 매입하여 전환권을 행사하면 두산건설 주식 1,000주를 지급받는다.

$$1,000주 = \frac{8,570,000}{8,570}$$

위의 차익거래에 대한 손익을 계산해보자. 계산의 편리를 위해서 거래비용은 총 1%로 가정한다.

1. 차입주식 매도에서 +9,200,000 (= 1,000 × 9,200)
2. 전환사채 매입에서 −8,869,950 (= 857 × 10,350)
3. 손익: +238,050원(= 330,050 − 92,000)   *92,000원은 거래비용

위험을 회피하려는 CB보유자들이 Parity가격보다 낮은 가격에 CB를 매도하려고 하기 때문에, In the money영역에 들어가면 이런 기회가 자주 발생한다(CB매매가격 〈 Parity가격).

7-3   주식관련사채의 매력

주식관련사채를 Mezzanine채권이라고도 부른다. Mezzanine은 이탈리아 건축용어로 1층과 2층의 중간에 있는 다락 같은 곳을 지칭한다. 주식관련사채는 주식의 성격(주식콜옵션)과 채권의 성격(순수회사채)을 모두 가지고 있으므로 Mezzanine이라는 것이다.

채권시장에서 선순위, 중순위, 후순위채를 Senior, Mezzanine, Subordinate (Junior) Bond라고 한다. 따라서 주식관련사채를 Mezzanine Bond라고 한다면 혼동을 일으킬 수 있다.

주식관련사채를 소개할 때 '중위험/중수익'이라는 표현을 자주 보게 된다.

주식을 고위험/**고수익**, 회사채를 **중위험**/중수익이라고 한다면 주식관련사채는 **중위험/고수익**이라고 해야 맞다.

전환사채를 예로 들어 보자. 전환사채는 주식으로 전환하기 전까지 채권의 형태이다. 법적으로도 채권과 청구권순위가 동일하고 주식보다는 선순위이다.

주가가 상승하면 주식으로 전환하지 않더라도 전환사채의 가격이 상승한다. 이론적으로는 주가상승분만큼 전환사채의 전환권가치가 1 : 1로 상승해야 한다. 실제로는 주가상승분보다 전환사채의 가격상승은 약간 낮지만 그 차이는 크지 않다.

이를 그림으로 그려보면 다음과 같다.

투자자 관점에서 전환사채의 매력

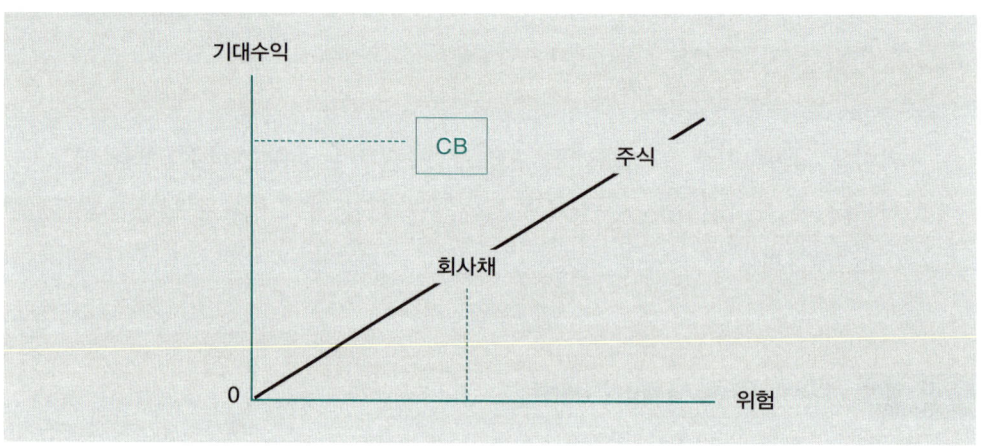

전환사채의 경우 회사채의 위험에도 불구하고 주식의 기대수익을 가지고 있다. Risk-Reward 선의 위쪽에 있으므로 모든 투자자가 찾으려고 애쓰는 자산이다.

발행회사 관점에서의 매력

일반회사채(SB, straight bond) 발행이 어려운 기업도 주식관련사채로 자금조달이 가능하다.

중소기업의 경우에는 신용위험 때문에 회사채발행으로 자금을 조달할 수 없는 경우가 있다. 이 경우에도 주식관련사채 발행은 가능한 경우가 많다. 투자자들은 주식관련사채에 부가되어 있는 주식콜옵션(신주인수권)의 매력 때문에 일정수준의 신용위험을 감수할 용의가 있다.

대기업의 경우에도 증자 대신에 주식관련사채를 발행하는 경우가 있다. 증자를 하면 일시적으로 신주가 발행되기 때문에 주가하락 위험이 크다. 전환사채의 경우에는 모든 투자자가 일시에 전환권을 행사하지 않는 한, 신주가 분산되어 상장되기 때문에 주가하락위험이 낮아진다.

전환사채 등 주식관련사채를 발행하는 궁극적인 목적은 **자본확충**(또는 부채비율을 낮추는 것)이다. 주가가 상승하면 투자자들의 전환권행사로 부채(주식관련사채)가 자본으로 바뀐다. 이에 따라 발행기업의 부채비율이 낮아지고 신용이 개선되어 주가에도 긍정적이다.

전환권행사에 따른 매물(신주)은 일시적이고, 자본구조 개선으로 회사의 안전성이 높아지는 효과는 영구적이다. 부채가 소멸하고 자본이 증가하기 때문이다.

필자는 주식관련사채를 발행한 기업의 재무구조가 획기적으로 개선되는 사례를 여러 차례 목격했다. 2005년 데이콤의 경우, 주가상승으로 기존에 발행한 BW가 전부 자본으로 전환되었고 신용등급이 BBB-에서 A-까지 상향조정 되었다.

주식관련사채를 발행한 많은 기업이 어느 날(예상치 못하게) 주가가 상승해서 부채(주식관련사채)가 자본으로 전환되는 기쁨을 맛보았다.

회사의 주주(경영자) 및 종업원은 투자자보다 더 부도위험을 회피하고 싶어할 것이다. 부도 시 주주는 거의 모두를 잃고, 종업원들도 생업의 터전을 잃을 위험이 있다.

상환의무가 있는 부채(전환사채)가 소멸되고 든든한 자본이 증가하면 향후 추가적인 레버리지(부채로 자금조달)가 가능해진다.

우리나라에서는 연간 1조원 이상의 주식관련사채가 자본으로 전환되고 있다.

연도별 주식관련사채 권리행사 현황

(단위: 건, 억원, %)

구 분	2017	2018	2019	2020	2021
행사건수	2,239	2,906	2,267	5,982	7,066
행사금액	8,805	12,774	13,702	28,195	41,730

(source: 한국예탁결제원 보도자료, 2022.1.12일)

⬗ 주식관련사채의 회계처리

주식관련사채를 발행하면 발행금액(액면금액) 전부를 부채로 계상하지는 않는다. 자본전환이 예상되는 금액은 전환권대가(신주인수권대가)로 분류해서 자본으로 계상한다.

⬗ 금호에이치티4회 사모CB 사례

2019.12.31일 기준, 금호에이치티4회 사모CB의 경우에 발행한 액면금액은 70억원이지만, 전환사채(부채) 금액 6,144,537천원, 전환권대가 1,070,783천, 사채상환할증금 215,320원으로 회계처리 했다.

총부채(= 7,000,000천원 + 215,320천원) → 6,144,537천원(**부채**) + 1,070,783천원(**자본**)

6,144,537(순부채) = 7,000,000 + 215,320 − 1,070,783(자본)

만기상환금액을 고려한 총부채는 약 72억원이지만, 장부에 계상된 부채는 약 61억원이고, 약 11억원은 자본으로 처리한 것이다. 향후에 주식으로 전환될 것으로 추정된 금액이 11억원이라는 의미이다. 2020.9.14일 현재 금호에이치티4회 사모CB는 전액 자본으로 전환되었다.

7-4 전환사채 투자사례

⬗ 현대로템30회CB

주주우선배정 후 일반공모로 발행된 현대로템30회CB의 발행조건은 다음과 같다.

- 신용등급: BBB+(안정적)
- 발행금액: 2,400억원(NH증권과 HMC증권의 총액인수)
- 발행일: 2020.6.17
- 만기일: 2023.6.17
- 표면금리: 연 1.0%(3개월 후급)
- 만기보장수익률: **연 3.70%** (만기상환율: 108.5250%)

- 전환가격: 보통주 1주당 **9,750원**
- 전환가격 Reset: 최초 전환가격의 80%까지 가능
- **콜옵션**: 연속 15거래일간 주가가 전환가액의 140%를 초과할 경우에 발행잔액 전액에 대해 콜옵션행사가 가능하고, 콜옵션이 행사된 이후 조기상환지급일(콜옵션일) 사이에 투자자의 전환권행사 유효

현대로템은 전환사채를 발행하면서 주주에게 우선 매입권을 부여했다. 전환사채를 발행할 때 기존주주의 이익을 침해한다고 이의를 제기하는 주주가 있을 수 있는데, 주주에게 전환사채 우선 매입권을 부여함으로써 이런 문제를 해결할 수 있다.

주주우선배정 결과 74,487,250,000원이 청약 되었고(약 1,655억원 실권), 2020.6.12일부터 2020.6.15일까지 165,512,750,000원을 일반공모 하였다. 일반공모 경쟁률은 48대 1로 상당히 높았다. 공모당일의 Parity가격이 15,000원 수준이었으므로 경쟁률이 높은 것은 당연하다.

현대로템30회CB의 손익곡선

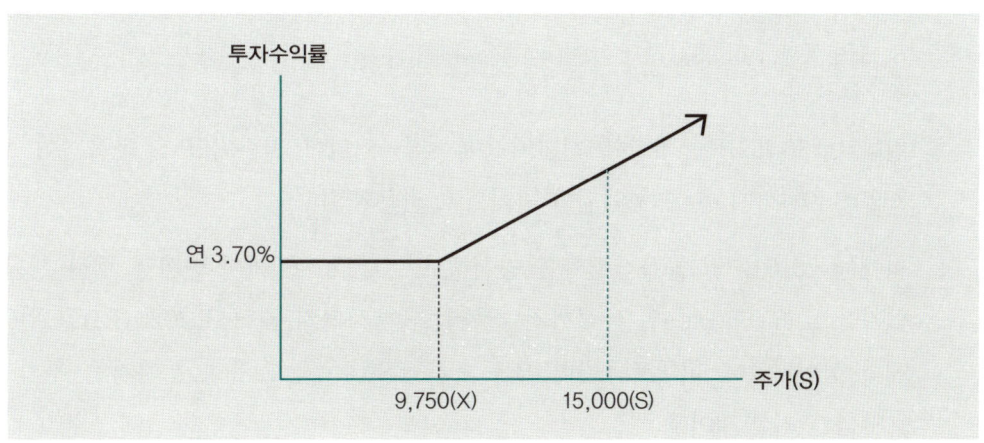

2020.6.17일 현대로템30회 전환사채가 상장되어 11,500원 이하에서 거래되었다. 당시 주가는 15,000원 수준으로 **Parity가격**이 15,000원 이상이었는데도 불구하고, 전환사채의 **매매가격**은 11,000원~11,500원 수준이었다. 주식전환 위험이 아무리 높아도 설명할 수 없는 가격으로 전환사채가 매매되고 있었다.

현대로템30회CB 상장 후 장내거래 내역

(단위: 원, 백만원)

일 자	최고가	최저가	거래대금	비 고
2020-06-17	11,519	10,900	49,879	
2020-06-18	11,364	11,052	11,905	
2020-06-19	11,499	11,121	12,728	
2020-06-22	11,440	11,201	5,684	
2020-06-23	11,390	11,263	4,864	

(source: Check)

현대로템30회CB는 연 3.7% 이자를 지급하기 때문에 11,110원에 매입하고 현대로템이 부도나지 않으면 원금이 보장된다(370 × 3 = 1,110). 이 경우 주식콜옵션은 고스란히 남는다.

필자도 2020.6.17일 전환사채를 11,350원에 매입, 주식으로 전환 후 2020.9.8일 17,000원에 매도해서 3개월만에 50%의 수익을 시현했다.

　1주당 매입원가: 11,066원(= 9,750 × 1,135)
　1주당 매도단가: 17,000원
　차익: 5,934원 → 투자수익률: 53.6%(비용차감 전)

현대로템30회CB는 첫번째 전환기간에 1,856억원이 전환되었고, 콜옵션이 행사된 2020.8.19일까지 총 2,355억원이 주식으로 전환되었다.

회사는 2020.8.7일 콜옵션행사를 공시했고, 2020.8.19일까지 전환권 행사 기회를 주었지만, 4,456,880,464원은 끝까지 전환권을 행사하지 않아서 2020.8.24일 원금수준에서 상환되었다. 현대로템30회CB를 4,456,880,464원 보유한 투자자는 투자수익률 50%를 포기한 것이다.

전환사채를 매입할 때 콜옵션 등 발행조건을 꼼꼼히 읽어보았으면 아까운 기회를 놓치지 않았을 것이다. 경제신문을 구독했으면 관련기사를 읽고 전환권행사가 가능했을 것 같다.

필자는 전환권행사 기회를 놓치지 말도록 네이버 "채권투자카페"에 공지로 올렸는데,

약 45억원이 실권되어서 매우 안타까운 마음이었다.

에스맥12회 사모CB 사례

2018.10.5일 에스맥12회 사모CB를 매입하고, 2020.1월부터 5월 사이에 매도하여 연 30% 수준의 투자수익을 시현했다.

에스맥은 Mobile Phone의 Touch Screen을 만드는 회사로 평택공장과 베트남공장을 탐방한 적이 있다. 금호에이치티 등을 인수하여 사업영역을 확장하고 있었지만, 사모CB 투자 당시 부채비율이 13.9% 수준이어서 신용위험은 매우 낮다고 판단했다.

사모CB가 공모CB와 차이나는 점은 전환권행사기간과 콜옵션조항이다. 공모CB는 발행 후 1개월부터 만기 1개월까지 전환권행사가 가능한 것이 일반적이지만, 사모CB는 발행 후 1년이 경과한 후에 전환권행사가 가능하다.

공모CB에서는 발행회사의 콜옵션행사 전에 전환권을 행사하면 콜옵션을 피할 수 있다. 현대로템30회CB의 경우에는 발행회사의 콜옵션행사가 공시된 이후 결제일까지 전환권을 행사할 수 있었다.

하지만, 사모CB에서는 발행자(또는 발행자가 지정한 자)의 콜옵션 행사기간이 끝나기 전에는 콜옵션물량(에스맥의 경우 매입금액의 50%)에 대해 전환권 행사가 불가능하다.

공모CB는 공모청약에 참여해서 경쟁률에 따라서 물량을 배정받는 데 비해 사모CB는 원하는 금액만큼 매입할 수 있다. 그러나, 사모CB의 최소 매입단위가 1억원 이상인 경우가 대부분이기 때문에 소액으로 투자할 수 없다는 것이 단점이다.

에스맥12회 사모CB 발행조건

- 발행일: 2018.10.5
- 만기일: 2021.10.5
- 풋옵션: 2020.4.5(이후 매3개월마다)
- 표면금리: 연 2.0%(3개월 이표채)
- 풋옵션수익률(만기보장수익률): 연 4.0%
- 전환가격: 2,043원

- Reset: 액면가(200)원까지 가능
- 콜옵션: 투자금액의 50%
- Call Price: 액면금액(10,000원) + 연 6.0%
- 담보: 루미마이그로주식 100%(주당 2,000원 기준)
- 추가옵션: 투자금액의 30%까지 루미마이크로주식 매입 권리 부여(@2,000원)

표면금리는 연 2%이지만 풋옵션을 행사하거나, 만기상환을 받을 경우에는 연 4%를 보장해준다. 주가하락에 따른 전환가격 조정이 200원(액면가)까지 가능하다는 점이 매력적이다. 발행 이후 지속적으로 주가가 하락하지만 않으면 전환권 본질가치가 생기는 구조이다.

에스맥12회 사모CB의 손익곡선

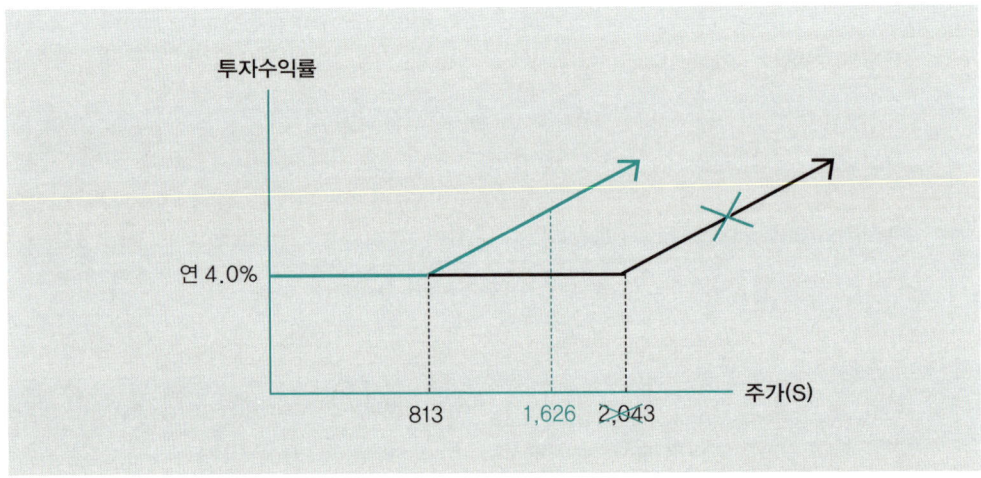

에스맥12회 사모CB의 전환가격은 2,043원이지만 향후 주가가 하락하면 액면가인 200원까지 조정(reset)이 가능하다. 전환가격 Reset의 옵션가치는 상당할 것이다.

주식콜옵션가격을 계산할 때 사용하는 Black Scholes Model은 고정 행사가(전환가, X)를 가정하고 있다. 주가하락 시 전환가를 하향조정하는 Reset clause가 추가될 경우에는 주식콜옵션가치가 높아진다.

주식콜옵션 본질가치는 S - X인데, X만 낮아지면 본질가치가 높아지는 것은 당연하다. 전환사채의 Reset조항이 주주의 권리를 침해하기 때문에 반대하는 의견이 있을 수 있다. 전환사채를 발행하는 기업의 자본확충이 필요하다면 Reset조항은 부채를 자본으로 전환시키는 좋은 방법이다.

전환사채를 발행한 이후 주가가 전환가격 이하로 하락할 경우 Reset조항이 없다면 원리금을 상환해야 한다. 반면, Reset조항이 있을 경우에는 하락한 주가로 전환가격이 조정되어 이후 주가가 조금 상승해도 전환이 이루어질 수 있다.

에스맥12회 사모CB의 경우 발행일 이후 계속해서 주가가 하락하였고, 2019.11월에는 전환가가 813원으로 조정(reset) 되었다. 2020.1월부터 주가가 1,000원 이상으로 회복되었고, 콜옵션 분을 제외한 CB를 10%씩 전환해서 1,300원~2,000원에 매도했다. 1,626원에 매도한 경우에는 콜옵션분을 고려하지 않고도 50%(절대수익률)의 수익이 발생했다.

$$50\% = \frac{1,626}{813} \times 50\%(\text{콜옵션물량 제외}), \text{(연 } 33.3\%)$$

발행 후 1년부터 1년 6개월 사이에 콜옵션이 행사되었고, 콜옵션 행사가격(Call Price)은 연 6%이기 때문에 콜옵션분(50%)의 투자수익률은 연 8.0%이었다.

연 8% = 연 2%(표면금리) + 연 6%(call premium), 기여수익률은 연 4%

에스맥12회 사모CB에는 루미마이크로 주식이 담보로 제공되었고, 에스맥12회 매입금액의 30%에 해당하는 루미마이크로 주식에 대한 매입권리(call option)도 부여되었다.

2019년 말에 비보존이 루미마이크로 지분을 인수하면서 주가가 크게 상승하여 루미마이크로 주식에 대한 콜옵션을 행사해서 5%의 차익을 실현했다(연 3.3%).

에스맥12회 사모CB는 발행일로부터 약 1년 6개월만에 전량 매도했고, 매도가격 1,626원 기준 연 40.6%의 수익을 시현했다.

연 40.6% = 연 33.3%(전환매도분) + 연 4%(콜옵션분) + 연 3.3%(루미마이크로 옵션행사)

7-5 　분리형BW

분리형BW는 발행시점에 순수회사채(ex-warrant, bond)와 주식콜옵션(warrant, WR)을 분리하여 지급한다. 영어로는 Detachable BW라고 한다. 유로 채권시장에서는 분리형BW가 Global Practice이다.

우리나라의 경우 2013년 9월부터 분리형BW의 발행이 금지되었다가 2015년 7월 6일 '자본시장과 금융투자업에 관한 법률' 개정안이 국회본회의를 통과하면서 공모 분리형BW의 발행이 재개되었다.

7-5-1 　전환사채와 분리형BW의 비교

분리형BW는 전환사채에서 진화된 상품이다. 전환사채와 분리형BW를 비교해보면 분리형BW가 얼마나 유리한지 이해하는데 도움이 된다.

분리형BW는 발행시점에 회사채와 신주인수권(주식콜옵션)으로 분리해서 발행하기 때문에 전환사채에 비해서 **유동성**이 높다. 회사채는 **채권시장**에서 거래되고 신주인수권은 **주식시장**에서 활발하게 거래된다.

분리된 회사채를 Ex-warrant라고 부르는데 Warrant가 떨어진 **순수회사채**이기 때문이다. 동일회사 **전환사채**의 표면금리(발행금리)가 2%인데 Ex-warrant의 표면금리(발행금리)가 2%라면 Ex-warrant는 액면가보다 낮은 가격으로 거래되어야 한다. Ex-warrant에는 주식콜옵션이 없기 때문에 전환사채보다 금리(요구수익률)가 높아야 하기 때문이다.

A기업 회사채의 요구수익률(순수회사채 금리)이 4% 수준인데 전환사채의 표면금리가 2%라면, 그것은 전환사채에 주식콜옵션이 포함되어 있기 때문이다.

동일한 A기업이 분리형BW를 발행하고, Ex-warrant의 표면금리가 2%이면 Ex-warrant는 순수회사채이므로 액면가 대비 연 2% 할인되어 거래될 것이다. 표면금리 2%인 회사채의 매매금리(할인율)가 4%일 경우 액면가액에서 할인되어 거래된다. 간편법으로 계산하면 1년물은 2% 할인되어 9,800원, 2년물은 4% 할인되어 9,600원에 거래되어야 한다.

할인 거래되는 Ex-warrant를 매입할 경우 매입가격과 액면가인 10,000원의 차이는 비과세소득이 된다. A기업 Ex-warrant의 경우 연 2%는 비과세소득이다. 표면금리가 낮아서 할인 거래되는 채권은 과세대상소득(표면이자)이 낮아서 세후수익률이 높다.

> Ex-warrant의 비과세소득 = 10,000원 − 매입가격(할인)
>
> (또는, = 매매금리 − 표면(만기보장)금리)   *이렇게 표현하는 것이 정확하다

2009년부터 본격적으로 발행된 분리형BW의 Ex-warrant는 대부분 할인거래 되었고 비과세 매력 때문에 거래가 활발한 편이었다.

분리형BW의 **신주인수권(WR)**은 주식콜옵션이므로 주식시장에서 거래된다. 주식시장에서 거래되는 ELW(equity linked warrant)와 비교해보면 분리형BW에서 나온 신주인수권의 가치를 이해하기 쉽다.

만기 6개월의 At the Money ELW가 5% 프리미엄으로 거래되고 동일회사가 발행한 분리형BW에서 분리된 만기 3년의 At the Money 신주인수권(warrant)이 10% 프리미엄으로 거래된다면 2년 6개월의 시간가치는 5%이다.

분리형BW의 경우 Black-Scholes 옵션가격결정모형으로 주식콜옵션(신주인수권)의 가치를 계산해서 공시하도록 하고 있는데, 대부분 회사의 주식콜옵션 가치는 10% 이상이다.

우리나라는 한때 옵션 장내거래규모(거래대금)가 전세계 1위일 정도로 주식콜옵션 장내거래가 활발하다. 분리형BW에서 떨어진 신주인수권은 거의 주식수준의 유동성이 있다.

Typical한 분리형BW의 경우 상장시점에 Bond는 약 5% 정도 할인되어 거래되고, 신주인수권은 약 10%의 프리미엄이 붙어서 거래된다.

B 기업이 주가 10,000원, 행사가격 10,000원, 만기보장수익률 5%(표면금리는 2%)의 3년만기 분리형BW를 발행한다고 가정해보자.

1,000만원을 청약하고 경쟁률이 10대 1일 경우에는 100만원을 배정받는다. 900만원은 채권 상장일에 환불 받는다. 청약 2일 후에 Ex-warrant(회사채)가 상장되는데 환불금도 이때 청약계좌에 입금된다. 신주인수권은 주식시장에 상장하므로 청약 약 15일 후에 상장된다.

B 기업 분리형BW 청약에서 배정받은 100만원에 해당하는 유가증권은 다음과 같이 증권계좌에 입고된다.

- 회사채(ex-warrant): 100만원(액면금액)
- 신주인수권: 100매

신주인수권은 1WR, 2WR, 3WR 등으로 이름이 붙여진다. WR은 Warrant라는 의미이다.

B 기업 회사채의 요구수익률이 연 7%이라면 Ex-warrant는 약 9,400원에 거래될 것이다. 만기보장금리가 5%이고 요구수익률이 7%인데 만기가 3년이므로 1년에 2%씩 할인되어 3년동안 약 6% 할인된다. Ex-warrant에서 6% 손실이 발생한다.

상장 당일 신주인수권은 약 10% 프리미엄으로 거래되는 것이 일반적이다. B 기업 신주인수권은 1매당 1,000원(10% 프리미엄)에 매도할 수 있을 것이다.

B 기업 분리형BW를 공모 청약한 투자자가 회사채와 신주인수권을 동시에 매도할 경우의 손익은 다음과 같이 계산할 수 있다.

회사채: +940,000(6% 손실)
신주인수권: +100,000 (= 100 × 1,000)

100만원 투자해서 회수금액은 104만원이므로 4만원(4%)의 차익이 발생한다.

분리형BW에 투자할 경우에는 Ex-warrant와 신주인수권의 매도전략이 중요하다. 먼저 해당기업의 신용위험을 분석하여 Ex-warrant를 만기(또는 풋옵션)까지 보유해도 괜찮을 회사에 투자하는 것이 좋다. 발행회사가 부도나지 않아야 Upside Potential도 가능하다.

Warrant의 경우 향후 주가상승여력이 높다면 보유하고 그렇지 않다면 시간가치가 높을 때 빨리 매도하는 것이 유리하다.

동부제철 분리형BW 사례

2012년 동부제철의 분리형BW를 청약할 때, 주가가 4,000원인데 행사가는 5,000원(액면가)인 신주인수권을 어떻게 할지 고민한 적이 있다. 신주인수권은 상장 당일에 400원에 거래되고 있었다. 신주인수권의 매매가격에서 본질가치는 0이다.

동부제철 신주인수권의 본질가치 = max(0, 주가 − 행사가액)

주식콜옵션가격(400원) = 본질가치(0원) + 시간가치(400원)

신주인수권을 400원에 매수하는 투자자라면, 향후 주가가 1,000원(25%) 상승하여 행사가인 5,000원이 될 때까지 본질가치는 0이고 주가가 5,400원이 되어야 BEP가 된다.

필자는 동부제철 분리형BW의 경우 신주인수권은 상장 당일에 약 400원 수준에 매도하여 비과세수익 8%(= 400/5,000)를 확보하고 Ex-warrant는 풋옵션행사로 원금을 회수했다. 주가 상승가능성이 높지 않다고 보고 시간가치가 높을 때 주식콜옵션을 매도한 것이다.

분리형BW가 전환사채에 비해서 인기가 높다는 것은 공모청약 경쟁률에서도 확인할 수 있다. 2011년 5월 24일의 두산건설 전환사채와 분리형BW 공모 경쟁률은 다음과 같다.

구 분	64회(CB)	65회(분리형BW)	비 고
발행일	2011.5.24	2011.5.24	
만기일	2014.5.24	2014.5.24	
풋옵션행사일	2012.11.24	2013.5.24	CB가 유리
표면금리	4.00%	2.00%	CB가 유리
만기보장수익률	7.50%	5.50%	CB가 유리
행사가액	5,000	5,000	
발행규모	1,000억원	1,000억원	
청약규모	382억원	1조 4,266억원	
청약경쟁률	0.38:1	14.26:1	

두산건설 64회와 65회는 발행일과 만기일이 같다. 표면금리, 만기보장수익률, 풋옵션 행사일 등에서 CB가 분리형BW보다 유리하지만 분리형BW에는 1조 4,266억원의 자금이 몰렸다. 분리형BW의 매력을 단적으로 보여준 사례이다.

7-5-2 ▶ 사채대용납입제도

분리형BW는 현금 뿐만 아니라 회사채(ex-warrant)로도 신주인수권의 권리행사가 가능하다. 이를 사채대용납입제도라고 하는데 대부분의 분리형BW에서 사채대용납입제도를 채택하고 있다.

Ex-warrant의 경우 발행시점에 Deep Discount로 거래되고 만기까지 매매가격이 서서히 상승하는 것이 일반적이다. 그러나 사채대용납입 조건부로 발행된 경우에는 주가가 상승해서 주식콜옵션이 행사되면 Ex-warrant의 가격도 함께 상승한다.

B 기업의 주가가 20,000원, Ex-warrant 매매가격이 9,500원, 신주인수권의 행사가액이 10,000원이라고 가정해보자. 신주인수권을 보유한 투자자가 권리를 행사하려고 하면 보통주 1주당 현금 10,000원을 납입해야 한다.

> B 기업 보통주 1주 = 신주인수권 1매 + 현금 10,000원

이때 현금 9,500원으로 Ex-warrant를 매입해서 납부하면 보통주 1주당 9,500원이면 권리행사가 가능하다.

> Ex-warrant 매입(@9,500원) → 신주인수권 행사 시 채권납입 → 보통주 1주

주가가 상승하면 액면가액(10,000원) 이하에서 거래되는 Ex-warrant의 매수수요가 증가하고 가격이 상승한다. 사채대용납입제도로 만기 경과 뿐만 아니라 주가가 상승해도 Ex-warrant의 가격이 상승할 수 있다.

7-5-3 ▶ 행사가격의 Reset

유상증자, 무상증자, 합병 등이 아닌 순수하게 주가가 하락하는 경우에도 행사가격이 조정될 수 있는데 이를 Reset이라고 한다. Reset은 CB, BW에서 빈번히 목격되는데

이들 주식관련사채에 투자한 투자자들에게는 가치가 큰 옵션이다.

최대 70%까지 Reset이 가능한 두산건설84회(CB)의 예를 들어보자.

발행시점인 2014.9.4일 두산건설84회의 전환가격은 11,700원으로 정해졌다. 발행 이후 주가가 하락하였고, 첫 번째 Reset 시점인 2014.12.4일 두산건설 주가하락으로 전환가격은 10,200원으로 낮아졌다.

2014년 12월 말 두산건설이 흑자 전환사실이 알려지면서 주가가 11,700원까지 상승하였다. 이에 따라 84회CB의 전환권가치는 11,470원으로 높아졌다.

$$11,470원 = \frac{11,700}{10,200} \times 10,000원$$

Reset조건이 없었다면 주가가 11,700원일 때 전환권가치(본질가치)는 0이다. Reset의 경우 한도를 정하고 있는데 두산건설84회의 경우에는 최초 전환가격의 70%(8,190원)까지 조정이 가능하다.

$$8,190원 = 11,700원 \times 0.7$$

초기 행사가의 70%까지 Reset이 가능하다면 주가가 30% 하락해도 At the Money 상태이다. Reset은 주식관련사채 투자자에게 매력적인 옵션이다.

2015.6.4일에는 8,570원으로 추가 조정되었다. Reset은 주가가 하락할 때만 해당되고 주가가 상승할 때는 이미 하향 조정된 전환가격이 높아지지는 않는다(2021.12월 이후 발행된 사모주식관련사채의 경우, 향후 주가 상승 시 하향조정된 전환가격은 최초 전환가격까지 상향조정되도록 제도화되었다).

7-5-4 ▶ 분리형BW 투자사례

한진칼3회 분리형BW

2020.7.3일 주주연합(일명, 강성부펀드)과 경영권분쟁 중인 한진칼이 공모로 3,000억원의 제3회분리형BW를 발행했다. 경영권분쟁의 영향으로 주가는 2만원대에서 82,500원(3WR의 행사가격)까지 상승한 상태라서 분리형BW의 투자매력이 떨어진다

는 의견도 있었다.

한진칼3회 분리형BW 발행조건

- 신용평가등급: BBB(부정적)
- 발행금액: 3,000억원
- 발행일: 2020.7.3
- 만기일: 2023.7.3
- 표면금리: 연 2.0%(3개월 후급)
- 만기보장수익률: 연 3.75%   *만기상환율: 105.5293%
- 풋옵션일: 2022.7.3
- 풋옵션수익률: 연 3.75%   *풋옵션상환율: 103.6170%
- 신주인수권(3WR) 행사가격: 82,500원
- 행사가격 Reset: 최초 행사가격의 70%(57,750원)까지 가능

한진칼3회 회사채(ex-warrant) 가치

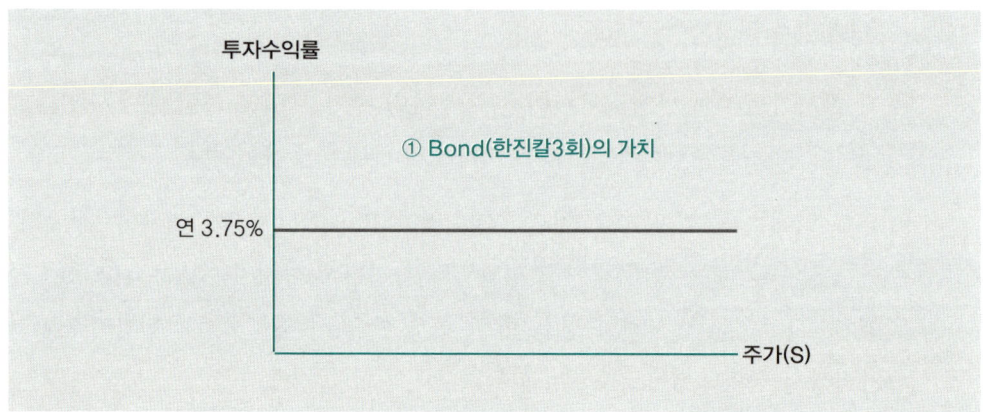

2020.6.30일~2020.7.1일, 한진칼3회 분리형BW의 공모청약에 참여하여 82,500원을 배정받았다면, 2020.7.3일 한진칼3회 **회사채**(Bond) 82,500원(액면금액)이 본인계좌로 입고되었다.

한진칼3회는 순수회사채이므로 한진칼이 부도만 나지 않으면 2년간(풋옵션행사 시) 연 3.75%의 투자수익이 발생한다. 만기까지 보유할 경우에는 3년간 연 3.75%의 투자수익이 나온다.

한진칼 3WR 본질가치

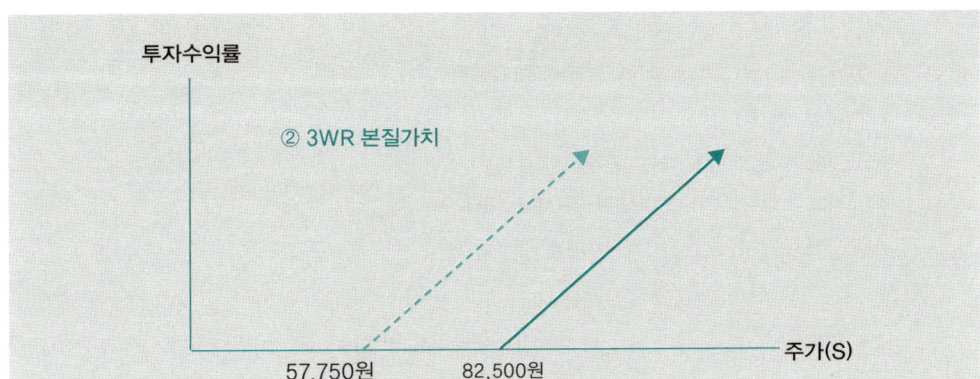

2020.7.16일에 한진칼3WR(신주인수권증권) 1매가 본인계좌에 입고된다. 한진칼3WR 은 한진칼 주식에 대한 콜옵션으로 행사가격은 82,500원이다. 따라서 한진칼 주가가 82,500원 이상으로 상승하면 한진칼3WR의 본질가치는 주가와 행사가격(82,500원) 의 차이이다.

한진칼3WR 본질가치 = 주가(S) − 82,500원

필자는 2020.7.16일 한진칼3WR이 상장되는 날 동시호가로 1매당 23,000원 수준에서 전량 매도하여 27%의 수익을 실현하였다.

$$27\% = \frac{23,000}{82,500}$$

한진칼3회(회사채)는 여전히 보유하고 있었다.

한진칼3회 분리형BW를 발행할 당시 기존주주(조원태 외)와 주주연합(강성부펀드 외) 간에 지분경쟁 중이었다. 2020.7.16일 한진칼3WR이 상장되어 일주일 정도 거래 상황을 지켜본 주주연합(KCGI 외) 측에서 2020.7.23일 공개매수를 발표했다.

> **KCGI 공개매수 조건**

- 공개매수기간: 2020.7.23~2020.8.12 (21일간)
- 결제일: 2020.8.18
- 공개매수사무 취급자: BNK투자증권
- 공개매수 수량: 한진칼3WR 1,200,000매
- 공개매수 단가: 한진칼3WR 1매당 25,000원

한진칼3WR은 Reset Clause가 있어서 주가가 하락하면 행사가를 낮춰준다. Reset한도는 최초행사가격의 70%로 설정되어 있어서 최대 57,750원까지 행사가격 재조정이 가능하다.

발행 이후 주가가 하락하여 2020.9.3일에 행사가격이 77,000원으로 하향조정(reset)되었다.

한진칼3회 분리형BW 가치

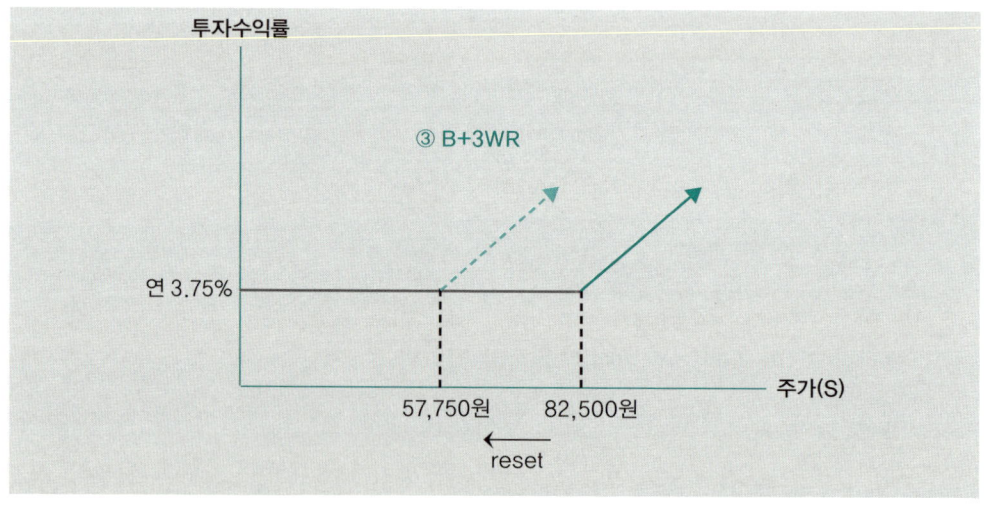

2020.7.1일 한진칼3회 분리형BW에 공모청약한 투자자는 한진칼3회 회사채와 한진칼3WR을 받았으므로 (한진칼3회 회사채 + 한진칼3WR)에서 투자금액을 차감하면 투자수익이 계산된다.

82,500원을 배정받았다면 3회 회사채 82,500원과 3WR 1매를 받았고, 3회 회사채는

만기보유목적으로 투자하고, 3WR을 동시호가에 매도했다면 3WR로만 27%(비과세) 수익을 올렸다.

분리형BW가 CB나 비분리형BW와 다른 점은 신주인수권(주식콜옵션, WR)이 분리되어 거래된다는 점이다.

한진칼3WR이 상장된 2020.7.16일 주가는 99,000원 수준이었다.

주가에서 행사가격을 뺀 콜옵션의 본질가치는 16,500원인데, 3WR 거래가격은 23,000원이었다. 콜옵션이 본질가치보다 높게 거래된 것이다.

> 한진칼 주가: 99,000원
> 한진칼 3WR 행사가격: 82,500원
> 한진칼 3WR 본질가치: 16,500원
> 한진칼 3WR 매매가격: 23,000원
> 한진칼 3WR 시간가치: 6,500원

일반적으로 ITM(in the money) 전환사채의 경우 Parity가격보다 다소 낮게 CB가 거래되는데, WR의 경우에는 오히려 시간가치가 반영되어 거래된다는 것은 분리형BW가 얼마나 매력적인지를 설명해주고 있다.

7-6 교환사채(Exchangeable Bond)

교환사채의 손익구조는 전환사채, 신주인수권부사채와 동일하다.

교환사채는 이미 발행되어 있는 주식으로 교환해주므로 신속하게 주식콜옵션을 행사할 수 있다. 전환사채의 전환권행사에는 약 2주일이 소요되는 반면 교환사채는 1~2일이면 주식으로 교환할 수 있다.

따라서, 교환사채의 교환권을 행사할 경우에는 주식을 차입할 필요가 없다. **권리공매도**로 해당주식을 매도한 후 매도수량만큼 교환권을 행사하면 된다. 교환권은 오전 11시까지 행사해야 하는데, 해당 주식을 오후에 권리공매도 하더라도 익일 오전에 교환권을 신청하면 주식결제일(T+2일)에 공매도 주식을 결제하는데 아무런 문제가 없다.

동일한 조건으로 교환사채와 전환사채가 동시에 발행될 경우 교환사채의 경쟁률이 높은 것은 교환사채가 신속하게 주식콜옵션을 행사할 수 있는 장점 때문이다.

교환사채는 주식콜옵션을 행사해도 자본금이 증가하지 않는다. 이미 발행되어 발행회사의 자산에 있는 주식으로 교환해주기 때문이다. 교환사채의 교환권이 행사되면 자산(교환주식)과 부채(교환사채)가 동시에 감소한다. 그 영향으로 발행회사의 자본구조는 좋아진다(부채비율이 낮아진다).

외국과는 달리 우리나라는 자사주를 대상으로 교환사채를 발행하고 있다. 자사주를 매입하면 자본감소로 회계처리하고, 교환권이 행사되어 자사주를 매도하면 다시 자본이 증가한다. 그러나, 신주를 발행하는 것이 아니기 때문에 (유상)증자는 아니다.

7-7 주식관련사채 투자 시 주의할 점

주식관련사채에 투자할 때는 아래의 점을 주의해야 한다.

첫째, 주식관련사채에 부가된 주식콜옵션(신주인수권, WR)의 권리행사 기간을 확인해야 한다. 일반적으로, 공모로 발행한 주식관련사채는 발행 후 1개월부터 만기 1개월 전까지 신주인수권(전환권, 교환권)을 행사할 수 있다.

사모CB의 경우에는 발행 후 1년부터 만기 1개월 전까지 권리행사가 가능하다. 주식관련사채를 매입하기 전에 중요한 권리(option)인 주식콜옵션의 행사기간을 확인하는 것은 필수이다.

행사기간이 경과한 주식관련사채를 Parity가격(전환권 본질가치)으로 매입한다면 손실이 발생한다.

둘째, 회사채(채권)에 주식콜옵션이 붙어 있는 지 확인해야 한다. 분리형BW의 경우 발행시점에 회사채(ex-warrant)와 신주인수권(WR)이 분리된다.

일반채권 시장에서 거래되는 분리형BW는 모두 신주인수권(주식콜옵션)이 없는 순수회사채이다. 한진칼3회는 한진칼3회 분리형BW에서 떨어진 순수회사채이다. 한진칼3회 분리형BW가 한진칼3회와 한진칼3WR로 분리되었다.

2020.8.26일 한화갤러리아타임월드23회가 10,180원에 거래되었다. 한화갤러리아타임월드23회의 발행조건은, 2018.6.22일 발행, 2021.6.22일 만기, 표면금리 0%, 만기보장수익률 연 0.5%, 만기상환율 101.5103% 이다. 즉, 만기시점인 2021.6.22일에 10,151.03원 상환하는 복리채와 동일하다.

이 채권을 10,180원에 매입한다는 것은 마이너스 금리로 채권을 매입한 것이다. 유럽의 몇몇 국가 국채는 마이너스 금리로 거래되고 있지만, 우리나라의 1년물 국고채는 0.6% 수준에서 거래되고 있다.

BBB+등급인 한화갤러리아타임월드를 마이너스 금리에 매입하는 것은 합리적이지 못하다. 한화갤러리아타임월드3회 분리형BW와 한화갤러리아타임월드3회를 착각해서 이런 사고가 난 것으로 보인다.

셋째, 주식관련사채에 부가된 발행자의 콜옵션을 확인해야 한다. 미국의 주식관련사채는 발행자의 콜옵션이 부가된 것이 일반적이지만, 우리나라의 경우에는 발행자의 콜옵션이 없는 것이 일반적이다.

2020.6.17일 발행한 현대로템30회CB의 경우, 주가가 전환가격보다 140% 이상 높은 가격에 거래될 경우 발행회사(현대로템)가 콜옵션(조기상환)을 행사할 수 있는 조건으로 발행되었고, 실제로 2020.8.24일에 약 45억원이 콜옵션행사로 상환되었다. 상환 당시의 Parity가격이 16,000원 수준이었으므로 콜옵션으로 상환 받은 투자자는 60% 수준의 기회손실을 입었다.

넷째, 철저하게 채권관점에서 접근해야 한다. 주식관련사채는 회사채(downside protection)와 주식콜옵션(upside potential)으로 구성되어 매력적인 투자수단임에는 틀림이 없다. 하지만, 부도나지 않아야 Upside Potential이 가능하다. 따라서, 향후 주가상승 가능성보다 신용위험을 우선 고려해야 한다.

BOND INVESTMENT NOTE
BOND INVESTMENT NOTE
채권투자노트

제**8**장

해외채권

제8장

해외채권

한 나라의 부가 축적되면 자국내의 자본투자수익률이 낮아지게 되어 해외로 자금이 이동하는 것은 열린 경제(open economy)의 특징이다.

산업혁명으로 부를 축적한 유럽이 신대륙을 개척했고, 높은 경제성장을 달성했던 미국이 전세계에 투자했다.

우리보다 일찍 문호를 개방하고 부를 축적했던 일본은 동남아에 거대한 제조업기지를 건설했고, 중국은 대규모 경상수지흑자를 바탕으로 아프리카와 남미에 거액을 투자하고 있다.

우리나라 기업들도 전세계에 자본투자를 활발하게 하고 있다. 기업들의 자본투자와 별개로 정부, 연기금, 금융기관, 개인투자자들의 해외 유가증권투자 증가세가 이어지고 있다.

해외채권은 현지채권(local bond)에 환위험이 추가된 것이다. 채권(local bond)의 특징은 어느 나라에서나 동일하다. **발행일, 만기일, 표면금리, 만기상환금액**이 있어야 채권으로 인정된다. 한국채권, 미국채권, 중국채권, 인도채권, 브라질채권 모두 위의 네 가지가 있다.

해외채권 = 현지채권(local bond) + 환손익(FX, foreign exchange)

해외채권투자에 앞서 각국의 채권Sector(국채, 지방채, 특수채, 회사채, ABS 등)별 특성과 Foreign Exchange(환)를 이해하는 것이 필요하다.

미국의 지방채(Municipals)는 지방정부(또는 산하 단체)의 파산 시에 원금손실이 가능하다. 우리나라 지방채를 국가채무로 분류하는 것과 상당한 차이가 있다. 우리나라는 One State이고 미국은 50개의 State로 구성되어 있다.

미국의 주택담보대출(Mortgage loan)은 소구권(recourse)이 없다. 집값이 대출금액보다 낮을 경우 대출자는 집만 포기하면 된다. 나머지 손실은 대출해준 금융기관에서 부담한다.

Mortgage loan에 소구권이 없으므로 이를 모아서 만든 MBS에도 소구권이 없는 것은 당연하다. 우리나라의 경우 주택담보대출을 받은 사람에 대한 2차적인 청구권이 있는 것과는 큰 차이가 있다.

미국의 Mortgage Loan은 조기상환수수료가 없는 것이 일반적인데 우리나라와 차이가 있다.

이렇듯 해외채권에 투자할 때는 해당 채권의 특성을 정확하게 파악해야 한다.

미국의 Municipal(지방채), Senior Loan, 하이일드채권, Mortgage Loan과 MBS(mortgage backed securities) 등은 해당 채권의 특성을 공부할 필요가 있다.

우리나라에서 약 4조원 투자한 브라질국채의 경우 채권의 특성은 우리나라와 유사하다. 표면금리 10%이면 만기까지 매년 연 10%의 이자를 지급하고 만기에 원금(Par value, Face value)을 지급한다.

브라질국채, 인도국채, 멕시코국채, 터키국채 등을 Emerging Sovereign Bond라고 한다. 이들 채권에 대한 투자수익률은 해당국 통화가치에 크게 영향을 받는다. 원화와 이들 국가 통화간의 거래량이 많지 않아서 환위험Hedge비용이 크고, 환위험을 Hedge할 경우에는 원화채권에 투자하는 것보다 투자수익률이 낮아진다.

해외채권투자에서는 전세계에서 발행되고 있는 주요채권들의 특성을 이해하고 환위험을 어떻게 관리할 지에 초점을 맞춰야 한다.

해외채권투자 교육과정이 시황위주로 진행되는 것은 바람직하지 않다. Sector별 특성부터 이해하는 것이 좋다. Sector별 특성이 Hardware라면 시황은 Software에 해당한다. 해외채권투자 교육과정은 Hardware와 Software를 적절히 조합하는 것이 좋다.

8-1 해외채권투자의 두 가지 목표

해외채권에 투자하는 첫 번째 이유는 수익성일 것이다. 환위험 Hedge 후의 미국국채에 대한 투자수익률이 원화국채보다 높다면 투자자들은 미국국채를 매입할 것이다. 투자자들이 해외채권에 투자하는 가장 큰 이유는 상대적으로 높은 수익률이 예상되기 때문이다.

수익성은 환위험을 Hedge한 후 수익률로 비교해야 한다. 환위험이 노출(open)되어 있을 경우 향후 환율에 따라 수익률이 달라지므로 각각의 투자안을 비교할 수 없다.

수익성의 관점보다는 **자산배분** 측면에서 해외채권에 투자하는 경우도 있다. 일종의 통화에 대한 투자인데, 환위험을 Hedge하지 않고 외국채권에 투자하는 경우 원화 외의 통화에 분산투자한 효과가 있다. 이 경우 해당국가의 통화에 투자하는 것과 같다.

향후 달러 강세가 예상된다면 원화를 매도하고 달러를 매입한다. 이 때 달러화(현금)로만 보유하면 이자가 발생하지 않는다. 달러표시 채권을 매입하면 달러화 가치상승 외에 이자수익까지 확보할 수 있다.

필자의 지인은 IMF 6개월 전에 1억 달러를 실리콘밸리에 가지고 갔다. Venture기업에 투자할 목적이었는데 실제 투자가 이루어지기 전에 IMF 외환위기가 왔고 1달러당 1,000원 이하에서 바꾼 달러는 원/달러 환율이 2,000원까지 상승하면서 가치가 2배가 되었다.

IMF구제금융 신청으로 국내 자산가치가 하락한 것을 감안하면 원화로 보유한 것보다 2배 이상의 재산증식이 된 것이다.

국내투자자가 자산 전부를 원화로 보유하고 있는 것보다 다양한 통화(또는 채권)에 분산투자하는 것은 Risk-Return 측면에서 유리하다. 환위험을 Hedge하지 않고 해외투자(또는 해외채권투자)하는 경우에는 통화 강세가 될 나라(국가)를 찾는 것이 중요하다.

8-2   해외채권투자의 수익원천

환위험을 Open하는 경우의 해외채권투자수익은 현지채권투자성과와 환손익으로 나눌 수 있다.

해외채권투자수익 = local bond성과 + foreign exchange movement

환위험을 Open할 경우의 해외채권투자수익에서 환손익이 차지하는 비중은 Local Bond성과의 두 배 수준이라는 조사결과가 있다. 이 때문에 환위험관리가 매우 중요하다.

환위험을 Hedge할 경우의 해외채권투자수익은 Local Bond성과와 환Hedge비용(수익)이다. 우리나라 투자자가 달러로 환전해서 미국채권에 투자하고 선물환시장에서 달러를 매도하면 소폭 환Hedge 수익이 발생하는 경우가 많다. 우리나라금리가 미국금리보다 높을 경우에 선물환율은 현물환율보다 높아야 하기 때문이다.

환Hedge 수익이 이론적인 수익과 차이가 나는 것은 선물환시장에서 이자율평형이론(Interest Rate Parity)이 정확하게 작동하지 않기 때문이다.

8-3   이자율평형이론

양국의 금리차이가 선물환율에 반영되어야 한다는 것이 이자율평형이론(Interest Rate Parity)이다. 1년 만기 한국금리와 미국금리가 각각 2%, 0%이고 현재의 원/달러 현물환율이 1,000원일 경우에 1년 만기 원/달러 선물환율은 1,020원이 되어야 한다.

이자율평형이론에 따른 균형선물환율은 다음과 같이 계산된다.

$$(원달러)이론선물환율 = 현물환율 \times \frac{(1 + 한국금리)}{(1 + 미국금리)}$$

위의 식에서 한국과 미국의 금리를 각각 2.0%, 0% 대입하면 1년 이론선물환율은 1,020원/달러이다.

$$1,020 = 1,000 \times \frac{1.02}{1}$$

이 경우 1년 선물환율이 1,010원이라고 한다면 0% 금리로 달러를 차입해서 원화채권에 투자하고 선물환거래(달러매입)를 하면 1%의 무위험 차익이 발생한다.

- 1달러 차입(@0%)
- 원화로 환전 후 2% 채권매입 & 선물환시장에서 원화매도 / 달러매수
- 1년 후 원화채권에서 1,020원 상환 받아 선물환계약대로 1,010원 지급하고 1달러 받아서 대출금 상환
- 순수익: 10원(거래비용 제외)

이자율평형이론으로 선물환율을 계산할 때 간편계산법을 사용하면 편리하다.

1년 만기 한국금리와 브라질금리가 각각 2%, 12%이고 원 / 헤알 환율이 400원일 때 간편계산법으로 1년 선물환율을 계산해보자.

양국의 금리차는 10%이다. 브라질금리가 한국금리보다 10% 높기 때문에 브라질통화(Real)는 한국통화에 비해 10% 평가절하되면 맞다. 원 / 헤알 1년 선물환율은 360원이 되어야 한다.

$$360 = 400 \times 0.9$$

브라질국채 투자를 고려하는 경우 헤알화 강세여부가 가장 중요한 변수이다.

양국의 금리차이가 10%이고 10년물 브라질국채에 투자해서 만기 보유할 경우 환율은 매년 10%씩 평가절하되면 Parity가 성립된다. 헤알화가 10년간 지속적으로 연 10%씩 약세가 되지 않을 것으로 생각한다면 환위험을 Open한 상태로 브라질국채를 매입하면 좋을 것이다.

이처럼 선물환율은 양국의 금리차이를 반영해야 한다는 것이 이자율평형이론이다.

8-4   Carry Trade

한 통화를 차입해서 다른 국가의 통화(또는 유가증권)에 투자하는 것을 Carry Trade라고 한다. 금리가 낮은 통화를 차입해서 금리가 높은 통화에 투자하면 Positive Carry Trade이고, 반대로 금리가 높은 통화를 차입해서 금리가 낮은 통화에 투자하면 Negative Carry Trade이다.

Dollar Carry Trade, Euro Carry Trade, Yen Carry Trade가 대표적인데 주로 Hedge Fund에서 사용하는 전략이다. 우리나라 투자자가 원화를 차입해서 헤알화표시 브라질국채에 투자할 경우 Won Carry Trade가 된다.

최근에는 자산운용이 아닌 부채조달 측면에서 Carry Trade가 늘어나고 있다. 2012년 아베노믹스가 발표된 이후 우리나라 기업들의 엔화차입이 증가했는데, 환위험을 Hedge하지 않았다면 상당한 수익(부채감소)이 발생했다. 원화 대비 엔화가치가 크게 하락했기 때문이다.

2012.12월 발표된 아베노믹스는 ① 과감한 재정정책(정부지출 확대), ② 완화된 통화정책(저금리 및 통화공급), ③ 구조조정으로 요약할 수 있다. 정부지출확대와 무제한 통화공급으로 엔화가 약세를 보였고, 환변동위험을 Open하고 엔화를 차입한 기업은 상당금액의 부채감소 효과를 보았다.

2013~2014년에는 미국기업들의 Euro화표시 회사채발행이 증가했다. 이후 달러대비 유로화가치가 약 20% 하락했는데 해당 기업들은 환율 덕분에 부채가 감소하게 되었다.

8-5   미국하이일드채권

하이일드채권은 신용평가등급 BB+ 이하 채권이다. 하이일드채권은 처음부터 하이일드 채권(original high yield)인 것과 투자등급에서 등급이 하락한 것(fallen angel)이 있다. 부도 시 회수율은 Fallen Angel이 높다.

하이일드채권(또는 펀드)은 투자시점을 결정하는 것이 중요하다. 일반적으로는 경기회복 초기에는 하이일드채권을 매입하고, 경기가 하락하기 시작하면 하이일드채권을 매도하는 것이 좋다.

경기회복 초기에는 향후 경기회복에 따라 기업실적 개선이 예상된다. 실적이 개선되면 기업의 채무상환능력이 높아지기 때문에 국채와의 신용스프레드(신용채권금리 – 국채금리)가 축소될 것이다. 이 경우 하이일드채권 투자수익률이 국채 투자수익률을 능가한다.

반대로 경기가 정점에서 하락하기 시작하면 향후 기업실적이 악화될 것이 예상된다. 이에 따라 채무상환능력이 낮아지고 신용스프레드가 확대된다. 이 시기는 국채 투자수익률이 하이일드채권 투자수익률보다 높게 나온다.

하이일드채권(또는 하이일드펀드)의 투자시점과 회수시점은 경기전망에 큰 영향을 받지만 그렇지 않은 경우도 있었다.

2015년 초부터 미국 하이일드채권의 신용스프레드가 확대되었는데 이는 미국 경기로 설명되지 않는다. 미국경기는 실업률이 5.3%까지 떨어질 정도로 확장되고 있었다. 당시 미국의 Shale Gas 생산업체의 상당수가 하이일드 등급이었는데, 원유(Crude Oil)가격 하락으로 이들 업체의 부도위험이 크게 증가했기 때문에 하이일드채권 스프레드가 확대된 것이다.

우리나라 투자자는 미국의 개별적인 하이일드채권에 투자하기 보다는 하이일드펀드에 투자하면 개별종목위험(Alpha Risk)을 줄일 수 있다. 이때 하이일드펀드의 구성종목을 Sector별, 업종별로 분석해보아야 한다. Shale Gas 생산업체가 대거 편입되어 있다면 미국 전체의 경기와 하이일드펀드의 수익률 상관성은 낮을 것이다.

8-6 미국Senior Loan

미국에서는 투기등급 기업에 대한 대출채권이 활발하게 거래되고 있다. 미국의 대출채권은 투자적격등급 기업에 대한 대출채권과 투기등급 기업에 대한 대출채권으로 분류한다.

투자적격등급 기업에는 한도대출(credit line) 형태로 대출이 이루어지고 있기 때문에 대출채권이 시장에서 매매되지 않는다. 따라서, 시장에서 거래되는 대출채권은 투기등급 기업에 대한 대출채권인데 이를 Senior Loan이라고 한다.

Senior Loan은 투기등급 기업에 대한 채권이라는 점에서 하이일드채권과 비슷하지만 부도 시 회수율은 Senior Loan이 훨씬 높다. Senior Loan은 담보가 제공된 경우가 많기 때문에 하이일드채권보다 선순위청구권이 있다.

또한, Senior Loan은 변동금리부(FRN)라는 특성이 있다. Senior Loan의 이자율은 Libor(변동) + 스프레드(quoted margin)이다.

Libor(London Interbank Offered Rate)는 London 소재 주요 8개 은행이 제시하는 유로(달러) 금리이다. 이 때문에 Libor를 BBA(British Bankers' Association) Libor라고 부른다. 2008년 금융위기 이후 Libor 조작(Libor Fixing)이 탄로나서 금리결정권이 ICE(Intercontinental Exchange)로 넘어갔다.

몇몇 은행은 Libor를 조작했다가 적발되어 큰 홍역을 치렀다. 2015년 초에 Libor Fixing 때문에 약 2조원의 벌금에 합의한 은행도 있다. 8개 은행은 2020년 말까지만 Libor를 제공하기로 결정했다. 이 때문에 국제금융시장은 Libor를 대체하는 금리를 사용하기로 하고 현재까지 SOFR(secured overnight financing rate, 1일물)이 가장 유력하다.

유로달러란 미국 밖에서 거래되는 달러를 의미한다. 일본엔화가 일본 밖에서 거래되면 유로엔, 우리나라 원화가 한국 밖에서 거래되면 유로원(Euro Won)이다.

Libor는 미국의 기준금리(Fed Funds Rate)와 거의 같은 수준에서 형성된다. 만약 Libor가 Fed Funds Rate와 크게 차이가 난다면 금리가 낮은 쪽에서 차입해서 금리가 높은 쪽에서 빌려주면 무위험 차익거래가 가능하다. 미국의 기준금리와 Libor가 비슷한 수준에서 형성되어야 No Arbitrage Condition이 성립한다.

미국 Senior Loan(Senior Loan Fund)의 투자성과는 미국 정책금리를 인상하느냐? 인하하느냐? 에 달려있다. FRN이기 때문에 정책금리를 인상하면 Senior Loan 펀드의 성과가 높아지고 반대의 경우에는 투자수익률이 낮게 나온다.

일반적으로 미국 정책금리 인상초기에는 Senior Loan Fund에 투자하고, 정책금리를 인하하기 시작하면 Senior Loan Fund를 환매하는 것이 유리하다.

8-7 Emerging Sovereign Bond

현재 우리나라 개인투자자들이 가장 많이 투자하고 있는 해외채권은 브라질국채이다. 브라질국채의 금리는 높고, 채권에서 발생하는 이자소득은 비과세되기 때문에 투자매력이 있다.

브라질국채에 투자하면서 환위험을 Hedge하면 Hedge 후 투자수익률이 원화채권 투자수익률보다 낮기 때문에 대부분 Real화 매입포지션으로 투자하고 있다. 이 경우 헤알화가 약세일 경우 환손실이 발생하는데 Real화 환율변동성은 상당히 높은 수준이다.

Emerging국채에 투자할 때는 해당국의 통화강세가 예상되거나 통화약세가 양국의 금리차 범위 내에 있어야 한다. 환율예측은 주가예측보다 훨씬 어렵다. 한 기업에 영향을 미치는 변수보다 국가에 영향을 미치는 변수가 훨씬 복잡할 것이기 때문이다.

Emerging국채에 투자할 경우에는 Sector별로 분산투자하면 개별국가의 위험을 줄일 수 있을 것이다.

필자가 즐겨 읽는 『Bond Markets, Analysis, and Strategies』에서는 Emerging국가의 신용위험을 분석할 때 Macroeconomic Fundamental과 Political Factor로 구분하고, Macroeconomic Fundamental은 ① 상환가능성(serviceability)지표(단기), ② 건전성(solvency)지표(중기), ③ 구조적인 지표(장기)로, Political Factor는 선거(단기), 시스템(제도, 사회통합 등)(중기), 지정학적 중요성(장기) 등으로 세분해서 분석하는 방법을 제시하고 있다.

("A disciplined approach to emerging markets debt investing" by Maria Mednikov Loucks, John A. Penicook, Jr. and Uwe Schillhorn)

이 방법은 "브라질은 돈 많은 백수, 우리나라는 가난한 집안의 의사"라고 생각하는 것보다 훨씬 논리적이고 합리적이라고 생각된다.

8-8 미국국채(US Treasury Securities)

미국국채는 전세계 채권 중에서 발행잔액이 가장 큰 채권이다. 2021년말 기준 미국국채 발행잔액은 약25.8조 달러이다. 국채발행잔액 2위인 일본은 약9.7조 달러인데 비해 2배 이상 많다. 참고로 우리나라의 국채발행잔액은 8,412억 달러이다(https://stats.bis.org).

미국 달러의 기축통화국 지위 때문에 미국국채는 전세계 채권의 기준(base)이 된다. 이머징국채(emerging sovereign bond)는 미국국채 금리(base rate)와 비교한 신용스프레드로 호가(呼價) 되고 있다.

미국국채에서 발생한 이자는 연방소득세 납부대상이나, 주정부 등 지방소득세는 면제된다. 단순히 우리나라 국채금리와 미국국채금리를 비교해서 저평가/고평가를 판단하면 미국지방소득세 면제를 놓칠 수 있다.

미국국채 발행제도는 우리나라와 유사하다. 물가연동국채의 경우 5년물, 10년물, 30년물이 발행되고 있고, Treasury Bond의 최장 만기는 30년이라는 점이 우리나라와 다르다. 우리나라는 10년물 물가연동국고채만 발행하고 있고, 국고채의 최장 만기는 50년(ultra-long bond)이다.

고정원금 미국국채는 Treasury **Bill**, Treasury **Note**, Treasury **Bond**로 나누고, Bill은 잔존 만기 1년 이내의 할인채, Note는 2년부터 10년물의 6개월 이표채, Bond는 20년, 30년물의 6개월 이표채이다. Note의 경우에 괄호에 n으로 표기하고, n이 없으면 bond이다.

미국국채는 상장하지 않고, New York, Tokyo, London 등에서 24시간 거래가 이루어지며, 결제일은 T+1일이다. 결제가격(dirty price)은 경과이자를 감안하지 않고 계산한 가격(clean price)에서 경과이자(accrued interest)를 더하여 계산한다. 미국국채의 이자 등을 계산할 때 일수계산 방법은 actual(실제 경과일수)/actual(실제 총일수)이다. 우리나라의 일수계산 관행도 actual/actual이다.

미국국채 관련 정보는 http://www.treasurydirect.gov에서 조회할 수 있다.

8-9 미국지방채(US Municipal Securities)

미국지방채는 주정부(state), 지방정부(city, county 등) 및 이들이 설립한 기관이 발행하는 채권이다. 모든 주(50개)에서 지방채를 발행하고 있고, 교육청, 소방서, 병원 등에서도 지방채(revenue bond)를 발행하고 있다. 미국지방채 발행기관은 50,000곳 이상이고, 지방채 종류는 150만개 이상이다.

미국지방채는 상환재원에 따라 ① **Tax-backed Debt**, ② **Revenue Bond**, ③ **Hybrid Bond**로 분류할 수 있다. Revenue Bond는 병원, 학교, 공항 등 Project Financing의 일종으로 우리나라의 민자철도, 민자고속도로 등에서 발행하는 채권과 유사하다. Hybrid Bond는 지방정부가 받을 권리가 있는 배상금 등을 기초자산으로 발행하거나, 제3자의 지급보증이 있는 지방채이다.

미국지방채는 이자소득에 대해 **연방소득세가 면제**되는 것이 가장 큰 특징이다. 모든 미국지방채가 연방소득세 면세대상 채권이 아니기 때문에 과세여부를 확인하고 투자하는 것이 중요하다. 지방소득세는 주별로 면세 또는 과세된다.

The U.S. Supreme Court held in 1895 that the federal government had no power under the U.S. Constitution to tax interest on municipal bonds.

미국지방채 투자위험은 **신용위험** 외에도 **세금위험**이 있다. 미국지방채(특히 revenue bond)는 부도나는 경우가 있다. **부도사유**는 해당사업의 부실화, 불경기, 자연재해, 사기사건에 연루된 경우 등 다양하다. 동일등급의 회사채와 비교하면 미국지방채의 부도확률이 더 낮고, 부도 시의 회수율은 더 높다.

연방소득세가 면세인 미국지방채는 세율이 인하되면 면세 매력이 떨어져서 채권가격이 하락한다. 그리고, 매입시점에는 면세로 알고 있었는데, 국세청(IRS, internal revenue service)에서 과세대상채권으로 분류할 경우에도 채권가격이 크게 하락한다. 이 두가지 경우를 세금위험(tax risk)라고 한다.

미국 지방채 관련정보는 MSRB's EMMA website(https://emma.msrb.org)에서 조회할 수 있다.

8-10 미국 Mortgage Loan과 MBS

Mortgage Loan

Mortgage는 담보로 제공된 부동산이고, Mortgage Loan은 부동산을 담보로 대출한 채권(부동산담보대출)이다. 주거용 부동산을 담보로 대출하면 **Residential Mortgage Loan**, 상업용 부동산을 담보로 대출하면 **Commercial Mortgage Loan**이라고 한다.

주거용 부동산은 개인주택(아파트포함)이고 상업용 부동산은 호텔, 창고, 쇼핑센터, 요양원 등이다.

Mortgage Loan은 정부가 원리금을 보증하는 **Government Loan**과 정부보증이 없는 **Conventional Loan**으로 구분한다. Conventional Loan은 Agency(Fannie Mae, Freddie Mac)의 매입기준을 충족하는 Conforming Loan과 Agency의 매입기준을 충족하지 못하는 Nonconforming Loan으로 나눈다. **Nonconforming Loan**은 다시 Prime Loan, Alt-A Loan, Subprime Loan으로 분류한다. 2008년 금융위기는 Subprime Mortgage Loan의 부도가 원인이었다.

미국의 **Residential Mortgage Loan**은 ① 중도상환(조기상환) 수수료가 없고, ② 차입자에 대한 소구권(遡求權, 人保證)이 없으며, ③ 만기 원리금 균등분할 상환(level payment)되는 것이 일반적이다. Commercial Mortgage Loan에는 조기상환 Penalty가 있다.

차입자(mortgagor)에게 조기상환수수료가 없기 때문에 Mortgage Loan에 조기상환위험이 있다. 또한 차입자에 대한 소구권(recourse)이 없기 때문에 Mortgage

286

Loan의 상환재원은 오직 담보로 잡고 있는 부동산 밖에 없다. 부동산 가치가 하락한다면 대출원리금을 전부 회수하지 못할 위험이 있다.

2008년 전후 미국 부동산 가격 하락으로 월부금(monthly mortgage payment)을 납부할 능력이 되는 대도 불구하고 부도를 낸 경우가 있었다. 대출금보다 가치가 하락한 주택을 Mortgage Bank에 반납(foreclose)하고, 새로운 주택을 구입하는 것이 이익이기 때문이다. 이런 경우를 Strategic Default(전략적 부도)라고 한다.

▶ MBS(Mortgage Backed Securities)

Mortgage Loan은 규모가 크고 분할해서 매매하기 어렵기 때문에 자산유동화를 통해 MBS(mortgage backed securities)를 발행한다. Residential Mortgage Loan을 유동화하면 **RMBS**, Commercial Mortgage Loan을 유동화하면 **CMBS**가 된다.

미국MBS는 Ginnie Mae, Fannie Mae, Freddie Mac이 보증한 Agency MBS와 Agency가 보증하지 않은 Nonagency MBS로 구분할 수 있다.

Agency MBS 중에 **Ginnie Mae**가 보증한 MBS는 미국정부가 원리금을 보장하기 때문에 매우 안전하다.

Fannie Mae와 **Freddie Mac**은 미국정부로부터 명시적(또는 암묵적) 보증을 받지는 않았지만, 의회에 등록된 기관으로서 정부기관에 준하는 혜택(재무부의 Credit Line 등)을 받고 있기 때문에, 시장에서는 신용위험이 매우 낮은 것으로 보고 있다.

이 두 기관은 2008년 Subprime Mortgage부도사태 이후 **정부관리**(government conservatorship)에 들어갔고, 2022년 현재 정부관리에서 벗어나는 것을 논의 중이다. Agency MBS에 투자할 때는 조기상환위험을 분석하는 것이 중요하다.

Mortgage Loan을 유동화하는 방법으로 ① Pass-through와 ② Pay-through가 있다. **Pass-through**는 Mortgage Loan을 기초자산으로 1개의 MBS를 발행하는 것이고, **Pay-through**는 여러 개의 MBS(tranche)를 발행하는 것이다. 따라서, Pass-through에는 Mortgage Loan의 조기상환위험이 그대로 전가된다.

Pay-through는 Mortgage Loan 또는 Pass-through를 기초자산으로 상환순위가

다양한 채권(MBS, tranche)을 발행해서 투자자의 투자목표에 맞는 채권을 제공할 수 있고, 결과적으로 조기상환위험(contraction risk, extension risk)을 관리할 수 있는 방법이다.

Nonagency MBS에는 조기상환위험 외에 신용위험이 있다. Nonagency MBS의 발행자는 서류상 회사인 SPV(special purpose vehicle)이므로 MBS투자자는 기초자산 외의 신용보강(credit enhancement)을 요구한다.

Nonagency MBS의 신용보강방법으로는 ① Structural(구조적인 신용보강), ② Originator Guarantee(자산양도자의 보증), ③ Third-party Guarantee(제3자의 지급보증) 등이 있다. 구조적인 신용보강방법은 선순위/후순위, 초과수익, 초과담보, 유보금 적립 등이다.

Nonagency MBS의 신용보강방법은 우리나라 ABS의 신용보강방법과 유사하다.